威震欧洲

彼得大帝

(1672-1725)

高地 著

Peter the Great

时事出版社

图书在版编目（CIP）数据

威震欧洲：彼得大帝 / 高地著. -- 北京：时事出版社，2015.1

ISBN 978-7-80232-781-8

Ⅰ. ①威… Ⅱ. ①高… Ⅲ. ①彼得一世（1672~1725）–传记 Ⅳ. ①K835.127=4

中国版本图书馆 CIP 数据核字（2014）第 243323 号

出 版 发 行：时事出版社
地　　址：北京市海淀区万寿寺甲 2 号
邮　　编：100081
发 行 热 线：（010）88547590　88547591
读者服务部：（010）88547595
传　　真：（010）88547592
电 子 邮 箱：shishichubanshe@sina.com
网　　址：www.shishishe.com
印　　刷：北京市业和印务有限公司

开本：787×1092　1/16　印张：17　字数：185 千字
2015 年 1 月第 1 版　2015 年 1 月第 1 次印刷
定价：29.50 元
（如有印装质量问题，请与本社发行部联系调换）

前言

preface

彼得大帝这个名字很多人并不陌生，以他为原型创作的文学作品、艺术作品、影视作品比比皆是。他的一生是传奇的一生，也是抗争的一生。从登基到掌权，从安内到攘外，从改变自己到改变国家，他无时无刻不在努力着。

翻遍各国的历史都很难找到像彼得这样多才多艺的皇帝，他不光精通国事，也精通各种民间的活计，他乐于体力劳动，也喜欢科学知识，他可以运筹帷幄，也可以亲自上阵杀敌。他是一个真正的伟人。

彼得大帝用他的雄才大略在俄国历史上开创了一个新的时代，那是属于彼得大帝的时代，也是属于俄国发展的黄金时代。在这个时代里，俄国从一个落后的农业国开始了向工业化的大跃进。俄国在波罗的海取得了通往欧洲的钥匙，发展起了贸易。俄国人第一次懂得了什么叫彬彬有礼，什么叫奉承话，并逐渐从野蛮走向文明。

彼得大帝带领俄国建立了前所未有的海军舰队，将领主的私兵团练就成训练有素的正规军。彼得就是依靠这些为俄国打下了无数的城市，创造了强国的荣光。

彼得大帝还创办了俄国第一张报纸，建立了第一批军事和技术学校，设立了第一批承印世俗书籍的印刷所。为了推广文化，改变俄国人落后的思想，他创建了俄国第一家博物馆，第一家公共图书馆，第一批剧院，第一批公园。

彼得大帝的一生也是奉献的一生，他把自己的一切都奉献给了俄国，无论是健康还是生病，他从来没有怠惰过。无论在什么地方，伟大的彼得大帝不仅用奖赏和命令，还用自己的模范行动激励着臣民们努力工作。他对祖国忠贞不二，为了国家他可以随时放弃生命。

彼得大帝无论文功武治都几乎无可挑剔，但是他为俄国所做的改革是带有强烈阶级性的。贵族是彼得的贵族，农民也是彼得的农民，然而国家是贵族的国家，却不是农民的国家。彼得在位期间，为了满足战争的需要，苛捐杂税多如牛毛。为了建设新都，官差徭役层出不穷。彼得巩固了贵族的统治，提高了贵族的阶级地位，使贵族阶级变得更强大、受到了更多的教育，但同时他们剥削农民的权力也更大了。俄国诗人普希金曾批评彼得大帝:“他让俄罗斯腾空而起，又用铁笼头将它拽住。”

彼得大帝强行让俄国变得欧洲化，他把欧洲好的东西塞进了俄国，也把欧洲坏的东西塞进了俄国。他的改革手段是粗暴的，是残酷的，是不讲道理的，彼得大帝没有让自己去适应这个落后国家，而是把这个国家改造的更适合他。

彼得大帝是一个“人神兼备”的君主，他仿佛有神一样的威力和魔力，也有人的思想和弱点。他创造了一个强大的俄罗斯帝国，被称为俄罗斯之父，但是最终却没有一个孩子来继承他的衣钵。

看完这些，您大概了解彼得大帝是个怎样的人了吗？下面就让本书为您展开彼得大帝波澜壮阔的传奇人生。

目录

contents

第一章　动荡的俄罗斯

伊凡雷帝的末日

1584 年，俄国第一位沙皇，伟大的伊凡四世病逝了，整个俄国都陷入了悲痛之中。

伊凡四世在位期间励精图治，结束了俄国领主割据统治的情况，改大公为沙皇，让中央政府真正掌握了权力，让俄国走向了强大。但是他的后人却没有顺利地接过他的权杖，种种原因使克里姆林宫陷入了一场谁都无法稳坐沙皇宝座的动荡之中，直到新的王朝——罗曼诺夫王朝建立。而罗曼诺夫王朝正是孕育了俄国最伟大的沙皇彼得一世的王朝。下面，我们就先来看看罗曼诺夫王朝是怎么来的。

伊凡四世三岁就任大公，按照俄国的惯例，大公大婚之前要由沙皇的母亲或者其他亲属代其摄政。伊凡四世的母亲并没有出色的才能，也没有冷酷的铁腕，所以小时候的伊凡一直生活在大贵族的阴影之下，各个利益集团争权夺利，互相谋杀，让伊凡四世从小就养成了冷酷无情的性格。长大后的伊凡残忍暴戾，为了削弱大贵族的权势，加强自己的独裁统治，伊凡四世建立了只效忠于沙皇的特辖军。特辖军用来管制伊凡四世规定的由沙皇亲自管理的特辖区，而其他偏远地区交给原来的领主们管理。对于胆敢对此提出异议的领主，统统由特辖军来处死，短短7年间，就有4000多名大贵族被杀。而对于倾向于大贵族的平民，伊凡四世更是毫不留情，他用尖桩刑、炮烙、活挖人心、抽筋剖腹等酷刑处死了数万人，得到了“雷帝”的称呼，意为“恐怖的伊凡沙皇”。

伊凡四世残暴的统治让俄国走上了强大的道路上，他足智多谋、心狠手辣，但是在他晚年却面临着后继无人的惨状。虽然他性格乖戾、残忍，但是他对自己的儿子还是宠爱有加的，尤其是大儿子伊凡。原本伊凡应该是伊凡四世最理想的继承人，但是1581年的一场变故，让伊凡四世亲手杀死了自己的儿子。

那是1581年11月26日的午后，伊凡四世在皇宫中散步，路过儿子房间时，撇过头去朝里面看了一眼，发现里面有个女人，身上只穿着一件薄薄的裙子。

16世纪的俄国是非常传统而保守的，女性的社会地位也很低，大多数女性都是文盲，甚至连自己的名字都不会书写。女性所扮演的社会地位主要就是在家相夫教子，做些刺绣女红。而作为男人的附属，女性的身体是绝对不可以随便裸露的，俄国当时甚至有规定，无论在外面还是家里，妇女身上至少要穿有三件衣裙。

伊凡四世眼前的这个身穿薄裙的女子显然是违反了这条规定，这让伊凡四世不禁怒火中烧，想要走进去看看究竟是谁有这么大的胆子。这个胆大妄为的女子不是别人，正是太子伊凡怀有身孕的妻子叶莲娜，眼见着以恐怖闻名的公公气势汹汹地朝自己走来，太子妃一时之间吓得魂飞魄散，动也动不了一下。伊凡四世虽然凶残，但满面惊恐的儿媳毕竟还怀有身孕，所以伊凡四世也没有过度的惩罚她，只是用随身携带的铁头拐杖打了她几下以小惩大诫。

虽然伊凡四世努力克制着自己的情绪，但是悲剧还是发生了。

伊凡四世凶名在外，可怜的叶莲娜只是被打了几下，但是却被吓破了胆子，当晚就因为惊吓过度而流产了。伊凡太子听到这个消息后，马上找到了伊凡四世，大吼着质问他怎么可以打自己怀孕的妻子，造成她流产这样不可挽回的严重后果。而伊凡四世虽然幼时经历坎坷，但掌权后哪里有人敢像这样对其大喊大叫，他勃然大怒，叫嚷着:“你这个可耻的叛徒，居然敢用这种态度对待整个俄国的皇帝，你的父亲。”然后便用拐杖向伊凡太子打去。

伊凡四世万万没有想到，自己随手一击正好用拐杖铁头的尖刺刺中了儿子的太阳穴，遭受了重击的太子悄无声息地倒了下去，盛怒之下的伊凡四世并没有停手，反而拿起铁杖再一次朝着伊凡太子打了下去。

就在铁杖就要落在伊凡太子身上的时候，突然一道人影冲了过来，挡在了伊凡太子的身前。伊凡四世来不及收手，这一下狠狠地打在了来人的身上。伊凡四世定睛一看，挡下这一杖的正是他的御前侍卫鲍里斯•费多罗维奇•戈多诺夫。

伊凡四世朝他喊道:"怎么，戈多诺夫，你为何护着这个叛徒，难不成你要随他造反!"

戈多诺夫战战兢兢地说:"伟大的伊凡沙皇，我怎么敢背叛您。但是太子殿下毕竟是您的儿子，刚刚那一下已经够了。真的打坏了太子殿下，您就不会难过吗?"

戈多诺夫这番话如同当头棒喝，打醒了伊凡四世，他马上冷静了下来，冲上前去抱住儿子，把他的头放在自己的胸口，满脸惊恐地喊着:"御医，御医呢，太子受伤了。"然后用手死死的压住儿子的伤口。太医赶来的很快，但是伊凡太子还是因为受伤过重而去世了。后来俄国著名画家列宾根据这个场面创作了一幅著名的油画《伊凡雷帝杀子》。

伊凡太子去世了，伊凡四世还有两个儿子，一个是"胆小鬼"费多尔，另外一个是当时还很年幼的季米特里。

最后，由年长的费多尔继承了沙皇的皇位。费多尔并没有遗传到父亲的残忍，也没有继承父亲的智慧，显得懦弱而平庸。在他年幼的时候，恐怖的伊凡四世为了培养他冷酷无情的性格，曾带他观看特辖军杀人。但是伊凡四世万万没有想到，这不仅没有让儿子变得坚强、冷酷、无畏，反而吓破了他的胆子。可怜的费多尔从此终日惶恐不安，生怕自己某天被特辖军杀掉。即位以后这种情况丝毫没有改善，他终日躲在修道院中向上帝祈祷，祈求上帝从特辖军手中拯救他的性命。因此，老百姓们送了他一个特别贴切的称号，"胆小鬼沙皇"。

鸠占鹊巢

费多尔这位“胆小鬼沙皇”对治理国家毫无兴趣，也没有聪明才智、雄才大略，他最喜欢的事情就是去教堂敲钟或者观看小丑们挤眉弄眼，互相扭打。沙皇不理朝政给了他人把握朝政大权的机会，这个人就是费多尔的妻兄，鲍里斯·费多罗维奇·戈多诺夫。

戈多诺夫并不是血统纯正的俄国人，他骨子里留着鞑靼贵族的血。他的祖先原本是鞑靼贵族，后来因家族没落投奔前任莫斯科大公瓦西里三世。后来伊凡四世打击地方领主，巩固中央政权时提拔了一批年轻的军官，其中就包括戈多诺夫父子。戈多诺夫的父亲在伊凡四世的禁军中担任要职，为戈多诺夫打下了良好的政治基础。

1578 年，戈多诺夫被伊凡四世选中，成为了御膳侍臣。伊凡四世性格多疑，一直害怕别人投毒谋害于他，所以需要一个特别信任的人来管理自己的膳食，御膳侍臣这个任命代表了伊凡四世对戈多诺夫的绝对信任。1580 年，凭着伊凡四世的信任，戈多诺夫很快就升级成了沙皇寝宫的御前侍臣，不仅管理膳食，其他沙皇寝宫的事物也统统由他管理。同年，沙皇更是选中了戈多诺夫的妹妹伊琳娜作为“胆小鬼沙皇”费多尔的妻子。伊凡四世对他的宠爱可以说是一时无两。

戈多诺夫火箭一样的蹿升如果不是因为遇到伊凡四世杀死亲子事件，也许会很快地来到一个瓶颈，但是这件事情的发生让伊凡四世更加地宠爱戈多诺夫：

首先，戈多诺夫在这次事件中舍身保护伊凡太子的行为让伊凡四世大为感动，戈多诺夫再次证明了他对沙皇绝对的忠诚。

其次，伊凡四世对自己杖击太子的事情充满愧疚，悔恨交加，这个时候出于一种莫名的补偿心理，让伊凡四世觉得要对戈多诺夫更好一些。戈多诺夫受伤之后，伊凡四世对其大加赏赐，并且亲自去探望了他的伤势。

最后，伊凡太子去世后，继任沙皇位置的就是戈多诺夫的小舅子，“胆小鬼”费多尔。综上种种原因，戈多诺夫很快就从一个沙皇寝宫的御前侍臣成为了掌握实权的朝中重臣。

费多尔智力低下，昏庸无能，朝政很快便落入了精明能干的戈多诺夫手中。而手握大权的戈多诺夫也就毫不客气地过起了“挟天子以令诸侯”的日子。他开始按照克里姆林宫的样子建造自己的大宅，使用皇宫中的生活礼仪，跟沙皇使用同样的排场，甚至在自己的家中接见外国使节。为了避免日后发生什么事端，他把沙皇费多尔的弟弟季米特里和皇太后玛丽娅·纳加娅赶出了克里姆林宫，遣送到了遥远的乌格里奇皇室领地。其实这一招戈多诺夫使的并不高明，把这对母子送到了自己无法监视到的地方，给日后增添了无数的麻烦。

麻烦的开始是在 1591 年 5 月 15 日。那是一个宁静的早晨，谪居在乌格里奇的皇太后玛丽娅正在享受着清晨和煦的阳光。突然，一声女人的尖叫划破了所有的宁静，让玛丽娅感觉不安起来。作为一个母亲，直觉告诉她，一定是她最心爱的儿子伊凡四世的幼子季米特里出事了。她连忙赶到院子里，却目睹到了她这辈子见过的最可怕的景象：9岁的季米特里倒在了一片鲜红的血泊中，喉咙被利器割断了，而身边还放着一把长刀。玛丽娅手足无措，不知道怎么办才好，只能抱着儿子的尸体无助的嚎哭起来。

随着时间一分一秒地过去，玛丽娅停止了哭泣，她心中的悲伤也渐渐被愤怒所取代。究竟是谁，究竟是谁杀害了她最最心爱的儿子？思来想去，一个人的身影在她脑海里渐渐清晰起来：戈多诺夫！一定是戈多诺夫，他掌握了朝政还不知足，还要害死季米特里，斩草除根才肯罢休。悲愤的玛丽娅很快就一纸诉状告到了莫斯科，指控戈多诺夫派人暗杀了季米特里。

沙皇的妻兄暗杀了沙皇的亲弟弟，这可不是一件小事。很快，戈多诺夫就派出了一支以瓦西里•伊万诺维奇•叔伊斯基为首的调查委员会进行调查。叔伊斯基原本也是伊凡四世座前的侍卫，因为其家族以尚武为传统，叔伊斯基很快就在战场上建立了功勋，成为朝中的重臣。当伊凡四世离世后，叔伊斯基本想自己掌握大权，但是在与戈多诺夫的政治斗争中被打败，被流放到了加利奇。到了加利奇以后，叔伊斯基异常的低调，默默地消失在了戈多诺夫的视野中。几年后，戈多诺夫想起了他，觉得他应该已经放弃了政治斗争，况且又是个人才，于是就允许他回到莫斯科居住。

一回到莫斯科，叔伊斯基马上就跟戈多诺夫磕头投降，表示要臣服于戈多诺夫，从而获得了戈多诺夫的信任。这次戈多诺夫派叔伊斯基前来调查季米特里被杀事件有两个原因，第一是为了操纵调查的结果，第二则是为了考验叔伊斯基，看看他是否真的可以信任。

叔伊斯基是个聪明人，他很快就从季米特里保姆的证言中得出了结论：季米特里那天早晨与几个同龄的朋友在院子中玩“插刀入地”的游戏，规则像名字一样，把手里的刀扔出去，插到地上就可以了。季米特里是个羊痫风患者，就在他要投掷手中的长刀时，突然发病，他跌倒在准备投掷的刀上，而刀尖正好刺穿了他的咽喉。

根据保姆的证言，季米特里的死亡完全是一场意外，而皇太后玛丽娅诬蔑戈多诺夫暗杀沙皇弟弟的这种行为无疑是在故意扰乱朝政。因此，玛丽娅必须送往修道院削发为尼。虽然官方给出的答案是这样，但是在民间大多数人仍然认为是戈多诺夫派人暗杀了季米特里。俄国官方的结论令人存疑，反而是民间的猜测更加合情合理，而季米特里死亡的真相，如今成了一个无法解开的谜。

1598 年 1 月 7 日，“胆小鬼沙皇”费多尔在病榻上结束了他窝囊的一生，由于他离世时并没有留下子嗣来继承沙皇的位置，而他的弟弟季米特里也于几年前死于“意外”，沙皇的宝座便成了各大势力眼中的一块肥肉。最想得到沙皇宝座并且最有希望夺得沙皇宝座的自然是“挟天子以令诸侯”已久的鲍里斯•戈多诺夫。

而另一方也是对沙皇宝座有力的竞选者，罗曼诺夫兄弟。罗曼诺夫兄弟是伊凡四世第一任妻子的侄子，虽然与伊凡四世没有什么血缘关系，但是某种程度上倒是比戈多诺夫更加名正言顺。罗曼诺夫兄弟中的哥哥费多尔·尼基蒂奇·罗曼诺夫更是在莫斯科小贵族和市民中有着相当数量的拥护者。大贵族支持的戈多诺夫与市民支持的罗曼诺夫兄弟，两派僵持不下，最后负责中央档案管理的司书谢尔卡洛夫来到了克里姆林宫，提出由领主杜马来做最后的决断。

领主杜马制度是俄国沙皇时期的一种政治制度，杜马就是议会的意思，说通俗些就是领主议会。由各地方的领主、大贵族来组成领主杜马，然后在会议上就存在争议的问题进行投票表决。在刚刚召集齐领主们，还没有进行正式会议的时候，就出现了一边倒的局面，领主大贵族们高喊着:“让鲍里斯·戈多诺夫当沙皇”，“鲍里斯·戈多诺夫万岁”。这种情况令费多尔·罗曼诺夫感到十分的难看，羞愤之下他甚至当场拔出自己的佩刀要与戈多诺夫决斗。幸好他的属下及时制止了他才没有发生暴力冲突。

1598 年 2 月 17 日，代表俄国社会各个等级的缙绅会议在莫斯科召开，会议的主要任务就是决定沙皇究竟花落谁家。其实在这种情况之下会议的召开只不过走个过场而已。而在其他领主心中也早就认定了戈多诺夫就是新沙皇的不二人选。所以，约瑟夫提出的由戈多诺夫继任沙皇的提议得到了一致的通过。

1598 年 9 月 1 日，戈多诺夫在莫斯科圣母升天大教堂接受总主教约瑟夫的祝福，佩戴上了他梦寐以求的象征着沙皇至高无上全力的“莫诺马赫皇冠”，正式即位。戈多诺夫的即位，标志着留里克王朝就此结束，从此开始，克里姆林宫开始进入沙皇频繁更迭的动荡期。

冒牌的皇子

戈多诺夫虽然利用肮脏的手段夺得了皇位，但是古今中外又有几位帝王的手是干干净净的呢?

在中国，挟天子以令诸侯早有齐桓公和曹操的先例，谋害皇位合法继承人的事情更是层出不穷。

戈多诺夫登上沙皇的宝座后，踌躇满志，一心想要成就一番事业。在他登基的当晚，克里姆林宫中举行了盛大的庆祝典礼。几轮酒饮过之后，戈多诺夫眼神不禁也迷离了起来，他一改自己往日谨言慎行的作风，站起身举起酒杯对众臣激动地说道:“约瑟夫大主教！以上帝的名义起誓，在我有生之年，必定让整个俄国不再有人受贫困之苦，不再有人因身染重疾而无钱医治。”望着众人迷茫的眼神，他一把扯开自己衬衫领子，又说道:“到时候，我要让俄国所有的人都能穿上我这样的好衣裳。”说完就把手中的酒一饮而尽。

戈多诺夫说得漂亮，做的事情效果却是非常一般。除了刚刚加冕后大赦天下，免除赋税外，俄国人民的生活并没有发生什么太大的变化。渐渐的，原本支持他的大贵族们按捺不住了，开始出现了反对的声音。

这些人暗地里称戈多诺夫为“皇奴”，以此来讽刺戈多诺夫本来不过是伺候伊凡四世的奴才。戈多诺夫知道这件事情后并没有对反对派进行强硬的打击，反而采取阴谋恐怖的手段，收买大贵族的仆人让他们出卖自己的主人。此时的莫斯科贵族们人人自危，鹤唳风声，生怕自己某一天就惨遭奴仆的出卖。这种卑鄙的做法让大贵族们更加不满，甚至原本已经臣服的瓦西里·叔伊斯基和罗曼诺夫兄弟都受到了不同程度的打击。尤其是罗曼诺夫家族，费多尔·罗曼诺夫和他的儿子米哈伊尔·罗曼诺夫甚至被强行送到修道院做修士。

明朝的崇祯皇帝有道无福，登基以后先旱三年又涝三年，满腔抱负最后也只落得个上吊自杀的下场。而这位戈多诺夫沙皇也没有好到哪里去。虽然他心中充满了想要改变俄国的热血，但是人力终究难以胜天。1601 年，俄国遭受重大自然灾害，整整三年农作物颗粒无收，面包的价格上涨了百倍不止。全国上下饿死了几十万人，人们易子而食，莫斯科城外饿殍遍野。

封建社会的人民大多迷信，风调雨顺是皇帝受上天赐福，连续的天灾自然都是皇帝触怒了上天。这个时候戈多诺夫当年做的错误决定就再次成为了他的绊脚石，民间谣言四起，纷纷说是戈多诺夫篡位夺权，谋杀季米特里，所以上天才要给予俄国如此严重的惩罚。克里姆林宫里一片愁云惨淡，戈多诺夫做梦也没有想到灾害的原因会引到自己的头上来。如何平息人民的愤怒呢？他一拍脑门，想出了一个“绝妙”的主意，在莫斯科开始向饥民发放金钱。

无数的饥民听到了这个消息后，不惜一切代价千里迢迢地赶往莫斯科，结果到了莫斯科领到了一大笔钱后发现根本无粮可买，钱又不能吃，来到莫斯科还是一样要活活饿死。古代晋朝有一位晋惠帝，他在位的时候有一年发生了大饥荒。百姓没有粮食果腹，只能刨草根，吃树皮，往肚子里塞土。消息传到皇宫报告给晋惠帝的时候，晋惠帝大为不解。他冥思苦想后，询问大臣说："百姓肚子饿，没有饭吃，为什么不吃肉呢?"戈多诺夫发钱给饥民的行为跟晋惠帝一样愚蠢，他自己也很快就意识到了这一点，于是他马上改变策略，打开国库粮仓，赈济灾民。开仓放粮这一消息吸引了更多的灾民涌入莫斯科，很快国库里的粮食就被哄抢一空，莫斯科再次饿殍遍野，尸枕于路。

三年的灾害让领主们都快要吃不饱了，更何况是那些地位低下的农奴。农奴们大多无家无业，所以大量的农奴逃亡俄国南方和乌克兰等地区寻找活路。不少农奴借此机会加入了东欧大草原上的游牧民族——哥萨克。哥萨克人世世代代生活在马背上，他们骁勇善战，崇尚自由，粗犷豪放。但是在这种难以活命的荒年，很多哥萨克干起了打家劫舍的无本买卖，而其他地区也是强盗土匪蜂拥而起，整个俄国陷入了巨大的危机。

1604年，把玛丽娅皇太后和季米特里驱逐到乌格里奇时埋下的种子终于长大了。一个自称伊凡四世幼子"季米特里"的人出现在所有人的视野中。根据"季米特里"的说法，当年在乌格里奇死掉的并不是他，而是他的一个替身，而他一路历经千难万险逃到了国外，躲开了戈多诺夫的追杀，最终得到了波兰大贵族阿达姆·维什涅维茨基的保护才得以幸存。这个人，历史上称其为伪季米特里一世。

听到这个消息的戈多诺夫简直肺都要气炸了，因为他认识这个人，这个人是戈多诺夫原来的家仆，后来潜逃到波兰的格里高利·奥特列别夫。格里高利·奥特列别夫也算是个人才，从小就在戈多诺夫家做家仆，被戈多诺夫家族送往修道院后又在那里听到了季米特里的事情。得天独厚的经历加上他冒险家一般的精神，突然一个奇妙的想法出现在他的头脑中：当俄罗斯的沙皇！他开始散播谣言说自己就是季米特里，并且得到了波兰大贵族的关注。

首先找到伪季米特里的是维什涅维茨基，为伪季米特里提供了保护的波兰贵族。维什涅维茨基见到伪季米特里后觉得这是一个很好的机会，愿意为他引荐其他的波兰贵族。于是维什涅维茨基将伪季米特里介绍给了他的亲戚，波兰将军耶日·姆尼什克。

伪季米特里抱着一种迫切想要获得支持的想法去见姆尼什克，但是见到姆尼什克年轻漂亮的女儿的时候，伪季米特里觉得要得到的不仅仅是支持，还有他的女儿。他对耶日·姆尼什克的女儿玛丽娜·姆尼什克一见钟情，于是开始夸夸其谈起来，不仅把自己的未来讲述的无比美好，更是对耶日·姆尼什克做出种种诱人的承诺：如果他可以与玛丽娜·姆尼什克结为夫妻，他愿意把国库中的金银财宝拿出一大批来交给“岳父”，甚至愿意拿出诺夫哥罗德和普斯科夫这两块土地作为彩礼送给新娘。利欲熏心的波兰将军觉得不需要再考虑什么了，很快就答应了伪季米特里的请求。

就这样，在“岳父大人”的帮助下，很快伪季米特里一世就接触到了越来越多的波兰贵族，到最后伪季米特里甚至得到了波兰国王的支持，波兰贵族早就在觊觎俄国的土地，送上门来的伪季米特里简直是上帝赐予的礼物。同时为了争取罗马教会强有力的支持，伪季米特里秘密加入了天主教，并保证未来的俄罗斯将服从罗马教皇。

俄罗斯是坚定信仰东正教的国家，天主教与东正教本是一家，大部分的分歧都是宗教仪式、人员构成这种不痛不痒的东西。而最严重的分歧是教皇究竟有没有绝对的权力，东正教的教义中是政教合一的，教会的众多事物都处在沙皇的管理之下，而天主教则是教会中一切事务都由教皇全权负责，这也导致了罗马教皇在历史上与众多的帝王之间出现了各种矛盾。伪季米特里秘密加入天主教的行为无异将俄国宗教管辖的权力双手奉送给了罗马教皇。

就这样，1604 年秋，伪季米特里在波兰的支持下，率领着 4000 波兰士兵，渡过第聂伯河，向莫斯科进军。一路上，很多因为饥荒而四处逃亡的农奴和哥萨克人主动加入了他的队伍，他们认为伪季米特里才是真龙天子，只有伪季米特里可以带领他们推翻戈多诺夫的统治，平息上天的愤怒，让大家都有吃的。到了 1604 年底，伪季米特里的队伍已经多达两万余人。

如果说之前的 4000 波兰士兵还不足以引起戈多诺夫重视的话，那么现在气势汹汹的开往莫斯科的两万人不得不令戈多诺夫另眼相看了。一个月后，也就是 1605 年的 1 月，戈多诺夫派别利斯基大公为主将，叔伊斯基为副将，剿灭这支叛军。别利斯基大公与叔伊斯基在通往莫斯科的必经之路多勃雷尼奇村埋伏了起来，等到伪季米特里的部队到达的时候，以逸待劳、出其不意地给了他们迎头痛击，一时之间伪季米特里的部队被打得溃不成军，伪季米特里连忙带着残部逃走了。前往莫斯科的路途难以攻破，伪季米特里只好退守到普季夫尔，转攻为守。

明明此时局势对伪季米特里十分不利，但是一件事情的发生却扭转了整个局势。也不知道是伪季米特里真有天助，还是莫斯科注定要有此一劫。1605 年 4 月 13 日，戈多诺夫沙皇在克里姆林宫中设宴款待外国使节，午宴过后，戈多诺夫像往常一样走上阳台，欣赏着莫斯科的风光。春天的莫斯科正是乍暖还寒的时候，而午后的暖阳则是戈多诺夫的最爱。望着莫斯科的风景，他不禁想到自己当年说过的话。说来惭愧，当年许下的诺言居然至今都没有实现，能够维持即位时的原样已经是难上加难。

他微微一笑，摇了摇头，似乎想要把这些杂念赶出脑子一样，慢慢地登上了阳台。就在他刚刚走上阳台的时候，突然腹中一阵剧痛袭来，疼痛让他无力再继续支撑自己的身体，“噗通”一声跪倒在阳台上，像熟透的虾米一般蜷缩起来。豆大的汗珠渗出了他的额头，眼睛鼻孔也慢慢地渗出鲜血，渐渐失去了意识。外国聘请的宫廷御医很快就赶来了，但是依旧不能挽救戈多诺夫的生命，满腔抱负的戈多诺夫沙皇就这样默默地退出了历史的舞台。至于他的死因只知道是中毒而死，究竟是谁下的毒则成为了一个未解的谜。坊间传闻是某个戈多诺夫的近臣杀了他，而在普希金 1825 年创作的戏剧中则声称戈多诺夫是因无法面对人民的不满服毒自杀的。

戈多诺夫虽然不算是个好皇帝，但是他在位期间已经意识到了俄国相对于欧洲其他国家是多么的落后，认识到科技发展对于国家是有着多么重要的意义。虽然他为了强国所做的种种措施都没有取得什么成果，但是他的统治相较于从前还是十分开明的。

后期自然灾害频发、瘟疫横行、决策失败等原因导致了人民对他的不满日渐加深，这种不满并没有在戈多诺夫死后得到平息，戈多诺夫的死，拉开个戈多诺夫家族覆灭的序幕。

滚回波兰去

戈多诺夫死后，沙皇政府一时群龙无首，无奈之下只好推举戈多诺夫 16 岁的儿子费多尔•戈多诺夫作为新沙皇。群臣信誓旦旦地说一定会效忠于新沙皇，帮助他成就一番事业。不料，伪季米特里得知戈多诺夫离奇死亡的消息后，马上重整旗鼓，向着莫斯科进军。

得知伪季米特里卷土重来的消息后，费多尔马上派出上次击败伪季米特里的功臣叔伊斯基前去剿灭，但戈多诺夫在时的叔伊斯基与戈多诺夫不在时候的叔伊斯基已完全判若两人，他表面上应下了剿灭叛党的任务，但是当他的部队与伪季米特里的部队碰面后，并没有与其交战，反而是为其让出了一条道路，并宣称伪季米特里才是真正的伊凡四世的儿子，他对伪季米特里表示绝对的支持。

就这样，伪季米特里居然兵不血刃地把部队开到了莫斯科城下。此时那些见风使舵的王公贵族们早就忘记了他们推举费多尔时所发下的誓言，他们打开城门，欢迎伪季米特里入城，并表示会效忠于他。

面对这些谄媚殷勤的大贵族们，伪季米特里却是不怎么领情，他深知自己胜券在握，这些人将来怎么都要由着自己捏扁搓圆，没必要急于一时。于是他停在了莫斯科的城下，宣布只要戈多诺夫家族的人还在皇位上，还是名义上的沙皇，他绝不踏进莫斯科半步。他这一招让这些前来恭迎圣驾的大臣们一时之间乱了手脚，费多尔虽然是个草包，但是毕竟还是沙皇，叫他退位下台又不知道他肯不肯，难不成还要杀他全家不成？最终杀他全家这个不是什么办法的办法居然成了唯一的办法，加上戈多诺夫执政期间对群臣的种种打压，让这些大贵族们一时之间怒从心头起，恶向胆边生，他们拿起了武器就冲向了克里姆林宫。

可怜的费多尔沙皇还没明白怎么回事就已经被愤怒的大贵族们杀害了。而杀完费多尔沙皇后，这些暴徒居然还觉得不解恨，又跑去将戈多诺夫家族其余的人全部杀死。这些可笑的刽子手信誓旦旦说要效忠的诺言没有一个人兑现，但是杀人的时候却又表现出很遵守信用的样子，说杀他全家就杀他全家。暴动过后，伪季米特里得知他的要求已经被满足了，于是心满意足地率军进入了莫斯科城。

伪季米特里非常聪明，他深深地明白做戏就要做全套这个道理，所以当他趾高气昂地进入莫斯科城以后并没有在群臣的怂恿下马上称帝，而是表现出一副明君圣主的模样。

他首先在莫斯科贵族、教会和民众的簇拥之下，前去祭拜伊凡四世，他的“生父”。伪季米特里一走进存放伊凡四世灵柩的阿尔汉格尔教堂时马上飞奔过去，伏在伊凡四世的灵柩上痛哭起来。一边放声大哭，一边念念有词，俨然一副离家多年的孩子有无数的话要与父亲诉说的样子，令周围的群臣无不动容。

其次，他马上宣布犒赏群臣，加薪升职，为坐实自己伊凡四世儿子的身份还宣布把伊凡四世的妻子玛丽娅接回克里姆林宫当皇太后，皇太后没有回宫之前，他绝对不会登基称帝。他耍的这一手十分漂亮，让全国上下疑虑尽去，为伊凡四世的后裔能够继承大统庆幸不已。

就在举国上下一片欢腾的时候，有一个人心里不是滋味了，这个人不是别人，正是多年以来始终被戈多诺夫压制的叔伊斯基。本来放伪季米特里去莫斯科不过是想要彻底打击戈多诺夫家族给自己创造机会，万万没想到伪季米特里这小子居然真的要身登大宝了。于是叔伊斯基开始四处散布自己当年的调查结果，说真的季米特里早就死了，这个不过是个冒牌货而已。

叔伊斯基这个举动不得不说是被怒火烧坏了脑子。这种谣言早散播也好，晚散播也罢，偏偏要在伪季米特里人气最高、名气最盛的时候散布出去。而散布的谣言又是当年他所调查的结果，如此旧事重提，难免会被人察觉这事是他干的。等谣言散布开来，他也就被伪季米特里的拥护者们抓住了，甚至伪季米特里都没有来得及下达追查的命令，愤怒的拥护者们直接宣布了叔伊斯基的死刑，打算立即处死他。伪季米特里得知要处死叔伊斯基的消息后，并没有同意，原本他就是想要树立宽厚仁慈的形象，杀人立威不符合他的作风，另外好歹叔伊斯基当年也曾经帮过他，于是他马上派出特使带着赦令前去救叔伊斯基。

宫前的广场上，伪季米特里的拥护者们高举着火把，愤怒的人群中不时发出“杀了这个叛徒”、“他居然敢诽谤伊凡雷帝的儿子，俄国的真龙天子”这样的声音。而人们所注视着的正是在广场中央被五花大绑的瓦西里·叔伊斯基。叔伊斯基面前放着的就是行刑用的砧板，而刽子手也已经在身后翘首以待。

这时，拥护者的头领向刽子手点头示意，可以开始行刑了，刽子手马上一脚踢在叔伊斯基的腿弯上，逼使他跪了下来。另外两个拥护者走上前来，用力将叔伊斯基的头按在砧板上。刽子手把准备好的刀随便用一块破布擦了擦，高高地举了起来。叔伊斯基闭紧了双眼，豆大的汗珠不停地从额头滑落，身体不住地颤抖，等待着自己生命终结的一刻。

就在这时，突然传来一个声音让叔伊斯基如同盛夏时节饮下一壶冰泉:“刀下留人!”紧接着使者当场宣读了伪季米特里对叔伊斯基的赦令，叔伊斯基松了一口气，全身无力“噗通”一声坐在了地上。他不禁后怕，只要使者再晚来一分钟，他就人头落地了。

伪季米特里不计前嫌放过了叔伊斯基，他本该感恩戴德以回报伪季米特里的不杀之恩，但是似乎叔伊斯基像天生脑有反骨，他仍然在不停地寻找着下一次造反的机会。

7 月 18 日，玛丽娅太后抵达莫斯科，伪季米特里亲自出城迎接，之后马上进入太后的马车进行了一番密谈，至于说了什么，我们就不得而知了。不一会，伪季米特里搀扶着太后从马车里走了出来，大臣们与民众一同跪拜，山呼万岁。太后面带笑容，转身回到马车上。伪季米特里亲自为太后牵马，两人合演了一出完美的母慈子孝的戏码。7 月 30 日，伪季米特里举行登基大典，在圣母升天大教堂正式加冕为沙皇。

登基后的伪季米特里一世马上大赦天下，赦免了被戈多诺夫流放的大臣，这批大臣以罗曼诺夫家族为首。这一举动对俄国日后的政局影响深远，可以说没有伪季米特里一世的大赦天下，未必会有日后的彼得大帝。

伪季米特里执政后制定了一系列的新政，这些新政在当年看来颇有进步意义，但是在当时的俄国确实令人觉得不可理喻。他每天都要亲自处理政务，每周还特意抽出两天时间接见臣民。面对不理解的大臣贵族们，他叮嘱说要重视民众的教育，要多出去外面看看，欧洲的科技与文明程度是俄国所不能比拟的。为了对抗土耳其，他与欧洲国家、天主教廷结盟，并试图收复君士坦丁堡。

伪季米特里还试图解放俄国的农奴，但惮于大贵族和众多封建领主的反对，没能颁布解放农奴、废除农奴制的诏书（时隔两个半世纪后，亚历山大二世才正式下诏废除了农奴制），但颁布法令规定，农奴身份不可世袭，在饥荒期间农奴可免除徭役。伪季米特里还下令，所有的百姓均可以自由经商，同时取消出入国境的限制。这一系列新政没有让莫斯科的大贵族觉得伪季米特里是位明主，反而使他们觉得这位新任沙皇为人轻浮，做事欠考虑，凡事想什么就做什么，不计后果。暗中反对伪季米特里的人渐渐增多起来。一直到伪季米特里大婚的那一天，矛盾终于爆发了。

1606 年 5 月 2 日，伪季米特里的未婚妻玛丽娜·姆尼什克来到莫斯科与其完婚，一同前来的还有 2000 名波兰的王公大臣。在伪季米特里大婚本该举国欢庆的日子里，伪季米特里的种种行为引起了俄国大贵族们极大的不满，最终招致了杀身之祸。

第一，波兰此次送亲的人数高达2000余人，雄伟如克里姆林宫也没有那么多客房提供。伪季米特里为了招呼尊贵的波兰客人，下令让克里姆林宫附近的大贵族、大富商们搬去其他地方住，空出房子给波兰客人。能在皇宫附近住的肯定不是一般的富人，这些人在恐怖的伊凡四世统治时期都没有受到过如此侮辱，居然要空出自己的房间给异教徒居住。

第二，伪季米特里把大婚的日期选在5月8日，按照传统在东正教教堂举办典礼。虽然是在东正教堂举办，但是其他的种种行为都不合东正教的规矩。他们的结婚日期选在东正教最隆重的节日复活节与主升天节之间，按照东正教的习俗，重大的节日前后是不允许举行婚礼的。而更严重的是玛丽娜还被人发现她并非东正教徒。沙皇要与一个异教徒结婚，这个消息传开后，一时之间莫斯科城中百姓怨声载道。

第三，伪季米特里完婚后，宣布5月9日到14日大婚期间作为全国的节日。波兰来的2000余王公贵族开始狂欢，饮酒后在莫斯科城中胡作非为，大肆劫掠，对莫斯科的贵族们也是毫无敬意，大放厥词，仿佛他们如同俄国沙皇一样。

以上的种种行为造成了俄国大贵族们对伪季米特里的不满，加上伪季米特里种种奇怪的新政，使得莫斯科的大贵族们暗中联合了起来，准备发动针对波兰贵族的暴动。听说要有暴动，脑有反骨的叔伊斯基马上计上心来，这可是个千载难逢的机会，只可惜这次暴动是针对波兰贵族而并不是针对沙皇。此时莫斯科的大多数民众还是拥护他们心中的“真龙天子”伪季米特里的，如果叔伊斯基喊出推翻沙皇的口号的话，可能还没等接近克里姆林宫就已经被愤怒的民众打死了。他经过反复的思索，终于想出了一条万无一失的夺权方案。

叔伊斯基对莫斯科的大贵族们放出消息，谎称波兰贵族张扬跋扈，无法无天，密谋杀害沙皇，所以众人起兵勤王，在沙皇面前必是一大功。他暗中则谋划着如何在暴动的混乱之中杀死伪季米特里，一举夺权。

5 月 17 日凌晨，叔伊斯基带领士兵来到莫斯科监狱，他命令狱卒打开牢门放出囚犯，并给囚犯们发放武器，承诺说此次是为了保护沙皇免遭波兰贵族的谋害，事成之后必将赦免他们。囚犯们想到保护沙皇既是大功一件，又责无旁贷，况且还可以得到特赦，何乐而不为呢？便个个摩拳擦掌，蓄势待发。凌晨 3 点，莫斯科各处教堂钟声齐鸣，这就是暴动开始的联络信号。参与暴动的民众、囚犯和贵族亲兵们冲到了红场。叔伊斯基一马当先带着亲信率先冲进了克里姆林宫，而不明真相的群众听叔伊斯基的手下说波兰人要谋害沙皇，群情激奋，开始四处搜索波兰贵族的下落，大开杀戒。

与此同时，克里姆林宫中的伪季米特里也听到了钟声，当他从酒醉中稍稍清醒的时候，叔伊斯基已经率领着亲信击退了沙皇近卫，冲向了伪季米特里的寝宫。无奈之下伪季米特里只好逃到克里姆林宫后面的大厅，试图跳窗逃跑。大厅处于克里姆林宫的楼上，距离地面高达十余米，本身没有什么武艺的伪季米特里跳下去后直接就把腿摔断了。叔伊斯基的亲信把摔晕的伪季米特里逮了个正着，失控的暴动人群早已忘记了此次暴动的目的，当场就把伪季米特里乱刀砍死。

暴动整整持续了6个小时，大多数波兰贵族被愤怒的莫斯科民众残忍杀害。只有皇后玛丽娜和他的亲属以及波兰大使在叔伊斯基的保护下活了下来。叔伊斯基被戈多诺夫压了一辈子，最后就连犯傻也要比戈多诺夫更技高一筹，放走皇后玛丽娜又为自己埋下了不可预料的祸根。

伪季米特里的尸体被扔在红场的桌子上暴尸三日，三日后尸体被埋到了莫斯科的南郊。而就在当天，愤怒尚未平息的民众掘出了伪季米特里的尸体，他们将尸体火化，在骨灰中加入火药装进了大炮里，在民众们“滚回波兰去!”的呐喊中，向着波兰的方向把他射了出去。

就此，伪季米特里结束了不到一年的沙皇生涯。作为沙皇，伪季米特里看到了欧洲的强大与兴盛，认识到了教育与民众的重要性，这在当时保守的俄国算是极大的突破。但是身为前冒险家的他为人轻浮，爱慕虚荣，考虑问题太过简单，最终惨死在叔伊斯基所策划的暴动中。

新的王朝

瓦西里·叔伊斯基在暴动当晚趁乱杀死伪季米特里后，立刻调转矛头，指挥军队镇压暴动的人群，真是翻脸比翻书还快。就这样，煽动暴乱的匪首，一转身就成为了维护社会治安的城管。

由于镇压暴动有功，加上此时瓦西里•叔伊斯基军权在手，所有大贵族们一瞬间都明白了此时只有叔伊斯基才是填补伪季米特里死后沙皇位置空缺的最佳人选。于是1606年5月19日清晨在克里姆林宫广场举行的紧急会议中，叔伊斯基毫无悬念地被推举为新一任沙皇。早就对沙皇宝座觊觎已久的叔伊斯基迫不及待地在6月1日加冕称帝，史称瓦西里四世。

瓦西里四世登上了沙皇的宝座之后并没有像他的前任伪季米特里一样为改善社会情况发布新政，也没有像他的死敌戈多诺夫一般勤于政事。在他掌权后，俄国的动荡并没有丝毫的改变。就在1606年的夏季，因饥饿逃往南方的农奴在波洛特尼科夫的带领下发动了轰轰烈烈的大起义，大量的农奴与哥萨克族人响应了这次号召，打着“杀死贵族和所有的商人”的口号席卷了70多座城市。

起义事件令瓦西里四世十分愤怒，他并没有想着改善农奴与中小市民的生活，反而觉得这些泥腿子简直是自寻死路。于是他废除了伪季米特里一世颁布的提高农奴地位的法令，加紧了对农奴的控制，并且联合大贵族和领主们对农奴起义进行了血腥的镇压。

1606年11月27日，被贵族们收买的小贵族帕科夫率众倒戈，致使起义失利，退往卡卢加。1607年5月，起义军攻占了图拉城，瓦西里四世的联合军队随即包围了图拉。在顽强抵抗了四个月后，起义军弹尽粮绝，首领波洛特尼科夫也在战斗中牺牲，声势浩大的波洛特尼科夫起义就此宣告失败。

刚刚镇压完农奴起义的瓦西里四世并没有得到喘息的时间，危机就再一次到来了。波兰在经历了数千贵族于莫斯科惨死的变故后，怎么可能咽得下这口气，于是在 1607 年 6 月份，正当瓦西里四世还在为农奴起义焦头烂额的时候，波兰就宣布在莫斯科的暴动中，伪季米特里一世并没有死，而是在动乱中逃出了莫斯科。现在，俄国真正的沙皇伪季米特里要回莫斯科了。这第二个假的季米特里在俄国的历史中被称为伪季米特里二世。

不过瓦西里四世并不担心，因为第一个伪季米特里之所以能够得到肯定，除了人们对戈多诺夫的不满外，玛丽娅皇太后的亲口承认也是一个重要的因素。如今玛丽娅皇太后早就不知所踪了，谁又能证明这个“季米特里”的真伪呢?

就在这个节骨眼上，瓦西里四世给自己准备好的绊脚石出现了，他就是伪季米特里一世的皇后玛丽娜•姆尼什克。玛丽娜皇后在见到伪季米特里二世之后不仅承认了他就是前俄国沙皇，而且还与他重新举行了婚礼，这下就彻底坐实了伪季米特里二世的身份。

获得肯定之后，波兰皇帝马上出兵、出物、出钱，让伪季米特里二世带着波兰军队反攻莫斯科。此时俄国刚刚结束大饥荒，又经历了频繁的政局变动、宫廷政变与农奴起义，让整个俄国的军队丝毫没有维护国家安全的责任感与斗志。

1608 年 5 月，俄国军队在沃尔霍沃附近惨败于波兰军队，瓦西里四世无奈之下只好命令剩余的军队退守莫斯科城。伪季米特里二世的军队很快就抵达了图希诺地区，距离克里姆林宫只有 6 公里，他本可以一鼓作气攻下克里姆林宫，但是这个伪季米特里二世显然不如伪季米特里一世，他没有进攻克里姆林宫，而是命令部下挖壕沟，垒高墙，派出部队到附近的村镇中四处抢掠。他终日在图希诺寻欢作乐，不思进取。因此，当地老百姓当面称他为图希诺沙皇，背后则称他为图希诺土匪。

面对莫斯科被占领，俄国军队又软弱无力的情况，俄国人民很快就展开了自救行动，民众自行组织的义军层出不穷。其中一支由叔伊斯基家族另一位出色的将领米哈伊尔·斯科平·叔伊斯基率领的义军最为出色。他们成功地击败了波兰军队的数次进攻，解放了大片的俄国领土，米哈伊尔·叔伊斯基也成了义军的领袖。

本来趁着如此大好时机，俄军可以一举击退伪季米特里二世，但是瓦西里四世却出奇地缺乏自信，他一边着手与波兰人谈判，打算收买波兰人让其撤军，另一边又在试图用割让领土的方式换取当时军事实力冠绝欧洲的瑞典出兵帮忙。

瑞典并没有答应瓦西里四世出兵的要求，而波兰同样也没有同意进行和谈，他的如意算盘完全打空了。而此时他又干了一件极其愚蠢的事情：由于他担心率领义军抵抗波兰入侵者的米哈伊尔·叔伊斯基越来越得民心，会对自己沙皇的位置造成威胁，居然设计诱杀了米哈伊尔。这一举动让俄军彻底没有办法抵御波兰军队的入侵了。就这样，无力抵抗波兰军队的瓦西里四世与不思进取的伪季米特里二世保持这样的局势直到1609年秋。

1609年的9月，波兰国王西格孟德三世再也没有耐心等待伪季米特里二世缓慢到已经停滞的进军速度，干脆不再借助伪季米特里二世的名义入侵俄国，直接派出军队公开占领俄国。波兰军队一路上几乎没有遭到任何抵抗就开到了莫斯科附近。

西格孟德三世派出使者前往图希诺，表示伪季米特里二世已经没有资格再担任俄国的皇帝了，他本人将很快领军亲征，并且加冕为俄国沙皇。听了特使的话，伪季米特里二世马上知道自己已经失去了所有的利用价值，他的存在将成为波兰国王的绊脚石，而波兰国王率军前来的时候肯定就是自己的死期。顾不上感叹一番狡兔死，走狗烹，飞鸟尽，良弓藏，他马上找了个机会，连夜逃出了图希诺。

伪季米特里二世和他的皇后玛丽娜先后逃到了莫斯科西面的卡卢加城，由于瓦西里四世的所作所为早已失去了民心，所以当地的领主与人民都对伪季米特里二世抱有希望，承认他是合法正统的沙皇。但是伪季米特里二世到达卡卢加后不久就恢复了原样，终日饮酒作乐，对于敢质疑他、批评他的人，一律处以死刑。

伪季米特里二世的行为弄的卡卢加城中怨声载道，人们纷纷质疑这个所谓的正统沙皇是不是还不如瓦西里四世，根本不像什么沙皇，简直就是个土匪。终于在 1610 年 2 月一次打猎的途中，伪季米特里二世被早就计划好了的属下一箭射死，并且枭首示众。

西格孟德三世的军队如约到达了图希诺，手忙脚乱的瓦西里四世连忙组织部队进行抵抗，但是此时俄国的军队连伪季米特里二世的那些军队都打不过，何况是御驾亲征的波兰国王呢？于是，1610 年的 6 月，波兰的军队已经兵临莫斯科的城下。眼见波兰的军队已经开到了莫斯科的城下，莫斯科的大贵族再也无法容忍瓦西里四世的无能，他们对瓦西里四世施压，无奈之下，瓦西里四世只好主动退位，莫斯科城也打开城门向波兰军队请降。

俄国人民原本以为波兰国王率领军队开进莫斯科不过是为了逼迫瓦西里四世下台，扶植伪季米特里二世上位，但是不久波兰国王西格孟德三世就放出消息说自己要加冕成为俄国的沙皇。这下事情的性质就变了，从干涉俄国内政变成了要吞并俄国，他的这种行为引起了全国上下的一致反对，原本小规模的抵抗活动一下子变成了全国性的抵抗运动。而瑞典也在北方趁火打劫，出兵攻占了俄国的几座城市。

面对这种情况，俄国迫切的需要一支可以击败波兰人的军队，收复莫斯科，然后选出新沙皇。于是全国各地义军纷纷揭竿而起，其中最强大的两支义军就是原本由米哈伊尔·叔伊斯基率领后来由罗曼诺夫家族继承的那支义军和大商人库茨马·米宁所组建的国民义勇军。

库茨马·米宁是下诺夫哥罗德的一位大富商，就如同水浒传中的柴进一般。米宁为人直爽，喜欢结交英雄豪杰，没过多久，他便从一个富商变成了下诺夫哥罗德的上层贵族，后来更是出任了当地缙绅会议的首脑。

面对莫斯科被波兰人占领，他提出宁可卖掉自己的妻子儿女，也要武装一支军队，从波兰人和异教徒手中拯救莫斯科。于是他率先捐出了自己财产的 1/3，同时又号召其他商人捐出自己财产的 1/5 用来武装军队，市民们打击侵略者的热情十分高涨，也纷纷捐钱捐物。很快，米宁在农民游击队的基础上建立了一支国民义勇军。而带领这支军队的人米宁也早就选好了目标，这人正是原本效忠于瓦西里四世的大公，德米特里·米哈伊洛维奇·波扎尔斯基。

波扎尔斯基大公为人诚实正直，富有责任感，由他来担当义军的领袖再合适不过了，而波扎尔斯基也与米宁一拍即合，决定与米宁共同领导这支义军。

1612 年 3 月，米宁和波扎尔斯基率领义军朝着莫斯科进发，一路上受到了沿途人民的热烈拥护，大批的百姓要求加入起义的队伍，于是义军的队伍一路上不断壮大，抵达莫斯科附近时军队的人数已经达到了一万人。1612 年 8 月底，国民义勇军的主力部队开到了莫斯科城下，与波兰部队展开了肉搏战。波兰部队已占领莫斯科两年，算是主场作战，但始终敌不过燃烧着熊熊复仇之火的义军，很快就被打得退守回城内。面对坚守不出的波兰军队，义勇军调来了重炮，向着在城中当缩头乌龟的波兰军队狠狠开火。

1612 年 10 月 26 日，义军攻进了莫斯科城，最后在克里姆林宫前，义军击败了最后一支负隅顽抗的波兰军队，波兰正式宣布投降，而被波兰人占领了长达两年之久的俄国首都莫斯科终于解放了。

1613 年 1 月，全俄缙绅会议终于又在莫斯科的克里姆林宫圣母升天大教堂召开，这是一次盛况空前的大会，有 50 余个城市派出了代表，各阶级的代表总人数高达 700 余人。这次召开会议的目的显而易见，就是选出新的沙皇。会议上各方势力踊跃发言，提出的沙皇人选也是各式各样，甚至一部分被收买了的贵族还提出了由波兰国王或瑞典国王来担任俄国沙皇的建议，而这次收复莫斯科最大的功臣米宁与波扎尔斯基却被众人遗忘了。

没有人意识到他们保存了俄国的完整，没有让俄国变成一个四分五裂的国家，他们的功劳被轻视了，而这场战争的意义也被淡化了，拥有多少大贵族作为支持者反而成为了当选沙皇的唯一标准。

最终，会议推举了伊凡四世第一任妻子的亲戚，罗曼诺夫家族的成员米哈伊尔·费多罗维奇·罗曼诺夫作为新沙皇的候选人。1613 年 2 月 27 日，米哈伊尔·费多罗维奇·罗曼诺夫在圣母升天大教堂正式加冕为沙皇，从此结束了俄国政界的动荡不安，开始了 300 余年的罗曼诺夫皇朝的统治。

第二章　摄政女王

沙皇的儿子们

米哈伊尔沙皇在位30余年，此间俄国政局非常稳定。1645年，米哈伊尔沙皇病逝，他16岁的儿子阿列克谢·米哈伊洛维奇·罗曼诺夫继位。由于父亲开拓的良好政局，这位阿列克谢沙皇的生活过得非常不错，他极少为治理国家的事情担心，反而把精力都投入在玩耍上。他非常迷恋鹰这种动物，觉得鹰就像皇帝一样，目光如炬，傲视天下，所以闲时他最爱的事情就是画鹰和架鹰巡视俄国各地，以此来展示自己的威严。他的第一任妻子是来自大贵族米洛斯拉夫斯基家族的玛丽娅·伊莉尼奇娜·米洛斯拉夫斯卡娅。这位可怜的玛丽娅皇后从15岁嫁入克里姆林宫后就在不停地生孩子，以至于她早早地就因为生育过频而损坏了身体，29岁就香消玉殒了。

说来也都是命运作怪，阿列克谢沙皇有5个儿子，个个都是歪瓜裂枣，其中3个幼年就不幸夭折了，剩下的两个也是先天不足，身体虚弱。大儿子费多尔从出生就患上了“败血症”，两腿长期浮肿，无法像常人一样走路，于是从出生开始，就一直与床为伴。阿列克谢沙皇甚至为他指定了专门的御医，整日在他身边，以备不测。幼子伊凡也没有好到哪里去，他的眼睛先天失明，而且智力也是极其低下，眼看都要七八岁了，连说话都是含含糊糊的，做起事情来更是颠三倒四，令人担心。

自从皇后去世后，阿列克谢沙皇就开始担心起自己后继无人的问题，虽说有两个儿子，但是这两个儿子且不说能否继承皇位，恐怕就连好好活下去都成问题。于是身体并不健康的阿列克谢沙皇也努力地打起精神，重新娶皇后，生皇子。新任皇后是纳雷什金家族的美人儿纳塔利娅•基里洛夫娜•纳雷什金娜。这位纳塔利娅可不是普通的俄国女子，当时的俄国女子虽然不像中国封建社会信奉女子无才便是德，但是有受过教育的也是少之又少，而这位新任皇后却接受了在当时程度较高的文化教育。这都要归功于她是在阿尔塔蒙•马特维耶夫家中长大的。马特维耶夫是沙皇的重臣，他崇拜西方文化，家中还存有大量的书籍。这让纳塔利娅从小就生活在与其他俄国姑娘不同的环境中，培养了她与众不同的性格与气质，这些甚至对将来的彼得大帝也造成了深远影响。

1672年5月30日，莫斯科克里姆林宫圣母升天大教堂洪亮的钟声响彻莫斯科黎明上空，莫斯科其他教堂也纷纷与之呼应，交相轰鸣。莫斯科的市民们被钟声吵醒，纷纷走上街头彼此谈论猜测着发生了什么事情。这时远远地从街上传来了宫廷传令官的锣鼓声和呼喊声：“恭喜皇后大人为沙皇大人添了一个皇子。”沙皇后继无人的问题终于解决了？还是这位皇子也像他那几个扶不起的哥哥一样？百姓们纷纷在自己心中揣测着，但是大部分的人还是默默地在心里祈祷，希望这位新的皇子能够身体健康，长命百岁，免得沙皇大人后继无人，到时候又要天下大乱了。最最激动的人当然是刚刚人到中年却已经久卧病榻的阿列克谢沙皇，果然老天有眼不让自己绝后，居然这么快皇后就为自己添人进口了，更加幸运的是居然是一个健康的儿子。阿列克谢思前想后，决定用东正教中伟大的圣徒彼得来为自己的儿子命名，新皇子就叫做彼得·阿列克谢耶维奇·罗曼诺夫吧。

得到继承人的沙皇心情大好，对皇后纳塔利娅恩宠备至，而皇后的父亲纳雷什金也是步步高升，加官晋爵。这原本旁人看来再正常不过的一切却引起了他人的妒忌，这些人就是第一任皇后玛丽娅所在的米洛斯拉夫斯基家族。他们放出谣言说彼得根本不是阿列克谢沙皇与纳塔利娅的孩子，因为阿列克谢沙皇年老体衰，纳塔利娅皇后不堪寂寞与大主教尼康私通，后来又诋毁纳塔利娅本身就是个荡妇，早在嫁给阿列克谢沙皇之前就已经与尼康大主教勾搭成奸了。沙皇阿列克谢还算是明白事理，并没有追究谣言的出处，也没有怀疑纳塔利娅皇后。

一个月后，也就是 6 月 30 日，老沙皇为彼得在克里姆林宫举行了盛大的满月宴，这次宴会的排场极其奢靡，各种佳肴美味不计其数，而各位宾朋所赠与新生皇子的礼物也是精美绝伦。按照俄国的风俗，新生儿满月后要抱出来接受来宾的祝贺，并且让新生儿“抓周”，抓到什么就象征孩子长大后会喜欢什么，志向就会偏向于哪一方面。彼得皇子被女仆抱出来，放在圆桌之上，彼得第一次见这么多人，原本有些被吓到了，但是他马上就被桌上摆满的形形色色的物品所吸引住了。他伸出肉呼呼的小手，抓住了一只金酒盏，众人发出一阵欢呼声："好样的，果然像个地道的俄罗斯爷们！"接着他又紧紧地抓住了阿列克谢沙皇送给他的水晶王冠，宴席上顿时一片人声鼎沸："上帝保佑沙皇，上帝保佑彼得皇子，俄国又要出现一位伟大的沙皇了！"

阿列克谢沙皇对唯一健康的儿子彼得关怀备至，那个时候小彼得与老沙皇几乎寸步不离，就算是阿列克谢沙皇想要去放鹰游猎一番，都要带着小彼得一同出行。为了方便小彼得，阿列克谢叫人制作了一辆描金的马车，四周挂满了铃铛，这样只要听到铃铛的声音，就知道小彼得在哪里了。

然而好景不长，阿列克谢沙皇原本就不怎么健康的身体越发的衰弱起来，他就像燃至尽头的油灯，光芒渐渐暗淡。1676 年，阿列克谢沙皇终于走到了生命的终结，就在他去世的当天，米洛斯拉夫斯基家族带领其他大臣立刻拥立久卧病榻，一副随时要追随老沙皇而去的费多尔·阿列克谢耶维奇·罗曼诺夫为新的沙皇。这样仓促的决定不是为了别的，主要是为了防止纳塔利娅皇后所在的纳雷什金家族发动夺权的政变。他们的担心并不是多余的，因为纳雷什金家族真的在策划着一场逼迫费多尔册封纳塔利娅皇太后为摄政王的政变。

政变计谋被识破后，纳雷什金家族遭到了全面的打击，从小养育纳塔利娅皇后长大的阿尔塔芒·谢尔盖耶维奇·马特维耶夫被流放到了维尔霍图里耶村，而纳塔利娅的哥哥伊凡·基里洛维奇也被赶出了莫斯科。最终，为了防止有人拿年幼的彼得做文章，他们甚至把纳塔利娅和彼得赶出了莫斯科，放逐到普列奥布拉任斯基皇村生活，并且还派人监视他们的一举一动。

这样一来，米洛斯拉夫斯基家族就完全掌握了宫廷大权，他们假借费多尔的名义发号施令，但是这一时期俄国的各方面发展却是空前的迅速，无论是在军事、行政、贸易，都越来越向更加现代化的欧洲靠拢，不知道是米洛斯拉夫斯基家族中真的有治国的人才，还是要归功于虽然身体孱弱但从小受到过极好教育、聪明睿智的费多尔沙皇的决策。

虽说米洛斯拉夫斯基家族大权在握，但是想分一杯羹的人还是多得很，另外一个野心勃勃的人身上也留着阿列克谢沙皇的血，这个人就是公主索菲亚。根据俄国的规定，沙皇的位置是传男不传女的，不仅是公主本人，甚至公主的儿子都会被刻意排除在合法继承人之外。公主们被禁止结婚，后来为了防止公主们与爱人们偷情，甚至把未到适婚年龄之前的公主们幽禁在奢侈豪华的皇家修道院中。

修道院中的生活安逸而舒适，但是对于野心勃勃的索菲亚公主来说这里并不是个好地方，眼见外面的大好蛋糕自己却不能分上一块，她急得像热锅上的蚂蚁。终于有一天，她得到了出去的机会——费多尔沙皇病重了。她马上向当局提出请求，希望可以离开修道院探望并且照顾病重的弟弟，当局也很快批准了她的请求，就这样，索菲亚离开了修道院进入了皇宫。

她进入克里姆林宫后，开始殷勤的照顾病重的费多尔沙皇，鞍前马后，忙里忙外，一直守在弟弟的病榻之前，连送水喂药都要亲手操办，不许别人照顾他。费多尔虽贵为沙皇，但始终被米洛斯拉夫斯基家族操纵着，几时有人为他如此操心过？所以这段时间内费多尔对姐姐索菲亚的好感暴增。

久病床前无孝子，来往宫中的大臣们对索菲亚敬佩不已，索菲亚也对每日前来宫中的大臣们大献殷勤。一段时间后，索菲亚就成了宫中炙手可热的人物，大加对她的评价极高，都说她为人热情豪爽，聪明能干，坚强又富有活力。她成了费多尔沙皇面前的红人，想要讨沙皇的欢心，先要讨索菲亚的欢心，大臣们争前恐后的结交索菲亚，索菲亚的势力就这样慢慢地积累起来了。

聪明的索菲亚知道想要实现自己的野心不仅要与大臣交好，更需要掌握军队，军队在谁手里，谁才有绝对的话语权。宫廷中最强大的军队是哪支？毫无疑问是直属沙皇管辖的射击军。索菲亚开始对射击军的军官们大献殷勤，用送礼送钱这种方式提高自己在射击军中的威望，最终她达成了目的，射击军成了她可靠的朋友。索菲亚的权势越来越大，这不仅为她吸引来了更多的朋友，也引起了很多旧贵族的猜忌。旧贵族们思想保守，坚决维护沙皇的正统，而索菲亚大权在握是他们不想看到的。正当旧贵族们商量着要如何削弱索菲亚的权势时，不幸降临了。

阴谋与暴乱

1682年4月27日晚，克里姆林宫中一片寂静。一辈子恶疾缠身的沙皇费多尔一动不动地躺在床上，等待着死神的召唤。而宫廷御医和费多尔刚刚续娶的妻子也在旁守着，等待着费多尔最后的遗言。眼见着费多尔神志不清，一直陷入昏迷，宫廷御医决定放出他浮肿身体中的积液，以用来换取沙皇几分钟的清醒。当医生用小刀在费多尔的肚子上划出一道小口，腹中的积液大量被放出的时候，费多尔回光返照一般挣扎了起来，他在最后清醒的时刻选定了沙皇的继承人——年仅十岁的彼得。虽说费多尔一辈子几乎都躺在床上，但是他的脑子却清醒得很，伊凡虽然是自己的亲弟弟，但是不管伊凡是低下的智力还是经常发作的癫痫病，他都注定不适合做沙皇，而彼得虽然与自己并不是同一个母亲，但身体健康，是比伊凡更加合适的人选。

宫廷御医向守在门外的大臣们报告了沙皇驾崩的消息，索菲亚就急匆匆地冲进了寝宫，她伏在费多尔的床上低声的啜泣着，而其他的五个姐妹则站在她背后默默地画着十字为费多尔祈祷。这时候总主教约阿基姆大人来了，他画了一个巨大的十字后，开始为沙皇念诵最后的祷文。

念完后，约阿基姆举起手中的圣经，郑重宣布："费多尔·阿列克谢耶维奇沙皇陛下，回归了主的怀抱，请各位领主节哀。"话音刚落，纳雷什金家族的人与米洛斯拉夫斯基家族的人争先恐后地进入沙皇的寝宫，冲到沙皇的床前，在哭泣声中下跪，在地毯上叩着头，亲吻沙皇已经交叠在一起的蜡黄的双手。

很快，"如丧考妣"这出戏就演完了，有人忍不住直奔正题："费多尔陛下指定了继位的新沙皇了吗?"马上就有米洛斯拉夫斯基家族的人相应："肯定是伊凡皇太子，伊凡皇太子才是正统的继承人。"纳雷什金家族的人提出了强烈的反对："这是什么混账话，彼得皇太子才应该继位。"就这样，两个家族的人争吵起来，甚至厮打起来。

经过听到沙皇费多尔遗言的皇后与总主教约阿基姆密谈过后，总主教站到了殿外的走廊上，大声宣布："根据费多尔沙皇的遗言，新任沙皇的继承人是彼得皇子。"这番话让殿外等候的成千上万的百姓们陷入了寂静，过了好一会人群中爆发出一阵喊声："彼得沙皇万岁!"

就这样，10岁的彼得成为了沙皇彼得一世，他年幼懵懂，对争夺沙皇位置所爆发的激烈斗争一无所知，也丝毫不明白戴在他头顶的"莫诺马赫皇冠"究竟代表着什么。由于彼得年幼，由皇太后纳塔利娅·纳雷什金娜作为摄政王管理朝政。纳塔利娅虽然是个好人，但却不是个好的国家管理者，虽然她聪明善良，却不够勤奋，也没什么手腕。在这种情况下，皇太后只能依赖她的教师马特维耶夫和其他纳雷什金家族的成员。于是，马特维耶夫从流放地回到了莫斯科，而纳雷什金家族的成员大多也都受到了提拔和重用。

皇太后所做的一切让索菲亚公主看在眼里气在心里。伊凡皇子是她的亲兄弟，但是这个亲兄弟头脑简单，视力几乎失明，绝对不可能亲自处理朝政。这样一来，作为亲姐姐怕是在伊凡有生之年都可以独揽大权。而彼得，不是自己的亲弟弟，又不是个傻子，将来早晚要长大，到那一天自己难免会大权旁落。想到这些，索菲亚决定利用自己忠诚的朋友——射击军们发动一场政变，来实现自己掌控国家大权的野心。

索菲亚找到了射击军军官霍万斯基，为争取到他的支持，决定从射击军的忠心与射击军这些年待遇下降这两点入手，双管齐下。于是，索菲亚与霍万斯基开始在射击军中散播谣言，声称费多尔沙皇并非自然死亡，而是被宫廷御医所毒杀的。旧贵族与纳雷什金家族的人是通过离间费多尔沙皇与伊凡之间的感情才让彼得当上沙皇的。

为了稳固彼得沙皇的地位，这些阴谋家还打算毒害忠心耿耿的射击军军官，毒药就放在费多尔沙皇葬礼的酒里。而霍万斯基还在射击军中做了这样的演讲:“马特维耶夫早就到了圣三一修道院。修士们像欢迎皇上一样欢迎他。马特维耶夫在祈祷结束后，当着所有人的面，痛骂了我们的索菲亚公主和米洛斯拉夫斯基领主，他说要把捣乱的射击军派到边疆去。射击军们，你们现在知道了领主们到底给你们戴上了多么沉重的枷锁。他们选择了一个 10 岁的不懂事的孩子当沙皇，但是这却不是我们选的。只要纳雷什金家族还手握大权，我们就过不上好日子，我们最后会连吃的都没有。更重要的是，他们甚至想要杀死我们的真正的沙皇伊凡。”

在这样演讲的鼓动下，本来待遇就日渐削减的射击军们群情激愤，很快有人附和:“领主们的脑子都是干什么用的，怎么能让纳雷什金家10岁的低能儿当沙皇呢!”霍万斯基看向索菲亚公主，两人相视一笑，看来依靠射击军大事可成。

1682年5月15日清晨，克里姆林宫广场前聚集了很多射击军的士兵，还有大量听说纳雷什金家族将要杀害伊凡皇子的百姓。一阵警报声响起，愤怒的射击军们冲进了皇宫，首先找到了那两名被指控下毒谋害费多尔沙皇的御医，将两人当场杀死。之后射击军们拿出事先从索菲亚手中得到的所谓“参与谋害费多尔沙皇的领主”的名单，按照名单开始在克里姆林宫中大肆搜捕，无数的大臣贵族们就这样被挑在枪尖上杀死或被直接砍成了肉泥。

很快射击军就来到了多棱宫的门前，而纳塔利娅、马特维耶夫和纳雷什金家族其他的成员正躲藏在此处。“把纳雷什金家的冷血领主都交出来，把杀害伊凡皇子的凶手交出来!”射击军们不停地叫喊着。

听到射击军们的呼喊声总主教约阿基姆愣了一愣，伊凡什么时候被杀害了?他不是好好的就在这里吗?于是他带着彼得与伊凡两个孩子走出宫门来到台阶前，大声地对着射击军们说:“射击军兄弟，你们被人利用了，你们看，伊凡皇子和彼得沙皇不是好好的在这里吗?”眼见为实，射击军们马上就明白自己受骗了，成为别人手中利用的工具，但是他们却不肯安安静静地回去，反而提出了严惩纳雷什金家族冷血领主的要求。人群中不时传出呼喊声:“别想就这么打发我们回去!”“我们不是傻瓜，你那套花言巧语我们早就明白!”“交出纳雷什金一家人，还有那些吸血鬼领主!”

随着喊声越来越激烈，突然有人按捺不住冲了上来，大喊着："揍那可恶的领主马特维耶夫！"揍马特维耶夫的要求简直是一呼百应，后面的众人也纷纷地跟着冲了上来，他们把马特维耶夫高高地抛向天空，接着把矛枪直立起来对着马特维耶夫胖胖的身体。只听见一声惨叫，马特维耶夫就惨死在射击军的枪尖之上。紧接着，不顾吓得快要昏倒的皇太后与沙皇彼得，射击军们又处死了皇太后的两个兄弟伊万•纳雷什金和阿法纳西•纳雷什金，以及其他几个与纳雷什金家族交好的领主。士兵们一边拖着被杀者的尸体还一边骂着："看看，这就是领主马特维耶夫的下场！""这就是领主罗莫达诺夫斯基的下场！"

这残忍的一切都发生在10岁小彼得的眼前，血淋淋的场面给小彼得留下了终身难忘的印象，也影响了彼得大帝以后的性格，他日后残暴独断的性格与这一天所发生的事情息息相关。

杀死了"冷血的领主们"后，射击军提出了几个要求：首先，要在红场上为他们立上一根功劳柱，上面要写上今天被杀死的领主名字以及他们的罪状。第二，射击军要求不论在现在或是将来，领主们发誓不再辱骂他们，永远不再称他们为乱党或者叛徒，永远不许无故判处他们死刑和流放他们。第三，要求由伊凡与彼得共同担任沙皇，而几日后又补充了由索菲亚公主暂时代理摄政权的条目。

就这样，索菲亚实现了她的野心，当上了名副其实的摄政女王。

跋扈的下场

宫廷政变过后，索菲亚如愿成为了摄政女王，所有的权力都牢牢地掌握在她手中，此时无论沙皇是伊凡还是彼得，或者是两人共同担任已经无关紧要了。达到目的后，帮助索菲亚夺权的最大功臣射击军们并没有如索菲亚想象的那样收取部分好处后欢天喜地地回到自己的岗位上去，听从摄政女王大人的调遣与安排。射击军统领霍万斯基从宫廷政变中发现了射击军强大的力量，进而想到这只强大的力量是由自己掌控的。现在他明白，自己成为了一个重要人物，甚至以为自己可以与摄政女王、沙皇们平起平坐了。而射击军的士兵们也沉浸在可以肆意抢掠而获得大量财物的喜悦之中，也不想轻易撤退。索菲亚略微有些头疼，她从来没想过自己利用的这股力量会失去控制。

一开始索菲亚打算安抚他们，邀请射击军的军官们来到圣三一修道院中，向他们表达敬意。奉承他们是俄国皇室真正的守护者，是真正对沙皇忠心的人。而这次为她死去的弟弟费多尔沙皇复仇，并且为伊凡沙皇争取到了应有的地位，这份功劳她绝对不会忘记，日后必定会给予丰厚的报答。但是现在，大局已定，士兵们应该放弃暴力，不再四处抢掠杀戮，回到自己的岗位上去。

索菲亚的如意算盘没有打响，当霍万斯基发现自己拥有了如此强大的力量后，他已经不再是一点点荣誉、一点点财物就能收买的了。他渴望掌握权势，他时常对自己说："一个女人都可以做到执掌国家大权，我为什么不能呢?"他甚至在会议上煽动自己的属下说："伊凡是个病秧子，这辈子怕是都不能管理国家了。而彼得也不过是个什么都不懂的小孩子而已，他们适合统治这个国家吗？他们懂得射击军为他们付出了多少吗?他们会让射击军得到应得的回报吗？当然不能！只有我，你们的长官，射击军中的一员，只有我才会让你们获得公正的待遇，也只有我会想着让你们获得公正的待遇。"从此以后霍万斯基行为日渐跋扈，他开始不停地向索菲亚索要他所谓的"公正的待遇"。

索菲亚对此早就不耐烦了，但还是尽力满足霍万斯基的要求，因为她明白，自己需要时间，需要军队。霍万斯基说射击军立了大功，需要地位，索菲亚马上把射击军改编为宫廷直属步兵部队。霍万斯基说射击军要提高军饷，索菲亚就在各个城市搜刮金银器皿，熔铸成金币给射击军。霍万斯基还支持东正教的分裂分子，指使他们当众羞辱索菲亚说："现在该是公主回到修道院的时候或者是与她的情人寻欢作乐的时候了，不要再扰乱国家了。"索菲亚假装没有听见。索菲亚摄政王不仅对霍万斯基百般忍耐，还经常私自赏赐射击军士兵，她赏赐他们金币和皇宫地窖中的美酒，让射击军士兵们尽情豪饮。射击军的士兵们非常感激索菲亚公主，他们经常说"索菲亚公主真是好，她简直就是我们的小妈妈啊"。

索菲亚的退让令霍万斯基有恃无恐，渐渐的他觉得应该把让自己或自己的后代登上权力巅峰这件事情提上日程了，于是他提出让他的儿子与皇室的一位公主联姻，这样既可以巩固自己在宫中的地位，又可以让自己的后代成为皇室后裔。自己大权在握，终有一天自己的后代可以登上沙皇的宝座。最终他选中了索菲亚的妹妹凯萨琳公主作为与自己儿子联姻的对象，并把这个想法告诉了索菲亚。

索菲亚对此怒不可遏，虽然现在自己还拿霍万斯基没有什么办法，但是也绝对不允许一个小小的军官的儿子迎娶自己的妹妹，更不要说还想借此使自己的后代获得最高的权力，这种行径在索菲亚眼中简直是最无耻、最放肆的，她当即决定尽快除掉霍万斯基。

霍万斯基手中掌握着军队，索菲亚深知如果正面冲突的话自己毫无胜算，她思前想后终于想出了一个万全之策。于是她假意答应霍万斯基提出的联姻要求，并告诉他说要在 7 月 14 日为凯萨琳公主举办庆典。

在笃信上帝的国家，人们给女孩取名字的时候往往会使用圣徒的名字，而那位圣徒就成了女孩的守护神。从此女孩便不再过自己的生日，而是在自己守护神生日的那天进行庆祝。这次庆典对霍万斯基来说是为儿子实现婚事的大好时机，盛大的庆典，情窦初开的青年男女擦出些许的火花，之后自己的儿子迎娶凯萨琳公主，一切似乎都那么的自然。而索菲亚也借此机会向各地的领主们发布消息，让他们带着自己的私兵来参加凯萨琳的庆典。

庆典的地点选在离莫斯科不远的圣三一修道院，当天一大早霍万斯基就带着自己的儿子和一小支卫队前往修道院。索菲亚早在路上埋伏好了一支 200 人的骑兵队，霍万斯基的马车路过的时候，骑兵们突然从道路两旁冲了出来，一边喊着“杀啊，为了沙皇陛下”，一边拼命地收割着霍万斯基卫队的生命。霍万斯基此时完全慌了手脚，他之所以敢只带一小支卫队前去就是自信绝对不会有这种情况发生。他还没有来得及反抗就和儿子一同被拉出了马车丢在地上，霍万斯基大声喊着：“你们知道我是谁吗？我是射击军的统领霍万斯基，你们这些蟊贼，不管是谁派你们来的，我以后一定要你们好看！”骑兵们不为所动，反而把霍万斯基父子用绳子牢牢地捆了起来，为首的一人说道：“奉摄政王索菲亚之命，以叛国罪对霍万斯基父子处以死刑。”紧接着霍万斯基父子当场被砍下了头颅。

霍万斯基被处死的消息马上就传到了射击军其他军官耳中，这些军官义愤填膺，表示一定要为霍万斯基报仇。但是当他们来到圣三一修道院的时候，发现各方领主集结的私兵有好几万人，远远不是射击军所能撼动的。于是射击军们跑回莫斯科烧杀抢掠，进行着比之前更加疯狂的破坏活动。射击军中并不都是暴徒，很快，其他想要归顺政府、过安稳日子的射击军们悄悄地集结了起来。这部分人感恩于索菲亚曾经赐予的恩惠，很快就联系上了政府军，他们里应外合，杀死了叛乱中几个主要军官，将他们的脑袋献给索菲亚祈求得到原谅，索菲亚也欣然同意射击军归顺的请求。

就这样，莫斯科恢复了原本的平静，索菲亚也真正成为这个国家的主宰者，俄国开始了长达 7 年的索菲亚统治时期。

少年彼得

小彼得虽贵为沙皇，却全然没有沙皇的权力。彼得与伊凡不过是索菲亚手中的两个拿来装点门面的傀儡而已。需要他们做的事情无非就是参加教堂的礼拜仪式，接见外国使节。宫廷议政的时候，索菲亚就藏身在彼得与伊凡共有的双人宝座后面，告诉两位小沙皇该说什么，不该说什么。

瑞典大使馆的一位秘书描写了一次沙皇接见外使的情景，“在铺着土耳其地毯的接见大厅里，在神像下的两张银圈椅上，坐着两位穿着华丽的沙皇。哥哥把帽子拉到眼眉前，垂眼望地，旁若无人，几乎纹丝不动地待着。弟弟却不同于哥哥，他扫视着众人，容光焕发，面容俊美，当臣属开口向他启奏时，他身上便迸发出一种生气勃勃的热情。”通过瑞典外交官的描述，我们可以知道彼得的性格是十分活泼好动的，他与病怏怏的伊凡不同，他充满了生气，精力旺盛，也对身边的事物充满了好奇。对于这样一个精力充沛的小孩子，偶尔才有的接见外使与宗教仪式并不能完全消耗掉他的精力，那么平时的彼得都在做些什么呢？

索菲亚执政后，彼得母子就搬出了克里姆林宫，一是为了消除摄政女王索菲亚对彼得的戒心，二是因为怕被近年来频发的宫廷政变所波及。年幼的彼得就这样生活在离莫斯科7公里远的城郊，普列奥布拉任斯基皇村。普列奥布拉任斯基皇村的生活对于彼得日后的影响是极其深远的，在这里他结识了卖包子和馅饼的小贩家的孩子缅希科夫，他们成了好朋友，彼得任命他为自己的侍从，并命令他找来附近其他人家的孩子，由彼得组建一支游戏兵团。游戏兵的活动是彼得最喜欢做的事情，他找来了宫廷侍卫、领主和贵族的子弟，以及少年马夫兵、沙皇的伴读生，将这些人编成一支队伍，终日使用玩具大炮、木制长枪进行军事游戏。彼得作为最高指挥官命令游戏兵们像正规军那样每天定时训练，训练的内容包括演练队列、冲锋、攻城、射击，后来彼得甚至真的叫这些游戏兵在广袤的普列奥布拉任斯基建立了一座兵营，那里有游戏兵们的宿舍，还有存放大炮和武器的仓库。

随着时间日渐过去，游戏兵们的日常活动从骚扰附近居民的家禽家畜变成了“包围敌人”、“凫水渡河”等真正的军事训练。游戏兵们的木制长枪、玩具大炮也变成了真正的枪炮，而玩具兵的人数也由最开始的30人变成了300人。这个时候彼得已经不能满足于现有的军团素质了，他在普列奥布拉任斯基皇村寻找退役军官，以提高军团的战斗素质。不久，彼得就找到一名退役的荷兰上尉，名叫费多尔•佐默尔，由他来担任火器和手榴弹的战术教官。当上“将军”的佐默尔也拍着胸脯保证说：“沙皇大人，给我两年时间，您就会得到两营精兵，连法兰西国王来指挥他们也不会觉得害羞的。”而彼得自己也跟随另外一名退役军官托姆诺•哥洛温学习战术和军事科学。最终这两个游戏营被改造成了普列奥布拉任斯基军团和谢苗诺夫军团，成为彼得宫廷禁卫军的主力。

普列奥布拉任斯基皇村附近有一个外侨区，这里居住的是在莫斯科经商或工作的外国人，他们从事的行业各种各样，其中有军官、医生、工程师、画家、商人等等。这些人来自天南海北，又都客居异乡，为了站稳脚跟，他们彼此关心，互相扶持。这种和谐的关系对彼得有着巨大的吸引力，他讨厌宫廷中的勾心斗角、尔虞我诈，所以他几乎每天都要到外侨区去与这些外国人喝酒聊天。在聊天中，彼得常常能听到一些从来没有听到过的事情，学到很多新鲜的知识。

就在彼得常与外国人喝酒聊天的小酒馆里，经由受雇于俄国政府的瑞士外交官、花花公子弗兰茨·勒夫尔特的介绍，彼得认识了他的第一个恋人——安娜·蒙斯。安娜·蒙斯是酒馆老板普鲁士人约翰·蒙斯的女儿，她与彼得年龄相仿，而对于她，我们得到了近乎相反的描述：有人觉得她的谈吐智力不过尔尔，有人却觉得她是个标致又聪明的姑娘。不管她是个怎样的人，反正彼得是深深地被她迷住。由于经常来外侨区，彼得已经学会了一些德国话和荷兰话，每当与安娜单独在一起的时候，他就用自己半吊子的德语给安娜讲故事，安娜并未因为彼得是沙皇就放弃嘲笑他糟糕的德语，两人经常因为彼得颠三倒四的德语笑成一团。就这样，莫名的情愫开始在两人之间蔓延，从小一直在男人堆里打滚的彼得开始终日与安娜厮混在一起。

世上没有不透风的墙，彼得经常在外侨区与安娜厮混的消息很快就传到了纳塔利娅皇太后的耳朵里。看着 16 岁的彼得嘴唇边上那一圈厚厚的绒毛，纳塔利娅皇太后第一次深刻地认识到彼得已经渐渐长大了，他不再是那个整天胡闹的小孩了。

尽管彼得已经长大成人，纳塔利娅皇太后还是要棒打鸳鸯。这并不是因为彼得不能与他喜欢的女孩子交往，俄国沙皇在大婚之前与女孩们保持一些私人关系是很正常的，俄国宫廷也认为这样可以令未来的沙皇尽快成熟起来。但是这个安娜不行，安娜是个普鲁士人，而且是个新教徒，如果彼得与她交往必定会遭到宫廷中大臣的反对，而且很可能会给索菲亚对付他们的机会。长痛不如短痛，与其等彼得与安娜的关系亲密到不可收拾最后失去皇位，不如早早断了他们的来往为好。

纳塔利娅皇太后最终拿定了主意，选个合适的姑娘让彼得早日成婚。早日成婚对于彼得来说还有更大的意义，因为按照俄国的风俗，青年人一旦结婚就算成年了，彼得大婚说明他已经不再是个小孩子，而索菲亚也就无权再控制他，更没有理由代彼得沙皇摄政。

最终经过一番挑选，纳塔利娅皇太后看上了对阿列克谢沙皇忠心耿耿的洛普欣家族，洛普欣家族正好有个年龄与彼得相仿还未出嫁的漂亮女孩——叶芙朵基娅。面对母亲为他指派的婚姻，彼得很想反抗。安娜是一位快乐、热情、机灵、充满活力、见多识广的女孩，而母亲为他指定的皇后不过是一个低眉顺眼、目光短浅、守旧无知的美人儿而已。彼得最终没有反抗，虽然心怀不满，但是他明白母亲的安排是正确的。最终在 1689 年 1 月 27 日，彼得沙皇与叶芙朵基娅·洛普欣娜在普列奥布拉任斯基的行宫举行了婚礼。

彼得大婚，意味着他已经是个成年人了，按照惯例彼得应该开始行使自己身为沙皇的权力，而索菲亚是绝对不愿意将到手的权势拱手让人的，所以从此以后索菲亚将彼得视为眼中钉、肉中刺。而彼得也明白自己才是这个国家的正统继承人，对于把持朝政的索菲亚也有诸多的不满。从此以后，两人展开了争夺权力的激烈斗争。

斗争

索菲亚是一个虚荣心极强、权力欲极强、占有欲极强的女人。一个摄政王的头衔远远不能让她满足，她渴望的是做真正的沙皇。索菲亚让人仿造了一顶“莫诺马赫”皇冠，在没人的时候自己偷偷带上以此来感受君临天下的感觉，但是百姓们真正拥护的沙皇始终是伊凡和彼得。伊凡倒还好说，是自己的亲弟弟，又傻乎乎的，而彼得就不一样了。彼得 11 岁的时候长得就远远比同龄的孩子要高大得多，无论是样貌还是才智看起来都不差，而身体也是非常的健康，彼得大婚之后更是有越来越多的贵族倒向了彼得一方。她越来越觉得羽翼日渐丰满的彼得成了压在她胸口的一块大石。除掉彼得的念头开始像一颗种子一般在她心中萌芽，并且飞速地生长着。

为了重新赢得贵族们的拥护，索菲亚决定铤而走险，用开疆辟土的战功来影响贵族们与人民的判断。在 1687 年，索菲亚派出她的情人瓦西里·哥里津率领俄国军队远征克里米亚。俄国军队进入南方草原地带后，由于对地形不熟，大批的人马辎重被沼泽地吞没。途中俄国军队又不停地遭到鞑靼人的骚扰，鞑靼人的战术十分简单，就是放火焚烧草原，草原上经常刮风，于是风助火势，火借风威，烧得俄军焦头烂额。不久俄国军队就因为缺粮少水无法继续前进了。俄国军队损失惨重，无奈之下只能班师回朝。这场远征不仅没有提升索菲亚在贵族们心中的地位，反而起到了相反作用。

而 1688 年，更大的麻烦找上了摄政王大人——她怀孕了。自从她平定了射击军的叛乱后，将所有的大权握在手中，再也没有人敢对她的私生活说三道四了。过度的放纵带来的结果是惨痛的，她不得不打掉这个她很想生下来的孩子。一个没有结婚的姑娘，一个万人之上、声威赫赫的摄政王怎么能够生育一个不明不白的孩子呢？如果她生下这个孩子，岂不是把打击自己的武器送到政敌纳塔利娅家族手里吗？索菲亚命令她的情人、孩子的父亲哥里津秘密地从莫斯科郊外找来一个巫婆，这个巫婆为她亲手调配了俄国民间的堕胎草药。

随后，倒霉的巫婆被马上处死了，对于“害死”她孩子而又知道她秘密的人绝对不能留下，而她的情人哥里津也受到迁怒，一个多星期哥里津都未能见上索菲亚一面。经历过这件事情的索菲亚已经从一个情窦初开的少女变成了成熟女人，她的性格变得更加泼辣、凶悍，经常当众大发雷霆，而私底下也经常无端打骂她的情人哥里津，或者几天都不理睬他。

哥里津是个聪明人，索菲亚的种种表现让他异常缺乏安全感，他的直觉告诉他，很快索菲亚面前的第一宠臣可能就要易位了。他知道索菲亚现在最需要贵族们的支持，赢得贵族们支持的方法有很多，但是他所能为索菲亚做的就是完成两年前没有完成的事情——远征克里米亚。由于有了第一次的失败经验，第二次的远征行动被朝野上下一致反对，没有人觉得这个轻浮的花花公子会取得胜利，军官们在检阅的时候居然穿着丧服，并且给战马披上黑色的马披表示抗议。但是索菲亚却因此心情大好，因为她也明白哥里津这样做究竟是为了什么，于是没有经过太多思考就发了远征的命令。

1689 年 3 月 25 日，索菲亚亲自为哥里津披上了元帅的绶带，带领文武百官为远征军送行，哥里津就这样穿着元帅的军服大摇大摆地出发了。仅仅过了一个月，在没有遇到任何敌人的情况下，哥里津元帅就率领着远征军返程了。就是这样一场徒劳无功、白白耗费人力物力的远征，在回到莫斯科的哥里津口中也是一场伟大的胜利，哥里津兴奋地跟索菲亚报告说："一路上鞑靼人望风披靡，不敢与雄壮的俄军交锋。"索菲亚也对外宣称哥里津元帅完成了很多"比辛劳更辛劳的工作"，感谢他使鞑靼人"在他们肮脏的老巢里被俄国军队打得一败涂地，落荒而逃"。索菲亚还为他举行了盛大的迎接仪式，并且表彰了哥里津许多子虚乌有的战功。

无谓的远征与虚假的战功令索菲亚非常难堪，但是已经渐渐处于不利地位的索菲亚并没有把政治上的行动从主动出击转换到收缩防守上，她仿佛一只受伤的母兽一般挥舞着她的利爪，无力地向周围的人宣扬着她依然握有权力，依然是全国上下威望最高的人。但是已经长大成人的彼得又怎么可能会吃她这一套，于是彼得在所有人面前狠狠地戳穿了她强硬的外表。

1689 年 7 月 8 日是俄国传统的宗教节日，克里姆林宫的升天大教堂会对普通市民开放。大教堂中挤满了虔诚的东正教徒，人山人海，热闹非凡。总主教正在进行祈祷仪式。而伊凡沙皇、彼得沙皇和摄政王索菲亚都站在下面安静的等待着仪式结束。

仪式的最后一项是由沙皇捧着喀山圣母像，穿过红场将圣像送到大教堂去。总主教捧着圣像，来到三人面前的时候突然发起了愁，以前一般都只有一个沙皇，而现在却有两个，究竟给谁呢？最后总主教决定将圣像交给年纪比较大的伊凡，这样说来也合情合理。

就在总主教把圣像递给伊凡的时候，伊凡却意外的没有接，他看了索菲亚一眼，怯生生地说："我拿不动这么重的东西，走那么远的路，我会把它掉在地上的，还是让别人来吧……"于是总主教就走过伊凡身前想要把圣像递给另一位沙皇彼得，而就在他要把神像递给彼得的时候，一双带满了戒指珠光宝气的手贪婪地抢过了圣像。这双手的主人索菲亚抢过圣像后，马上准备迈开步子走在队伍的前面。

"把它交给我！"突然旁边传来了一声怒吼，准备游行的队伍都被这一声怒吼惊得鸦雀无声。彼得怒气冲冲地来到索菲亚的面前说："原本你是个女人，参加游行活动就已经是对神明不敬，而现在你居然敢捧着圣像参与游行，简直有辱门风。况且伊凡拿不动，还有另一个沙皇，我拿得动，伊凡不去，我还可以去。几时又轮得到你，我绝对不允许这样做！"索菲亚一时之间说不出话来，她被惊呆了，她无数次幻想过长大的彼得会以什么样的方式为了拿回政权而与自己进行冲突，但是她从未想过会是在这样一个人山人海的地方。索菲亚脑海中一片空白，呆呆傻傻地继续走着。而彼得见索菲亚没有什么反应，以为索菲亚对自己的指责不予理睬，一怒之下跳上马匹朝着普列奥布拉任斯基皇村去了。

彼得在与索菲亚的第一次正面交锋之中似乎占到了便宜，被当众羞辱的索菲亚回到皇宫后立即卧床不起，她对着哥里津不停地咒骂："他们教养出了一只小狼，现在不过只是开了个头罢了。你等着吧，要不了多久他就会带着他的玩具兵团进攻莫斯科的，他已经有3000人了，说不定还会有更多，我们也得有所行动了。"

在哥里津远征克里米亚的时候，不甘寂寞的索菲亚闺房里新添了一个入幕之宾——射击军上校费多尔·列昂季耶维奇·沙克洛维特。索菲亚指使沙克洛维特去摸清射击军中究竟有多少人拥护彼得，又有多少人是拥护自己的。她想出的办法是写了一封建议索菲亚摄政王登基做沙皇的劝进书，拿去让射击军军官们签字。

莫斯科郊外的沙克洛维特私人公馆里，沙克洛维特把射击军的高级军官都叫来。他坐在桌子前，从随身携带的口袋里取出了几大叠卢布，轻轻松松地甩在了桌子上。沙克洛维特得意地说："你们从来没有见过这么多钱吧？拿去吧，一人一份，200卢布。"军官们毫不客气地伸出了手，桌上由卢布堆起的小山瞬间就不见了。

沙克洛维特把穿着厚重军靴的脚放到了桌子上，边点燃一根香烟边对军官们说："索菲亚摄政王让我告诉你们，彼得沙皇已经在普列奥布拉任斯基皇村做好了准备，要把射击军解散，把你们全都送到鸟不拉屎的西伯利亚去，然后一个一个地弄死你们，为七年前死去的纳雷什金家族的人报仇。”这个明显非常荒谬的消息并没有吓倒射击军的军官们，但他的心腹还是配合着问他说：“那么我们该怎么办？”“现在唯一的办法就是除掉那个在奥布拉任斯基皇村的小崽子，拥戴索菲亚公主登上沙皇的宝座，只有她才是我们射击军的守护神，只有她才能带给我们卢布和名誉。”沙克洛维特坐直了身体，一拍桌子接着说：“我们写一封劝进书，递给领主杜马和总主教，让彼得和伊凡这两个射击军的对头下台，拥戴索菲亚公主登基。”

面对情绪激动的沙克洛维特，射击军军官们纷纷推脱说不会写字，不能写劝进书。沙克洛维特早有准备，他从口袋里掏出一封早就写好了的信，这封信不光是用射击军的名义，而是用莫斯科全体居民的名义写的。沙克洛维特说：“就知道你们不会写字，我早就准备好了，你们只要在上面签名就行了。”

军官们面面相觑，提出疑问说：“彼得沙皇现在有3000多游戏兵，如果他不肯退位怎么办？”沙克洛维特轻蔑地说：“要是他不听话，你们只要把他的舅舅列夫·基里洛维奇·纳雷什金和他的狗头军师鲍里斯·哥里津抓起来就行了。他再不听话，就让他永远听不到话，让他永远地闭嘴好了。”军官们又问：“如果领主们和大主教也不同意呢？”沙克洛维特马上说：“那些领主不过是些冻透了的朽木，谁不同意就拿来杀鸡儆猴。大主教嘛，不听话也是可以换的嘛，毕竟我们手里的枪也不是吃素的。”

无论沙克洛维特如何舌灿莲花，大多数军官们依旧不肯听他的话发动宫廷政变，索菲亚的计划就如同她的孩子一样悄悄地流产了。但这次也不是没有收获，还是有不少射击军军官愿意加入到索菲亚这边来。这些叛徒们经常凑在一起密谋如何对付彼得。有人建议向彼得投掷手榴弹或者在彼得乘坐的雪橇里安放炸弹。也有人建议在皇村放火，当彼得参加救火时趁乱杀死他。最后射击军军官们得出的结论是要想把彼得弄下台，还是要挑起士兵们的情绪才行。

一天夜里，一个名叫马特威·邵申的杜马书记，身穿彼得的舅舅列夫·基里洛维奇·纳雷什金常穿的白缎子长襟衣，在一群不明身份的武装人员的簇拥下来到了莫斯科的大街上。他抓住了几个正在街上执勤的射击军，以检查是否饮酒的名义让他们下了马，接近着就带领武装人员用斧子、铁锤拼命殴打这几个士兵。士兵们并不知道这个人是谁，但是有几个人一边假意要拦着马特威一边喊着："别打了，够了，列夫·基里洛维奇·纳雷什金，你要把他们打死就麻烦了。"马特威没有停手，反而也大声地喊着："我要把这些射击军赶尽杀绝，为我七年前死去的哥哥报仇。"

当晚有4个射击军惨遭毒手，有一个连四肢都被砍断了，在送往团部的路上就因流血过多而断了气。沙克洛维特让还活着的士兵当众讲述了昨晚的经历，让他们看看被殴打的士兵的尸体与伤口。接着他举起一段士兵的断肢说："你们看到了吧，你们都看到了吧！这就是纳雷什金家族对我们射击军的所作所为，这就是他们给我们发出的信号！今天倒霉的是他们，那么明天倒霉的又是谁！"士兵们一片哗然，高声喊着："我们不能坐以待毙"，"让纳雷什金家族下台，我们要活命"。沙克洛维特脸上一片悲痛，而内心却早就笑开了花，看来派人假扮"列夫·基里洛维奇·纳雷什金"，用暴力手段挑起射击军对纳雷什金家族以及彼得沙皇的仇恨的目的已经达到了。

索菲亚摄政王与彼得沙皇之间的矛盾日趋激烈，索菲亚秘密安排了大量的密探在莫斯科与奥布拉任斯基皇村之间，昼夜监视着彼得的行踪。彼得和纳雷什金家族的奸细也在莫斯科城内和克里姆林宫里紧张地活动着。自从在圣母升天大教堂回来后，彼得变得异常的神经质，他知道索菲亚无论如何都不会放过自己，甚至马上就会动手。抱着凡事小心的心态，彼得躲过了数次暗杀。有一次他在去往莫斯科的路上发现了埋在土里的地雷，还有一次从莫斯科运来了刚刚酿制好的“格瓦斯”（在东欧国家深受民众喜爱的饮料，用面包发酵制成，含少量酒精），彼得先让狗尝了一杯，结果刚刚喝下去狗就死了。

彼得就这样生活在担惊受怕中，他不是没有想过先发制人，但是他的军师鲍里斯·哥里津告诉他虽然现在游戏兵的数量已经有3000多人了，但是想要对抗莫斯科的射击军是完全不可能的，不如等到春天。春天正是播种的季节，射击军们要忙于春种，就是用棍子逼着他们也不会出来打仗的。而索菲亚本人也正在失去贵族与领主们的支持，拖得越久，倒向我们的人越多，到最后名正言顺地回到莫斯科拿回沙皇的权力还不是水到渠成的事儿吗?

这位鲍里斯·哥里津可是比他的兄弟强得多，他的兄弟就是公主最喜欢的情人瓦西里·哥里津，兄弟二人各为其主，这样无论是索菲亚还是彼得赢得了政治斗争的胜利，都不会让家族衰落。

1689年8月7日的晚上，克里姆林宫突然传来了一阵警报声，所有的射击军都集合了起来，没有人知道他们想要干什么，但是射击军内部忠于彼得的两名士兵如惊弓之鸟一般骑上战马飞奔向彼得所在的普列奥布拉任斯基皇村。他们来到彼得的门前，跪在地上拼命地叩头并且大声尖叫着:“哎呀呀，沙皇老爷，大事不好了……”

摄政王的末日

彼得听到“不好了”这三个字就如同数九寒冬被一盆冷水从头淋到脚一般，一下子凉透了心。两个士兵继续说道:“莫斯科的射击军都集合起来了，估计是要向着这里进发呢，我们是忠于您的奴仆，特意前来为您报信……”

听到了这些话，彼得眼前满满的浮现出的都是七年前射击军叛乱的景象，趾高气昂的霍万斯基，愤怒的人群，两个舅舅被残忍杀害的场景……童年的阴影如同梦魇一般找上了彼得，他没有办法冷静地思考，满脑子都是要怎么样保住自己的命，最终在恐惧的驱使下，他大叫一声冲出了门，从一个军官手中夺过了鞭子，跳上一匹马，用力地抽打着马背冲进了漆黑的树林中。

同彼得一起长大的头号侍卫缅希科夫倒是不慌不忙地穿好了衣服，并且命令其他的随从带上彼得的衣服，一起上马朝彼得的方向追去。三个随从快马加鞭很快就看见了彼得的身影，缅希科夫朝着彼得高声地喊道："沙皇大人，你等等啊，你连裤子都没穿，究竟要去哪啊?"彼得丝毫没有慢下来的意思，大声的回应道："去圣三一修道院……"

彼得成年后是个智勇双全的人，他曾数次陷入绝境但能靠着自己出色的能力化险为夷。但是在这个时候他遇到危机，抛下自己的妻子、母亲、亲信、部队，没有一兵一卒只身前往圣三一修道院，可以说他不成熟，也可以说他对于童年的阴影始终无法忘怀，但不论是什么原因，这样做都是非常不理智、非常懦弱的表现。而 8 月 7 号晚上克里姆林宫发出的警报究竟是怎么回事，射击军们突然集合是为什么？有两种说法。第一种说法是索菲亚在当晚计划集合射击军去普列奥布拉任斯基皇村抓彼得，而警报声正是集合的标志。第二种说法则是当晚有人造谣，说彼得带着"游戏兵"攻进了莫斯科，警报声是号召射击军来保护克里姆林宫的，忠于彼得的士兵没有弄清楚状况就飞奔前去报告彼得了。而 8 月 8 日索菲亚要做一整天的祈祷，直到 8 月 9 日索菲亚才知道彼得出逃的荒唐事。

不论是哪种说法，最终的结果都是一样的，彼得逃到了圣三一修道院，由于连夜的赶路和惊吓的刺激，彼得一下马就近乎虚脱，但是他还是拼命地拉住修道院院长的手，请求修道院的院长保护他。院长没有能力保护彼得，但是彼得的"游戏兵"和驻扎在普列奥布拉任斯基皇村的射击军很快就带着彼得的母亲纳塔利娅皇太后赶到了。这时彼得才冷静下来，思考着接下来应该怎么做。

彼得的逃亡象征着与索菲亚彻底地翻脸了，想要击败索菲亚，彼得必须要得到拥护，得到比索菲亚更强大的军事力量。彼得并不清楚拥护自己的人有多少，不过他还是发出了诏书，命令一切拥护沙皇的领主和军队到圣三一修道院来护驾。而索菲亚摄政王也很快做出了应对，她命令射击军关闭城门，只许进，不许出。任何人胆敢去圣三一修道院投奔彼得沙皇的，一律处斩。

索菲亚并不想在射击军没有被自己完全掌握的时候与彼得翻脸，从根本上解决问题的方法就是暂时与彼得和解，所以她派出了总主教约基姆，希望他可以从中调解，和解与彼得的冲突。老奸巨猾的约基姆自然不肯被索菲亚拉下水，他心里早就在彼得与索菲亚之间做出了选择。当他到达圣三一修道院后就决定留在那里，没有给索菲亚任何消息。索菲亚气得发疯，她对哥里津和沙克洛维特说:“我请总主教去找我弟弟调解我们的矛盾，但是他到了那里就留在了那边，不回莫斯科了。所有的人都不看好我，你们也可以去圣三一修道院投奔彼得了。”

双方就这样僵持不下，而大臣百姓们也都暗自揣度着形势究竟会怎样发展，直到彼得的诏书贴满了莫斯科城，诏书内容又增加了一条:“凡是违反彼得旨意不肯前来圣三一修道院的，一律处以死刑。”彼得的诏书彻底让这些观望情况准备左右摇摆的人无法再沉默下去了，他们必须站队，必须做出抉择。最终射击军军官、士兵们、商人和居民的代表们怀着伸头缩头反正都是一刀的忐忑心情动身前往圣三一修道院。在圣三一修道院，他们受到了彼得热情的接待和总主教的赐福，众人纷纷觉得来圣三一修道院绝对是比留在莫斯科更加正确的决定。

射击军的军官们越来越多地离开莫斯科投奔去了圣三一修道院，索菲亚感觉到自己现在是真正的众叛亲离了。沙克洛维特建议索菲亚率领现在还忠于她的射击军强攻圣三一修道院。但是圣三一修道院不仅是一所修道院，还是俄国抵御波兰进攻的一座堡垒，非常坚固，易守难攻，这里长期居住着5000多名的僧侣、修士和奴隶，加上彼得的游戏兵和投靠来的射击军，修道院里已经有万余人了。莫斯科的射击军想要强攻圣三一修道院，那是绝对不可能成功的。索菲亚又天真地想彼得只是吓坏了才跑到圣三一修道院去的，自己只要好言相劝，他可能就会回来莫斯科见她，如果彼得不听话，就命令沙克洛维特把他囚禁起来。但是彼得毫不犹豫地拒绝了她的邀请。

无奈之下索菲亚只好亲自出马，希望亲自到圣三一修道院劝说彼得可以取得成效，哪怕让彼得回到莫斯科，两人共同掌握大权也是可以的。8月29日，索菲亚带着一名宫女和几个随行的卫兵，乘车前往圣三一修道院。还没等看见修道院的影子，就被几个射击军拦住了。索菲亚大发雷霆，质问他们怎么敢拦截摄政王的马车，不过这里的士兵都是忠于彼得的，无论索菲亚如何撒泼，射击军们也没有让索菲亚的马车再前进半步。不一会，彼得的特使就到了，特使拿出彼得的圣旨，命令索菲亚马上回到莫斯科等候处置。

索菲亚往返于圣三一修道院的这段时间，瓦西里•哥里津也收到了他弟弟的来信，他的弟弟鲍里斯•哥里津在信中晓之以理、动之以情，劝说他放弃索菲亚公主投靠彼得沙皇。瓦西里•哥里津心乱如麻，不知道该如何决断，他知道索菲亚大势已去，投靠彼得才是正确的选择，但是自己多年以来助纣为虐，怕是很难得到宽恕。

就在他犹豫不决的时候，发生的一件事情令他下定了决心。那一天，一大群射击军冲进了克里姆林宫，要求索菲亚交出沙克洛维特。原来是选择投靠彼得的射击军军官把沙克洛维特召开秘密会议、策划宫廷政变的事情报告了彼得，彼得怒不可遏，提出抓捕沙克洛维特的命令。索菲亚非常气愤，号召留在莫斯科的射击军们保护他们的长官，但是没有任何人响应她的号召。索菲亚只好眼睁睁地看着自己的宠臣被彼得的射击军们带走。

“沙克洛维特被抓了，那么下一个就是我了吧！”哥里津心想似乎自己被抓起来送到彼得面前的日子也不远了，他决定还是脚底抹油赶紧溜吧。哥里津赶忙回家收拾细软，带上老婆孩子，趁夜驾上马车离开莫斯科。可惜还没走多远，哥里津的马车就被彼得的射击军抓住了，他们看见车里坐的是哥里津，高兴得不得了，调侃道：“瞧啊，这不是索菲亚公主的小白脸哥里津公爵吗？这不是我们的元帅大人吗？可别伤到他那白白净净的脸蛋，索菲亚公主会心疼的。”哥里津就这样被押送到圣三一修道院接受了审判。不知道是否是看在鲍里斯·哥里津的面子上，瓦西里·哥里津并没有被判处死刑，他被剥夺了公爵称号和领地，全家被流放到卡尔戈波尔去了。

相比于哥里津，沙克洛维特就没有那么好运气了。刚开始审讯他的时候，他矢口否认了全部的罪行：“我没有犯罪，这全都是敌人的诬告，他们打算陷害我……”第二天，彼得亲自参与了他的审讯，并授意对沙克洛维特用刑。经过一番严刑拷打，沙克洛维特供认了全部罪行。

1689 年 9 月 11 日，沙克洛维特与其他几名同谋头上戴着黑布袋，在士兵的押解下来到了莫斯科枢密院的广场。彼得的老师之一尼基塔•佐托夫从口袋里取出一张黑纸，高声宣读:“射击军统帅、杜马书记官，费多尔•列昂季耶维奇•沙克洛维特聚众谋反，发动叛乱，谋图暗害彼得沙皇，扰乱朝纲，毁我大业，奉彼得沙皇之命令，对沙克洛维特及其同谋处以绞刑，以儆效尤，当场执行。”沙克洛维特就这样被套上绞索，在行刑官一声令下后，他脚下的木板被突然抽去，挣扎了一会，他就再也不动了。

沙克洛维特的死象征着索菲亚摄政王彻底失势了，彼得和他的拥护者们回到了莫斯科，受到射击军军官和市民们的夹道欢迎。射击军军官们为了请求彼得的原谅，躺在沿街放置的、悬着斧子的断头台上，高声恳求得到彼得的赦免。

彼得的军队进入了莫斯科，索菲亚无处可逃。不知所措的她整日将自己锁在卧室里。她怕死，害怕彼得会像对待沙克洛维特一样对待她，把她绞死在莫斯科枢密院的广场上。她如此地担心，以至于彼得的军队强行打开她卧室的大门时，吓得当场晕了过去。醒来后，她立刻给彼得写了一封信:“罪臣索菲亚•阿列克谢耶夫娜恳求彼得沙皇恕罪，念在我们始终是骨肉手足，能否免去罪臣受极刑之苦？罪臣保证从此不再干涉国家任何事物，恳请沙皇批准我在修道院了此残生。”彼得经过慎重的思索，答应了索菲亚的请求，并于9月末将索菲亚送到莫斯科近郊的新圣母修道院。

至于如何对待伊凡，这个问题倒是非常简单。彼得认为伊凡并没有参与索菲亚的任何阴谋，所以伊凡仍然是他值得尊敬的哥哥，他愿意同伊凡做朋友，愿意与伊凡共同执掌这个国家。而事实上彼得在后面的日子里处理政务的时候从来没有问过伊凡的意见。而伊凡因为身体虚弱与病痛的折磨，终日都在祈祷中度过，渴望自己以后的日子会好过一些。

第三章　战争不是游戏

爱玩的天才

在扳倒了索菲亚之后，彼得终于可以全身心地投入到他的种种爱好中了。他终日厮混在外侨区，在那里他可以放心地和安娜待在一起，并且结交了许多外国商人。彼得对政务并不上心，而他的身边也并没有能够帮助他处理朝政的人。当时彼得身边有许许多多的朋友，但是唯一一个聪明、富有政治与管理智慧的还是他的老友鲍里斯·哥里津公爵。

虽然这个时候彼得荒废了政务上的事情，但是他却第一次深刻地接触到了欧洲文明。他不喜欢自己的皇后，也不喜欢克里姆林宫，这些东西在他看来都是愚蠢、无聊、腐朽的。他更喜欢勒夫尔特带他去外侨区，去参加那些宴会、娱乐活动，甚至婚礼、葬礼。彼得执政后初次出现在外侨区的时候，外侨区的居民还有些吃惊，但是后来人们变得如此习惯，以至于如果彼得因为什么事情没能来参加宴会大家都会感觉到缺少些什么。在这里彼得开始向来自欧洲的居民们学习欧洲的种种娱乐活动，舞蹈、音乐、击剑、骑马，这些都让彼得深深地沉浸其中无法自拔。

身为俄国的主人，彼得开始不满足于只是参加别人的宴会，他在勒夫尔特的家中建造了大厅，添置了豪华的家具，变成了一个他在外侨区的据点。他在这里可以无拘无束地邀请客人赴宴，而勒夫尔特也趁此机会教会了彼得什么是欧洲的"温文尔雅"。

虽然大贵族们拥护了彼得登基，但是他们还是盯着彼得，彼得的行为让他们大失所望，这个仿佛被邪魔附体了一般终日只知道在外侨区的音乐中狂饮作乐的沙皇，究竟要把俄国带到什么地方去？没有人知道。但是他们一边批评着彼得却还是一边学习彼得从外侨区学来的欧洲人的种种姿态。从此，俄国的贵族们渐渐学会了穿欧洲人的长袍和靴子，学会了"温文尔雅"的姿态，也学会了在宴会上跳舞狂欢。

大贵族们盯着彼得终日寻欢作乐，却没有发现彼得在寻欢作乐的同时目光还放在了其他的地方。与外国人的往来使彼得的眼界日渐高远，他从英国人与荷兰人的口中知道了他留在克里姆林宫一辈子都不可能知道的事情。在外侨区，他听到了关于欧洲各国的详细描述，听到了欧洲各国君王治理国家的手段，听到了外国的城市与港口是什么样的，听到了各国人民对于政治与宗教的争论，知道了原来各派的宗教是可以并存的，知道了欧洲各国的科技水平、生活习俗和国家制度是什么样的。就是在这样的情况下，彼得深刻地理解到俄国究竟有多少陈旧的陋习，俄国究竟有多少毛病。他讨厌这样的俄国，讨厌这样的莫斯科，以至于他开始完全不加选择地倒向欧洲，不管有用无用，不分精华糟粕，只要是欧洲的东西与俄国的东西起了冲突，那一定是欧洲的好。就是这种“崇洋媚外”，让彼得大帝坚定地想要改变俄国。相比于讨厌英国而搬去外国居住，每年只回英国收税的狮心王查理，彼得可谓是非常有责任心的皇帝了。

在纵酒作乐的同时，彼得也如饥似渴地学习他感兴趣的一切东西，这些来自欧洲的外侨们相比于彼得幼年那个只会教他读圣经的老师要更加称职，很快彼得就掌握了几何、算术、筑城学、航海术、炮术等多项现代科学的基础。学习这些东西的时候大多是在宴会上、酒桌上、烟火中，不管是什么时候，只要彼得发现了令他感兴趣的东西，他就会马上进入到做正经事的状态，但是如果事情引不起他的兴趣，他也会随时把正经事变成娱乐活动。

饮酒作乐是他的一大爱好，但是更受彼得喜爱的却是军事游戏和航海造船，在彼得执政的初期，军事游戏达到了前所未有的规模。1691 年 10 月，彼得在普列奥布拉任斯基皇村举行了大规模的“游戏战”，参战的除了当年的游戏兵之外还有射击军和外国雇佣军。彼得自称骑兵大尉彼得•阿列克谢耶夫，而敌军则由彼得非常尊敬的连襟费多尔•尤里夜维奇•罗莫达诺夫斯基率领。游戏规模之大，拟真程度之高，导致许多士兵受伤甚至死去。

彼得大帝对于造船的热爱要追溯到他还在普列奥布拉任斯基皇村的时候，从小他就酷爱做手工艺活，他家里准备了石匠、木匠、细木工和铁匠的工具。到彼得大帝长大的时候，他已经精通了 12 种手艺。

他做的木工活和车工活哪怕是跟真正的工匠相比也没人会挑出什么毛病。认识他父亲的人都觉得十分震惊，很难想象到那位“最文静的沙皇”阿列克谢·米哈洛伊维奇·罗曼诺夫居然有这样一个热爱体力劳动、时常挥动工具干活的儿子。加上勒夫尔特经常给彼得讲一些国外的新鲜事，这些都是彼得从来没有见过，甚至没有听说过的事情。在勒夫尔特面前，彼得觉得自己是孤陋寡闻的，但是勒夫尔特告诉他这并不是他的错。俄国南面的海洋由强大的奥斯曼土耳其帝国控制着，而北面的波罗的海则由瑞典控制，俄国所拥有的港口只有北方的阿尔汉格尔斯克，它地处北极圈内，一年有 9 个月的冰冻期，无法航行。没有出海口的俄国是封闭的，对于大国来说，海洋就是生命线，俄国只有拥有了出海口，就拥有了打开欧洲和世界大门的钥匙。

从那时起，彼得心中就对航海出国特别向往。为此他在外侨区找到了航海家与造船师，开始把主要精力都放在造船上。但是当时宫中的实权仍然由索菲亚公主掌握着，彼得只能以游戏兵的军事游戏当做借口建立他的造船厂和海军基地。基地的位置在勒夫尔特的建议下选在了佩列亚斯拉夫湖的旁边，而湖边的一座小木屋就是他的司令部。就是在这小小的木屋里，彼得亲手设计了他的第一艘军舰“普列什堡皇城号”。“普列什堡皇城号”建成后彼得也曾驶着它在湖中航行过，但是那毕竟不是真正的出海。

1692 年彼得开始在佩列亚斯拉夫尔兴致勃勃地建造舰队，这只舰队使用了当时俄国能找到的最好物资。终于在 1693 年的 7 月 30 日，彼得动身去了阿尔汉格尔斯克，8 月 4 日，他又带着自己的随从乘坐着快艇，命令战舰驶向德维纳河的别列佐夫出海口。

彼得生平第一次出海，他站在船头的甲板上，迎面吹来的海风将他的头发向后掀去，彼得微微地眯起眼睛，表情像一头巡视自己领地的狮子，威严而骄傲。他觉得浑身充满了力量，只想要展开双臂大声咆哮。这种力量是前所未有的，是未知的，但是他深刻地感觉到这股力量来自大海。这时，勒夫尔特走了上来，悄悄地在他耳边说："沙皇大人，没有黑海和亚速海，你的俄国是不会过上好日子的……"就这样，彼得在海上一待就是 6 天。

得知彼得第一次出海就待了足足 6 天，纳塔利娅皇太后十分担心，她声情并茂地写了一封信劝说彼得不要去冒险，并且将信沾满了彼得三岁儿子的眼泪。但是这封信并没有说服彼得，他只是回信告诉母亲一切都好，身体很健康，然后一直在那里待到深秋才回到了莫斯科。

1694 年 1 月，纳塔利娅皇太后去世，彼得很难过，他很爱从小相依为命的母亲。纳塔利娅皇太后的去世似乎割断了彼得与俄国宫廷旧习的联系，从此以后彼得在克里姆林宫中我行我素，不再按照俄国宫廷的规矩生活，形成了许多与旧规矩完全不同的新习惯。

料理完母亲的丧事，彼得马上又将所有的精力投入到航海中，他乘着新建成的两艘船——"圣彼得"和"圣保罗"号先后驶入了白海和北冰洋，途中遇上过风暴，也遇上过冰川带，但是彼得率领他的船队有惊无险地渡过了这些困难，最终平安归来。经历过这些航行，彼得深深地爱上了大海，"俄国需要的是水域"，变成了他嘴边说得最多的一句话。

彼得从阿尔汉格尔斯克回来后，整个人成熟了许多，他不再是那个想做什么脑子一热就会去做的轻狂少年了。在航海过程中他养成了做事有条有理的习惯，并且学会了抓住事物的本质，深入考虑事物的细节，坚持不懈、充满激情，并且永远不甘心屈于人下。

从阿尔汉格尔斯克回来后，彼得马上开始筹备在科茹霍沃村的大型军事演习，经过一系列的航海活动，彼得在演习中的角色已经从“骑兵上尉彼得·阿列克谢耶夫”变成了“炮手彼得·阿列克谢耶夫”。演习进行得很成功，让彼得觉得俄军的战斗力是有相当高度的，他的自信心空前地膨胀了起来，是时候为俄国找一个好的出海口了。

更好玩的游戏

1695 年 1 月，彼得决定从土耳其开刀，这并不是因为拥有黑海的土耳其实力比瑞典弱，而是因为几十年来土耳其不断支持鞑靼人对俄国边境进行劫掠，一直咄咄逼人地威胁着俄国的边境。索菲亚执政期间，她的小白脸情人瓦西里·哥里津曾两次远征克里米亚试图打击鞑靼人，最终都铩羽而归。这让彼得和他的幕僚团深深地知道从原来的路线进攻，一路上要遭受鞑靼骑兵的骚扰，又要在被鞑靼人烧成焦土的草原上寻找补给，这是一条不可能成功的路线。不如直接攻占亚速，从亚速轻装上阵，直捣克里米亚。

当然，对外这个计划是要严格保密的，所有人都知道彼得沙皇要出兵克里米亚了，但是没有人知道他的第一个目标是亚速。这全部得益于以往的战争游戏，彼得很快就制订出了周密的计划，他任命普列奥布拉任斯基兵团司令阿尔塔蒙·米哈伊洛维奇·哥洛温、弗兰茨·勒夫尔特，还有布特尔斯基兵团司令帕·戈登将军组成了一个三人最高司令部。当然，话虽如此，真正的统帅肯定还是彼得，所有的军事指令最终都得由彼得沙皇亲自拍板才能执行。

俄国军队兵分两路，第一路由戈登率领，从陆路向顿河下游挺进。哥洛温和勒夫尔特率领另一路军队，从奥卡河顺流而下，经伏尔加河再转入顿河，与戈登的大军会师亚速，准备发动进攻。彼得在写给后来的海军大臣阿普拉克辛的信中得意地说："我们过去是在普列奥布拉任斯基皇村玩军事游戏，现在我们不过是又要在亚速玩一次差不多的游戏而已。"

作为战争游戏的忠实爱好者，这场声势浩大的"游戏"彼得一定要亲自参加，他化身为"炮手彼得"，随勒夫尔特的指挥船沿水路前往亚速。这一路上彼得深刻地明白了莫斯科的商人、官员是有多么的腐败无能。彼得所乘坐的指挥船行进在船队的最前面，因为是由彼得的船厂制造，一路上倒是没出什么变故，但是商人承造的小船都有不同程度的偷工减料，行驶不久就有许多船漏水甚至沉没。

如果说这些还不足以让彼得气炸了的话，那么离开莫斯科三天后彼得收到的一封信无疑成为了压垮骆驼的最后一根稻草。这封信来自掌管全军后勤的吉洪•斯特列什涅夫，他在信中写道："尊敬的炮手彼得先生……盗窃国家资产的承包商给我们带来了极其心痛的不幸……这些承包商已经领得价银 33000 卢布，而这笔钱却被他们侵吞了一半。应提供的食盐一磅都没有，鱼类都已经腐败发臭，无法入库。所有的麦子都已经发霉，只有燕麦和干草是好的。他们是商人伊万•布罗夫承办的……这种盗窃行为使您，我们的恩主感到痛心，也让士兵们陷于困境……要使您的军事行动不受耽误，现在只有靠天保佑了……"

彼得看后怒发冲冠，他怒吼着："佐托夫，佐托夫，你这个贪杯的老酒鬼在哪里？快来为老子起草命令。"终日喝得烂醉的彼得的老师之一尼基塔•佐托夫拿着纸笔摇摇晃晃地跑了过来。彼得命令他说："你就这么写，沙皇彼得下令：即刻派人前往莫斯科，逮捕承办军队物资、承造舰船之商人，将其全部斩首。哦，对了，除了伊万•布罗夫不要杀，他是个好人。"佐托夫看着明显已经被愤怒冲昏了头的彼得，委婉地说道："炮手彼得先生，这些承包商罪大恶极，论罪当诛。但是把这些人都杀了，我们吃什么喝什么啊？死人可是什么都不会给我们的。等我们得胜归来，再收拾他们也不晚。"彼得冷静下来也明白是这个道理，只好按下怒火等着秋后算账。

1695 年 7 月底，俄国大军磕磕绊绊地开到了亚速城下，发现土耳其对亚速的改造让整个亚速要塞异常坚固，上有大口径山炮，下有 3 米深的壕沟，外有木墙，内有石塔，甚至两座放着大炮的石塔中间还拴着三根 15 厘米粗的铁链用来阻挡船只。城内的守兵也比原来所知的数目增加了一倍，粮草物资更是非常充足。彼得马上就明白自己的首要进攻目标是亚速的计划已被土耳其人知道了，俄军空有对方 4 倍的兵力却狗咬刺猬无处下口。眼看着土耳其的援兵和物资源源不断地从海上运进亚速城，远道而来的俄军却只能忍受缺衣少食之苦。

还没开始交战，俄军便处于劣势。而在俄军中服役的荷兰水手雅各布·杨森更是叛变到了土耳其人那边，建议土耳其元帅在中午偷袭俄军营地。有着午睡习惯的俄军被土耳其人打了个措手不及，还没等还手已经损失了 500 余人。那天中午彼得从喊杀声中醒来，眼看着土耳其人如下山猛虎一般在俄军营地中横冲直撞，而俄军的士兵像没头苍蝇一般胡乱地逃窜着。这一刻他幡然醒悟，军事游戏和战争是不一样的，玩到亚速的心态只能让俄军走向灭亡。

彼得尝试着组建一支攻城敢死队，敢死队队员凡是可以夺取敌人一门大炮的，军官奖赏 25 卢布，士兵奖赏 10 卢布。但无论是射击军还是游戏兵团都没有人敢于站出来应征，不光彼得知道这不是军事游戏，他们也知道了。最终顿河当地的哥萨克派了代表来跟彼得谈判，他们表示可以派出 2500 名英勇善战的哥萨克帮助彼得突袭亚速城，条件是成功后允许他们在城内肆意抢掠。

一心想着如何攻下亚速的彼得毫不犹豫就答应了他们的要求，讲好三天内他们可以随便处置亚速城内的人和物，并且还派了 5000 名射击军去支援他们。哥萨克的首领非常高兴，他告诉彼得说："我们哥萨克个个都是好样的，是人中之龙，莫斯科的那些老爷们把我们当强盗真是大错特错了。这下好了，沙皇老爷您亲自来我们这了，顿河的哥萨克愿意为您效劳，让您看看我们究竟是强盗还是雄鹰。我们不是恶人，您要爱护我们啊。”

1695 年 8 月 5 日，天刚刚亮，2000 余名哥萨克就展开了突袭。哥萨克人果然名不虚传，他们带着钩抓和简易的云梯，轻巧地越过了亚速城外围的木墙和壕沟。正当他们尝试登上城墙的时候，城墙上突然传来一声号响。一瞬间，空无一人的城墙上就站满了举着明晃晃弯刀的土耳其士兵。他们一边从城墙上扔下礌石、淋下滚油，一边砍断哥萨克人的简易云梯。

哥洛温将军马上下令向城墙开炮，但是亚速城坚实的城墙纹丝不动，打不破城墙士兵们只好继续利用云梯攻城。前所未有的惨烈战况吓傻了这些极少经历战争的射击军和游戏兵，他们没有上前的勇气，只敢在后面胡乱地喊叫。而布特尔斯基团和唐波夫团的士兵还好些，毕竟他们是正规军，也随着哥萨克人努力地向城墙上攀登，但是很快就被土耳其人用弯刀一一挑了下去。太阳升起来的时候，地上已经密密麻麻地布满了俄国士兵的尸体。这一仗彼得又输了，俄国士兵伤亡达到 1500 人。

这一战的失败令彼得空前愤怒，他怒斥建议退兵明年再来的勒夫尔特是胆小鬼，声称将要亲自指挥攻城。亚速城的城墙令俄国束手无策，无奈之下彼得只好使出了打地道这一费时费力的招数。

挖地道的工程主要在白天进行，夜深人静的时候挖掘的声音很容易被人听见。而为了迷惑敌人白天也要派出士兵进行小规模的进攻行动。由于靠近海洋，8 月的亚速城已经进入了雨季，经常毫无准备地下起大雨。这可苦了在外假装进攻的士兵们，他们无处躲藏，只能在大雨中淋着。士兵们在雨中冷得发抖，他们咒骂着这场战争。

地道挖掘的速度十分缓慢，转眼8月底黑海地区已经进入了秋季。暴雨还在持续不停地下着，一场秋雨一场寒，天气也是越来越冷了。原本准备在一个月内拿下亚速城的彼得根本没有想过天气的问题，士兵们只有单衣，冷得瑟瑟发抖。不少士兵生了病，伤寒开始在俄军中流传开来。勒夫尔特又数次劝说彼得撤军，来年准备充足再做打算。而这时彼得性格中严酷暴躁的一面开始显露了出来，他成了最恶毒的监工，手持皮鞭四处巡视，如果有士兵怠工他就狠狠地鞭打。就这样，在彼得严苛的要求下，地道终于在9月中旬完工了。

兴奋的彼得准备好了大量的炸药，准备一下子炸飞亚速的城墙，跟依靠城墙作掩护的土耳其人来一场面对面的作战。在他看来没有城墙依靠的土耳其人无疑是砧板上的鱼肉，到时候自己想怎么宰割都行。正在彼得畅想着胜利的时候，挖掘地道的士兵报信说地道对面也传来了叮叮当当的声音，极有可能是土耳其人也在挖掘地道，如果是真的，那么俄军几个月来辛苦挖掘建立的优势将化为乌有，彼得马上下令把炸药搬进地道，拉上长长的引线，并且亲手点燃了导火索。回到地面后，他告诉士兵们15分钟后发动对亚速的总攻。

缺少经验的彼得明显下错了命令，他错误的估计了引线的长度，15分钟以后炸药并没有爆炸。而土耳其人看见城下聚集了大量的俄国士兵，已经架好了大炮准备向俄军发射了。彼得见势不妙，马上命令士兵发动冲锋，而俄国士兵刚刚冲到亚速城下的时候，炸药爆炸了。几十个跑得快的士兵当场毙命，几百人被城墙的碎片击中受伤。不过收获还是有的，一直阻挡俄军的城墙被炸了个缺口，俄国的指挥官们马上命令士兵冲进城内。与俄军短兵相接的土耳其人并没有成为砧板上的鱼肉，他们奋勇地抵抗着，不一会就把俄军打得节节败退，各军团司令只好鸣金收兵。

第二次突袭失败彻底打垮了俄军的信心，虽然彼得还是不服输，但是海上的飓风已经袭来，顿河的水位也连日增长，士兵的帐篷、粮草、弹药都被水淹了，无奈之下彼得只好下令撤军回莫斯科。

一路上经过土耳其人的追杀，草原上的恶狼袭击以及糟糕的天气，俄军终于以每天减员 100 人的速度回到了莫斯科。到了莫斯科，军队受到了不明真相的莫斯科群众的热烈欢迎，而俄军唯一的战利品——一名土耳其士兵被五花大绑地推到了队伍的前面。这名倒霉的土耳其士兵一路上被莫斯科市民们不停地丢石头、吐口水，还有人想要杀了他，不过幸好被俄军士兵挡住了。只有出征的人心里清楚，这名土耳其人价值极高，这可是他们打了半年战争，耗费大量人力物力收获的唯一成果。

第一场胜利

回到了克里姆林宫后，彼得也不必再装出一副胜利者的样子，他清楚地知道自己失败了，而且是一败涂地。他开始思索一些问题，开始专注在读书与学习上。无论是勒夫尔特邀请他去外侨区狂欢还是美丽的安娜统统被他抛在脑后。意大利的著名政治学家尼科洛·马基雅维利在他的《君主论》中写道："君主不应该有其他思想或目的，他只应该为战争的艺术及其军队的组织与纪律操心，他也应该拿别的事情来作为自己的专门研究，因为战争艺术是他这个君临天下者应该学会的唯一艺术。这种艺术的力量不仅能令那些生而为君王者保持地位，又能使那些生而为庶民者跻身君王之列。"

这句话点醒了彼得，他开始思索究竟为什么自己信心满满地出征却会败得一塌糊涂。经过长时间的思索，彼得得出了令他自己也震惊的结论：俄军在军队编制、士兵装备和战争战术上完全无法与土耳其相比。想通了的彼得马上着手改变着一切，军队编制方面不是一时半会能解决问题的，所以这个问题先往后放，首先解决其他两样。

彼得觉得没有真正的海军是远征亚速失利的罪魁祸首，他召集了领主杜马和各地贵族名流，宣布俄国需要迅速建立起一支强大的海军，他举起自己的胳膊说："这好比一个君主如果只有陆军，他就是个身体残缺的人，只有同时具备了海军他才是个双臂健全、出击有力的人。"彼得要求领主贵族们按照拥有的农奴数量贡献财产，拥有 1 万名以上农奴的领主必须捐献出一艘带有火炮的军舰。而各地的手艺人也被强行征召而来，被赶到顿河旁边的沃罗涅什造船厂劳作。彼得本人也没有怠惰，他一边不停地学习军事知识，一边在造船厂与工人们一起劳动，以身作则工作在第一线。目光短浅的贵族老爷们因为看不到利益，纷纷表示出对彼得的不满，而数次之后彼得骨子里的严酷精神被激发出来，他警告贵族们如果再敢胡闹会将他们统统处以绞刑。

在所有人玩命似的干了几个月后，舰队终于成型了。这支为了复仇亚速而建立的舰队拥有两艘装有36门大炮的战舰、23只大桡战船、4只封锁用船、1300只平底木船、100只木筏、30只小海船。

1696年5月18日，彼得向俄国全体贵族、领主宣布第二次亲征亚速即将开始。次日晚上彼得就带着一小股部队突袭土耳其舰队，不幸在浅滩搁浅，所以一直到了5月底、6月初的时候，这支崭新的俄国舰队才出现在了黑海上。

吸取了上次的教训，舰队一到达黑海，彼得就命令从海上封锁亚速，切断了土耳其军队的海上交通线。这时陆军的戈登将军、哥洛温将军、卡•安•里格曼将军也几乎同时赶到了亚速城下。俄国海军、陆军配合起来，把亚速城围成铁桶一般，连鸟都飞不出去一只。面对俄军海陆同时发起的进攻，土耳其人并没有放弃抵抗，凶悍的土耳其人一次又一次地击退了俄军的进攻。

但是这次土耳其无法从海上获得补给，很快就陷入了弹尽粮绝的境地。他们被迫派出代表与俄军谈判，表示可以让出亚速城，希望城中的土耳其士兵可以安全撤离。俄军统帅部很快就给出了肯定的答案，只提出了一个条件，就是交出上次令俄军损失惨重的叛徒雅各布•杨森。土耳其人立即交出了杨森，随后土耳其总督哈桑•阿拉斯拉夫诺夫率领3000名土耳其士兵以失败者的姿态逃出了亚速城，俄军获得了远征的胜利。

彼得是这次战争的主心骨，无论是海战还是陆战他总是冲在最前线，无论是甲板上还是战壕里都能看见“炮手彼得”的身影。他的妹妹纳塔利娅·阿列克谢耶夫娜知道哥哥在战场上拿自己的生命完全不当回事的时候，曾写信劝阻他不要太冒险，而彼得则轻松地回复：“遵照你的来信，我已经不再走近炮弹和子弹了，但是它们还是向我走了过来。我试着命令它们不要过来，但它们不听我的。好在它们过来的时候还算客气。”

在俄军的狂轰滥炸中，亚速城几乎被夷为平地，为了重建亚速城和防止土耳其人卷土重来，彼得将部分舰队和6000名射击军留在了亚速城，于8月准备班师回朝了。在班师回朝之前他还给莫斯科的“教皇大公”下了口信，命令他在莫斯科准备好盛大的欢迎仪式，还要建造一座“凯旋门”。佐托夫请求彼得给他一个月的时间来建凯旋门，彼得应允之后，蓦然觉得也不那么着急回去了。回莫斯科的途中他时而去造船厂视察，时而去某个领主的领地里住上几日，过得倒也逍遥快活。

9月30日，彼得慢慢悠悠地回到莫斯科附近，凯旋门也顺利完工了。远征军到达莫斯科当天，莫斯科全体市民见识到了一场前所未有的庆祝活动。游行的队伍迤逦数公里，流水一般的穿过莫斯科全城。莫斯科河旁边则耸立着高大的凯旋门，凯旋门一边记录着俄军的丰功伟绩，另一边则用来嘲讽落败的土耳其人。游行的队伍中最显眼的则是勒夫尔特将军，他自居为这次远征的最高指挥者，坐着一辆由14匹马拉着的镀金雪橇，而尼基塔·佐托夫醉醺醺地躺在马车里的样子也赚足了人们的眼球。但是最让人惊掉下巴的还属沙皇彼得，他并没有坐在马车里，甚至没有在马上，他穿着一身黑色的德式服装，戴着一顶插着白羽毛的帽子跟在勒夫尔特的车尾，肩上扛着一支长矛。

庆祝的场面是绚丽动人的，虽然场面宏大却少了一种东西——欢呼声。面对盛大的游行，莫斯科的市民根本不懂为什么要举行如此盛大的游行。他们当时还并不明白出海口对于俄国究竟有着多么重大的意义。有一天他们知道了，一定会为彼得所做的一切高声的欢呼。

第四章　放眼看世界

特别的留学生

盛大的游行或许真的超过了这次胜利本身的价值，但是彼得心里一片雪亮，他没有被盛大的游行冲昏了头，明白以俄国海军目前的实力并不能称霸整个黑海，甚至连能否守住打下来的亚速都是个问题。远征的胜利使彼得无比相信海军，将来不管是掌握黑海还是防守土耳其的反扑，一支庞大的舰队都是不可或缺的。为此，他发布了一系列新命令以用来保证更大的舰队的成型。

首先，他下令由僧俗双方合理出资建造战舰。宗教界但凡拥有农民8000户以上的修道院出资造船一艘。而领主及其手下的臣仆，凡是拥有10000户农民的就要出船一艘。领主老爷们虽然不满，但彼得对此事极其上心，无奈之下他们只好将负担转嫁到农民身上。一时间整个俄国的税收翻了 1.5 倍。

其次，由于舰队需要通晓海军业务的军官，造船厂需要造船工匠，这些都是俄国不能自己培养的，于是彼得决定派遣高级使团出国访问，这个使团由俄国的各大贵族家族成员组成，使团人数多达 35 人，其中拥有公爵头衔的多达 23 人，而彼得自己也加入其中，成为其中一分子。在学习技术方面，彼得的热情远远高于其他的贵族成员，他那种不甘人后的性格在此时体现得淋漓尽致，他不允许自己的这些臣子在学习海军造船方面领先于自己。另一方面，彼得此次出行还另有目的。

攻占亚速后，彼得发现他依然无法顺利地通过黑海，刻赤海峡还牢牢地掌握在奥斯曼土耳其的手中。奥斯曼土耳其是个强大的国家，强大到单凭俄国的力量完全不能撼动其分毫。彼得希望此次出行能够找到更多的盟友，建立起一个反对“上帝十字架的敌人”的新联盟。他希望得到的盟友有英国、丹麦、普鲁士、奥地利和威尼斯，如果与这些国家形成一个同盟，就有希望跨越强大的土耳其这道障碍让俄国驶向黑海。

总之，彼得所作出的决定，不管是建立舰队还是出访欧洲学习，都是为了解决最重要的任务——击败土耳其，取得黑海沿岸的其他出海口。

彼得的想法在如今我们来看是好的，但当时的人们认为这种想法是大逆不道的。1672 年，彼得的父亲老沙皇阿列克谢曾经发过诏令：“俄国人不得离开自己的国土，因为到了外国，他们将学到其他国家人民的风俗习惯，染上他国人民的思想，这将是很可怕的。”而东正教大主教诺阿辛更是主张应该铲平外侨区，驱逐所有的外国人。

彼得无视了宫廷内外滔天的反对声，默默地做着大使团的筹备工作。

很快彼得就完成了所有准备工作，他为大使团设定了三位大使、四大使团，各自肩负使团的多重使命。

弗兰茨·勒夫尔特担任首席大使，给他这样高的位置是因为他在国外交游广阔，生性活泼，平易近人而又善于交际。第二位大使才是使团中名副其实的主心骨，使节政厅的总监费多尔·阿列克谢耶维奇·哥洛温。哥洛温是一位才华出众、经验丰富的外交家，擅长交际好客，坚强可靠且忠心耿耿。英国大使曾经夸赞他说："在莫斯科国家的国务人员中享有最慎重最老练者的声望。"第三位大使与前两位大不相同，这位普罗科菲·波格丹诺维奇·沃茨尼岑并不爱好交际，喜欢板着脸，看上去架子十足。他的特长是善于在谈判中发现空子，找到那些不易察觉的东西，保护俄国的利益。三位大使性格各异，才能也是各不相同，彼得觉得他们互相之间取长补短应该可以应付任何情况。

而四大使团也有着各自的使命：

第一，"游说团"。游说欧洲各国宫廷，说服各国国王与俄国结成军事联盟共同对抗土耳其。为了达成目标，使团出发前，俄国宫廷为使团做了全面的准备，利用间谍搜集了大量欧洲各国宫廷的内幕。并且因人而异，准备了各种各样的礼物以用来投各国君主所好。

第二，"招贤团"。此次出行的一大目的就是为俄国解决海军军官和造船工匠不足的问题。自己培养固然好，但是如果能直接在欧洲各国招聘到合格的水手、船长、水兵以及造船的工匠岂不是更加方便，可以更快地将军队武装起来。

第三，"采购团"。俄国的武器装备远远落后于欧洲，建立新的军队不仅要在思想上，更要在装备上。如果能用欧洲新式的火炮、来复枪以及造船设备和导航仪器来武装俄国的军队，俄军的战斗力会得到更加快速的提升。

第四，“留学团”。留学团的成员只有前面提到的35名贵族，他们的任务就是在欧洲各地留学，专门学习各国的军事技术、造船技术、兵器技术。彼得沙皇也化名为彼得·米哈伊洛夫·阿列克谢耶维奇加入到了这个留学团中。之所以不用沙皇的身份主要因为彼得不喜欢太过招摇，太过拘束，他只想自由自在地学习，看看那些他只在勒夫尔特口中听过但是还没见过的东西。

一切准备完毕后，1697年3月10日，一共250余人、雪橇千余乘的使团浩浩荡荡地从莫斯科动身前往欧洲了。

路漫漫

里加是彼得欧洲之旅的第一站，当时里加属于瑞典，瑞典人对俄国人抱着非常深的戒心。里加的警备司令达尔贝格早在当年就清楚地记得彼得的父亲阿列克谢·米哈伊洛维奇的样子，看着瘦高的彼得，两个人的影子在他心中渐渐地重合在一起。而彼得自己更是做出了许多令瑞典士兵起疑的举动，他不停地询问瑞典人关于战壕、土堤和城墙的问题，还观察港口停泊的船只，又对里加的驻军人数、士兵装备和服装表示出异常的好奇。当俄国大使团开始登上里加的城墙开始勾画里加的防御工事图的时候，瑞典人再也忍不住了，他们拿着火枪威胁俄国人赶紧走开。

彼得对瑞典人的态度非常不满，他寄回莫斯科的信中这样写道:“在这里我们像奴隶一样不自由，只能远远地观望。这里的生意人穿着高雅的长袍，但行为却非常龌龊。他们假装公道，当我们卖掉雪橇的时候他们却为了一点零钱对我们的车夫破口大骂，赌咒发誓这是最公道的价格，但是转过头去就把我们的雪橇用三倍的价格卖了出去。”

瑞典人对这个“可能拥有沙皇血统”的留学生时刻保持着关注，彼得在这里的行动处处受阻，而当地人民对于外国人也是一副冷漠的嘴脸，不管彼得多么热情友善地招呼他们，他们却总是用阴沉的脸相对，敷衍的回答一些问题后就默默地走开了。对于这种冷遇彼得感觉到愤怒，在离开里加的时候，他回头看着这座大城，默默地对自己说:“里加，我一定会回来的，到时候你们会为你们的所作所为付出代价。”多年后，彼得成功兑现了这个承诺。

怀着对瑞典国王查理十二世的憎恨，彼得离开了里加。一个星期后，彼得到达了库尔兰公国的米图。勒夫尔特早先与库尔兰大公是非常好的朋友，因此在这里，俄国使团受到了最高级别的礼遇。勒夫尔特带着整个使团在这里尽情地宴饮狂欢，而彼得却深知自己此行目的是什么，他带着几个随从脱离了使团，独自踏上了旅途。彼得来到库尔兰公国的利巴瓦，第一次感受到旅途的快乐，他在酒吧中自称是商船船长，抽着烟斗与其他船长在酒馆中谈论大海、海员和一些遥远的地方。在这里，彼得第一次感觉到不把黑海作为第一目标也无所谓，波罗的海的出海口对于俄国来说同样妙不可言。

前进速度超越了大使团的彼得很快就来到了普鲁士的柯尼斯堡，在这里他会见了勃兰登堡选帝侯弗里德里希·腓特烈三世。选帝侯是德国历史上一种奇特的现象，普鲁士是神圣罗马帝国的诸侯国之一，卢森堡王朝的查理四世为了谋求各诸侯对他儿子继承王位的肯定，制定了选帝侯制度，由皇帝指定的七大选帝侯来决定皇位的继承人。而这位弗里德里希除了选帝侯的身份外，还是最有可能成为普鲁士下一任皇帝的人。

腓特烈三世与彼得的会面十分愉快，腓特烈三世称呼彼得为“我年轻的兄弟”，这让彼得觉得心里热乎乎的，而彼得在外侨区厮混多年的好处也显露了出来，他用熟练的荷兰语并且夹杂着德语与腓特烈三世交谈，让腓特烈三世大吃一惊。

正式谈判一直等到大使团到来后才开始，迎接大使团的场面异常隆重，士兵与市民夹道欢迎，而选帝侯腓特烈三世带着禁卫军亲自接见了俄国使者，腓特烈三世例行询问了沙皇的健康是否安好，而俄国使者回答说他们只知道从莫斯科出发的时候沙皇是健康的。这个回答让腓特烈三世和躲在一旁的彼得忍俊不禁，毕竟他们两个刚刚才交谈过。

晚上腓特烈三世举行了盛大的晚宴为俄国使团接风，彼得也趁此提出了缔结盟约的要求。双方对于结盟一事并没有什么分歧，但是在细节上面却难以达成一致。彼得试图说服腓特烈三世与他一起对付土耳其人，但是腓特烈三世对此却兴趣不大，土耳其远在西亚，与地处北欧的勃兰登堡并没有什么冲突。而腓特烈三世想要俄国帮忙斩断法国人伸到他这边的手，还有让俄国帮他对付在家门口虎视眈眈的瑞典。

双方就结盟问题进行了一系列的扯皮，腓特烈三世反复说明双方共同的敌人是瑞典和波兰，彼得也知道这一点是正确的，俄国需要波罗的海，但是波兰国王曾经同意过彼得加入反土耳其同盟，而想要同瑞典争夺波罗的海对于俄国来说还早着呢。于是谈判一直进行到勃兰登堡的外交家们同意将“当勃兰登堡与瑞典、波兰作战时，俄国必须站在勃兰登堡方面作战”这条删除，俄国大使们才同意签订了条约。但是在腓特烈三世一再建议下，彼得同意与他订立口头的君子协定，秘密联合反对瑞典。

在勃兰登堡，彼得还学习了大炮发射技术。传授彼得这门技术的老师是冯•斯特恩费尔德上校。由于彼得学习非常认真，所以一个星期后彼得就已经结业了。冯•斯特恩费尔德为彼得颁发了结业证书，这位上校在证书上写道:“我每日从理论与实践上向彼得•米哈伊洛夫先生传授炮兵技术。他学习速度之快，掌握知识面之广，周围的人无不为之惊异。应当承认并且肯定彼得先生在炮兵学科理论与实践方面均已精通，他是一位审慎而精干的火器射击专家。为此我谨谦恭而友好地恳求列位，不论你们职位高低，都要把这位持有彼得•米哈伊洛夫证书的人看做是一名技术全面、专业精通的熟练炮手。”

彼得的下一站是波兰，到达波兰的时候波兰正在进行国王选举，这场选举对于反土耳其同盟非常重要。国王的候选人有两位，一位是由法国支持的德•孔第，另一位是由俄国支持的萨克森选帝侯奥古斯特二世。

如果法国亲王德·孔第当选，那么波兰就要退出反土耳其同盟与法国联合，甚至对俄国发起战争。

彼得派出信使命令莫斯科留守的杜马书记给波兰政府写一封信，信的内容为："如果法国人做了波兰的国王，不仅对反土耳其同盟有损害，甚至对俄国与波兰的和平都将构成严重的损害。我们不希望波兰有一位倾向于法兰西和土耳其的国王。"同时彼得下令集结一支 4000 人的军队，陈兵波兰边境。最终奥古斯特当选为国王，彼得才心满意足地离开了波兰。

在离开波兰前往汉诺威的路上，俄国沙皇驾临的消息不胫而走。原来是勃兰登堡选帝侯弗里德里希·腓特烈三世怕汉诺威的选帝侯怠慢了俄国使团，提前写信通知了汉诺威的选帝侯。腓特烈三世的信是这样写的："看来莫斯科公国正从它的亚细亚睡梦中醒来。我们要做的就是把它最初的脚步引到有益的方面去。"因此他让汉诺威的女选帝侯索菲亚·甘诺维尔斯卡娅和她的女儿勃兰登堡女选帝侯索菲亚·莎洛特好好地招待他的俄国兄弟。

就这样，刚刚踏上汉诺威领地的彼得就被早已久候他多时的汉诺威地方官员认了出来。地方官员立刻传达了女选帝侯的指使："汉诺威女选帝侯夫人索菲亚殿下、率同女儿勃兰登堡女选帝侯索菲亚·莎洛特夫人以及她的公子、英国王位继承人奥尔格·路德维希储君已经从汉诺威赶来迎接俄国沙皇陛下，并备下酒宴以款待陛下，万望不要推辞。"事已至此，即便彼得害怕与欧洲女性来往，但还是硬着头皮答应了下来。

宴席之上彼得对索菲亚·甘诺维尔斯卡娅的印象并不好，他觉得这个女人不过是个喜欢卖弄风骚的半老徐娘，但是她的女儿莎洛特则给彼得留下了好印象。莎洛特夫人正值妙龄，长期研习艺术使她的气质非常高雅。在莎洛特对彼得谈论哲学和艺术的时候，彼得表示自己并没有什么研究，也不感兴趣。他摊开自己的双手给莎洛特看自己手上的老茧说："我最爱的是造船，我喜欢大海。我有 14 种手艺，但是都不精通。我到这里来想要学习一切我感兴趣的东西。"

宴席结束后，一老一少两位夫人不约而同地在日记中写下了对彼得沙皇的印象。母亲在日记中写道："他真是个与众不同的人，很难用语言来描绘，如果没有亲眼见过他，任别人怎么说你也不会知道他是个怎么样的人。他身材高大，相貌英俊，体态挺拔。可惜他没有受到过良好的教育，行为极其不雅，对宫廷礼仪也知之甚少。但是他天资极高，如果受到好的教育，必定会成为一个卓越的人。"

女儿的日记则是从抛去了彼得身为沙皇的身份的角度，不谈才干，只谈彼得这个人的角度来写："他看起来既善良又凶恶。他经常竭力地想要控制自己凶恶的表情，但却无能为力。显然人们并没有教会他进食的时候要讲究卫生，但是他心胸坦荡，朴实大方，不会惺惺作态，我喜欢他。"看来彼得在餐桌上用手直接进食，抓起整只鸡大嚼，面对餐巾不知所措，最后直接抓起桌布擦去满手的油污的行为给两位女选帝侯留下了深刻的印象。

知识的海洋

彼得并没有在汉诺威过多停留，因为下一站就是他向往已久的荷兰。他最开始学习的造船技术、航海技术，都是从外侨区的荷兰人那里学来的。17世纪的荷兰是工业最先进、商业最发达的国家之一，是造船中心，是世界贸易所，也是科学与图书之国。

抵达荷兰后，彼得马上就被映入眼帘的风景所震撼了：眼前是一片五颜六色的平原，白色的是牧场的羊群，绿色的是种满蔬菜的菜园，而那些紫黑色、火焰一般鲜红和金黄色的郁金香则填满了城市的每个角落。到处都有风车和水车随风转动，吱吱呀呀地响着。远处透过蔚蓝色的烟雾可以看见住宅、教堂、钟楼等建筑的轮廓。简直是一片人间仙境。为彼得摇船的船工告诉彼得，荷兰是一个临海国家，原本的陆地面积极小，在荷兰人一代又一代人的努力下，终于硬生生地填出了一片土地。正因为这片土地来之不易，所以每个荷兰人都热爱自己的土地、热爱自己的家园，甚至连最小的空地上也会被荷兰人种上鲜艳的花朵。

彼得看着、听着，禁不住将眼前的景色与自己的王国做了一番比较，莫斯科的荒凉完全败给了荷兰。他愤怒地对随从说：“在莫斯科，许多院子都比这里宽敞。可是谁都不会想要拿扫把扫一扫，或者栽些果树，种点鲜花蔬菜，这样既美观又可以收获果实。谁都不肯多花些力气让自己的家更干净，甚至连拉屎拉尿都懒得到厕所去，就在自己家门口解决。这就是为什么我们的土地辽阔无边，但是我们是一群穷光蛋。”

彼得在阿姆斯特丹港口附近的一个小镇——赞丹有一位老相识，他的名字叫盖里·吉斯特，曾在俄国做过铁匠。彼得找到了吉斯特，请求居住在吉斯特家里，并隐瞒自己的身份去造船厂学习技术。沙皇住进家中是无上的光荣，吉斯特马上就腾出了家中最好的房间给彼得。准备好当地船工的衣服和木匠工具后，吉斯特就带着彼得去了造船的工地，他的身份是吉斯特的俄国朋友，“木匠彼得”。彼得豪爽的性格和熟练的木工技术深得工人们的喜爱，大家都喜欢和这个“俄国佬”聊天喝酒。

原本彼得打算整个冬天都在造船厂工作，但是赞丹本就是个不大的小镇，任何一个外人的到来都会令大家知晓。而彼得人高马大，长相也与当地人不同，很快就引起了众人的好奇心。不少去过莫斯科的商人最后还是认出了他就是沙皇彼得。听说吉斯特家里有个沙皇，好奇的人群经常将吉斯特家围个水泄不通，甚至有一个到过莫斯科的商人在路上拦住彼得用看珍奇猛兽的表情打量他。彼得一怒之下打了他一个打耳光，看见的人都哄笑了起来：“看啊看啊，俄国沙皇正在册封骑士呢。”从此被打的人绰号就叫作骑士了。

彼得用他的工资买了一艘小帆船，闲暇时就驾着小船出海。有一天他像往常一样驾船游荡，一艘客船开了过来，船上的一名船员看见彼得就高声对船上的乘客喊道：“快来看啊，前面驾船的人是俄国沙皇。”好奇的人们纷纷涌向船的一边看沙皇，结果船失去了平衡，不少看热闹的乘客掉进了海里，彼得马上跳下水帮忙救人，第二天小镇就传遍了俄国沙皇勇救落水者的消息。这下小镇上没有人不知道俄国沙皇在这了，无奈之下彼得只好离开赞丹回到了阿姆斯特丹。

阿姆斯特丹市长尼古拉·威特金是荷兰东印度公司的董事之一，他曾在莫斯科居住过很长时间，与彼得私交甚密。于是彼得故技重施，要求威特金对他的身份进行保密，请求他允许自己和其他留学生到东印度公司的造船厂当学徒。威特金马上答应帮忙，并且通知公司专门拨出一艘船给俄国留学生，放慢进度让他们学习怎么造船。

当学徒是十分辛苦的，每天早上太阳刚刚升起彼得就被工头怒吼着叫起来，迅速完成仪表的整理，然后步行一个钟头到工地去。工作十个小时后，拖着疲惫的身体回到居所，他还要抽出时间看设计图纸，向同住的工程师请教。

俄国留学生都是贵族出身，这些人不是每个都像彼得那样能吃苦耐劳，有几个贵族子弟只干了一个星期，刚刚学会摆弄罗盘仪就觉得已经学的差不多了，向彼得要求回国休息。这完全违背了彼得的意愿，彼得很生气，他觉得这些人就是懦夫，就算有一天到了战场上也会是个可耻的逃兵。他下令将这些人五花大绑，推出去斩首示众。幸好威特金市长及时拦住了他，告诉他这里不是俄国，就算是沙皇也不能随便杀人。最后彼得只好收回成命，把他们流放到更加艰苦的西伯利亚去。

俄国留学生们在造船厂工作了 4 个月，最终他们亲手制造了一艘三桅巡洋舰，取名“彼得保罗号”。“彼得保罗号”下水的那一天，俄国大使团举行了盛大的仪式，而这个成绩也得到了荷兰工程师们的认可，他们为俄国留学生们颁发了结业证书。彼得的成绩尤其优异，他的结业证书上写着:“木匠彼得自始至终参加了船身 100 英尺的三桅战舰的全部建造工作。在这个过程中，彼得成为了一个熟练、灵巧的木匠。同时，彼得也掌握了造船技艺和绘制平面图的要领。我认为，木匠彼得现在完全可以胜任这方面的工作。”

在阿姆斯特丹，彼得增长了见识，许多以前只从勒夫尔特口中听说过的东西全部亲眼得见，他白天非常忙碌，但晚上却不停地给莫斯科写信，信中充满了对发现新事物的兴奋，他在信中着重描写过马戏团的魔术表演和发条木偶这种用来娱乐的奇妙技巧，也描写过医生的解剖手术和熔炼金币这种先进技术。他对一切都充满了好奇，恨不得一股脑把所有的技术全都学会。最后彼得在一次游览露天广场的时候决定了他专攻的项目——拔牙。他买下了全套的牙医器具，并向那个在广场上做拔牙手术的牙医询问拔牙的技巧。

从那以后大使团中的 200 多名成员就成了彼得的小白鼠，让手艺初成的彼得练习。彼得的手艺着实不怎么样，但是他胆子大，经常使出全身的力气将病人的牙齿与部分牙床一起撕下。被他拔过牙的人被问到沙皇为他拔牙的经历往往都会下意识地捂住腮帮，闭口不谈。但是彼得在他的一生之中一直认为自己是个出色的牙医，他一直将自己的拔牙工具带在身边，一旦发现身边谁的牙齿有问题，马上拿出工具为他拔牙，绝不手软。他把拔下来的牙齿收集在一个布袋里，作为自己的从医生涯的战利品。

这次来荷兰除了学习造船技术外，就是劝说荷兰加入到反土耳其同盟。但是与勃兰登堡的问题大致相同，荷兰政府目前最主要的敌人是法国和在海上日渐强大的、已经不可避免地动摇到了荷兰地位的英国，而不是土耳其。彼得表示，土耳其作为所有基督教国家的敌人，如果俄国同土耳其发生战争，就算从道义上讲荷兰也应该给予物质上的援助。但是荷兰政府借口荷兰刚刚结束对法国的战争，元气大伤，并没有多余的经济来支付这笔开支。彼得对此表示很愤怒，他开始厌倦在荷兰的生活，于是在他雇佣了一大批拥有俄国、乌克兰血统的工匠和水手后，就离开了荷兰前往英国。

失望的外交

彼得离开荷兰的理由除了荷兰政府始终不肯加入反土耳其同盟的要求外，他也觉得在荷兰已经没什么可学的了。他在写给莫斯科的信中提到:“在荷兰有时是非常扫兴的，千里迢迢来这里求学却没有达到希望达到的目的。在荷兰学习了造船的理论，也进行了实践，但还是觉得缺点什么。”在这个时候一位英国工程师告诉彼得，在英国关于造船的学科已经远比荷兰更加完善了。彼得当即拍板，决定去英国。

彼得在英国逗留了4个月，在这4个月里大部分时间都用来学习几何学和造船学。小部分时间来四处游历，他参观了英国的造币厂、铸炮厂、牛津大学，还有格林尼治皇家天文台。不管他走到哪里，最念念不忘的就是将他碰见的优秀技术人才聘请到俄国去。就这样，彼得陆陆续续为俄国聘请到了大量的水手、医生、海军军官、炮兵专家、造船专家等。其中最有名的要数英国著名数学家安德鲁·弗哈森和水利专家约翰·比尔。前者在彼得的帮助下开设了航海学校，而后者更是指导了伏尔加——顿河运河的开凿。在英国，彼得还见到了艺术大师伦勃朗的弟子霍特弗里德·克涅勒，克涅勒为彼得画了他亲政后的第一张画像。

相对于实业项目，彼得对于英国的政教兴趣不大，但是英国如何处理各种不同的宗教关系，彼得还是关心的。他积极接触英国大主教坎特伯雷。大主教对这位俄国沙皇很不喜欢，觉得彼得是个长相凶恶、脾气暴躁，还有酗酒恶习的粗人。他的爱好不像是个一国之君，倒更像是个天生的木匠。就这样一个野蛮人，居然也会得到上帝的眷顾让他管理世界上最广袤的地区。

政治方面，彼得也旁听了英国议会的例会。英国当时经历了政治改革，已经逐步确立了议会民主制。彼得对此不以为然，他觉得可怜的威廉三世虽然还是名义上的国王，但实际上不过是个傀儡而已。会议中威廉三世虽然坐在首席位置上，但是彼此讨论的时候却完全把他晾在一旁。彼得对他的随从说:“看威廉兄弟多可怜，如果民主是这样，那我宁愿要独裁。有了议会，我要往哪放?”

一转眼，冬天过去了，伦敦迎来了温暖的春天。而彼得的出访已一年有余。彼得觉得该学的也都学了，钱也花得差不多了，是时候回家了。留学生回家的时候，就是情侣分手的时候，古今中外地位高低都不例外。彼得在英国时期也有过一个伴侣，在分手时彼得派随从缅希科夫为她送去了500金币。这位女士显然没有想到堂堂俄国沙皇出手居然如此吝啬，抱怨个不停。彼得才不吃那套，他对缅希科夫说:“缅希科夫，我才不会像你一样在女人面前摆阔。老头子们忠心耿耿的为我服务也才拿这么多，何况这娘们儿的服务又不怎么样。”

离开英国后，彼得取道荷兰准备回莫斯科。到了荷兰他想再去碰碰运气，但是得到了同样的结果，荷兰还是婉言谢绝了他共同对付土耳其的建议。彼得决定前往罗马帝国的首都拜访，看看能否说服利奥波德皇帝共同对抗土耳其。结果依旧令彼得失望，目前整个欧洲并没有国家关注土耳其，他们关注的焦点是土耳其的盟友法国，西班牙国王查理二世已经土埋到脖子，眼看就要驾鹤西归了，究竟西班牙王位的继承人是不是对法国有好感成为整个欧洲最关注的问题。彼得与罗马帝国皇帝利奥波德一世的谈判进行得很不愉快，他们坚决地站在了法国的那一边，也就成为了土耳其的盟友。

留在罗马帝国已经没有任何意义了，彼得将自己的下一站定在了波兰。在波兰，彼得秘密会见了新任国王奥古斯特二世。这位萨克森选帝侯能当成波兰国王也有彼得的一份功劳，因此奥古斯特二世把彼得奉为座上宾。彼得与奥古斯特二世年纪相仿，两人都身材高大，精力过人，但精力的用处却是大不相同。彼得喜欢学习，喜欢做体力劳动来挥洒他的精力。而奥古斯特则更像一个花花公子，终日沉湎于风流韵事，尽情玩乐。

奥古斯特二世带着彼得玩乐之余，做到了腓特烈三世没有做到的事情，说服彼得加入反瑞典同盟。年轻英武的查理十二世就任瑞典国王后，瑞典日渐强大，渐渐成为了波罗的海诸国的忧患，而俄国在南方已经打开了亚速这个出海口，北方俄国可用出海口的数量还是个鸭蛋。两线作战以俄国的实力是不可能做到的，不如把重点放在北方。奥古斯特二世的劝说让彼得回想起在里加受到的种种冷遇，他发自内心地想报复这个让他觉得不快的国家。

此时，一个突发状况让彼得不得不提前结束了这次旅程。当彼得打开从莫斯科来的加急密信时，他惊讶地发现信上写着："射击军准备在莫斯科发动兵变，索菲亚公主准备重新上台。"

叛乱的根源

这次叛乱其实早在彼得出国前已经展露了苗头。1697 年 2 月，彼得破获了一起齐克列尔团长的阴谋案。

这位齐克列尔团长本是一个贪图权势的外国人，1682 年 5 月，他作为射击军的一员站在索菲亚和米洛斯拉夫斯基家族一边，参加了射击军的叛乱。而在 1689 年索菲亚策划宫廷政变未遂时，他又转身投入了彼得的麾下。彼得胜利后，他本以为自己是拥立彼得的功臣，升官的速度应该像火箭一样。但是事与愿违，彼得把他派去了遥远的维尔霍图里耶当官。好不容易调回了莫斯科，彼得又给了他远离莫斯科的新命令：保卫亚速。由此可见，彼得并不希望把他留在莫斯科，理由也很简单，彼得讨厌射击军，而他又曾经是索菲亚身边的一员，彼得并不信任他。

齐克列尔怀恨在心，想要谋害彼得。他先是利用自己妻子的关系结交了一些显贵，然后又观察在这些人中究竟谁是彼得的反对者，这样的人可以加入他的计划，成为他的同谋。很快他就找到了侍臣阿列克谢·索科夫宁、领主马特维·普希金以及他们的亲戚。这些人抱着与彼得势不两立的决心，他们不愿意把他们的子女送到外国去。

在他们还没动手前，彼得就破获了这起阴谋刺杀他的案子。他参加了此案的审讯活动，并且表现的极为残忍。这大概是因为他所憎恨的射击军居然再次参与了一场反对他的阴谋。那段时间彼得就在普列奥布拉任斯基皇村亲自审讯罪犯，对他们严刑拷打，甚至亲自为这些犯人制定死刑的方式。这件事情并没有影响彼得出访欧洲的心情，最终大使团还是按时出发了。

彼得刚刚离开俄国，莫斯科就开始流传奇怪的谣言，说彼得沙皇在出使荷兰的时候不慎掉入海中淹死了。也有人说彼得被土耳其皇帝派来的杀手钉死在一个桶里。还有人说勒夫尔特包藏祸心，在国外趁彼得醉酒，将他推入水中淹死，然后找到了一个长得很像彼得的人假扮皇帝。莫斯科的警察们抓到了许多散步谣言的人，对他们严加审问，但是最终都没有找出谣言的根源。彼得也没有什么办法，只好要求加强对索菲亚公主的看管，防止索菲亚遥控在外的叛乱分子。

彼得不喜欢射击军，多年以前射击军叛乱，杀死纳雷什金家族许多人的场面对于他来说依然历历在目。虽然最后他与索菲亚争夺政权取得胜利是靠着射击军的支持，但是他依然认为射击军战斗力低下，忠诚度比战斗力还要低下。当攻下亚速城之后，彼得毫不犹豫地派出了相当一部分的射击军前去亚速城驻守。射击军们对自己的待遇非常不满，原本他们就是宫廷中的禁卫军，吃皇粮，工作清闲。但是自从彼得上位后射击军开始镇守荒凉的边界，他们离开了家庭，要参与繁重的军役，拿到的薪水也远远不如从前。

1698 年 3 月，驻守在边境的射击军派出 175 个代表到莫斯科申诉他们悲惨的状况。他们想要回国，想回到自己儿女的身边。但是政府并没有受理他们的申诉。这时，射击军们想到自己曾经美好的生活，想到给他们美酒、美食和赏钱的索菲亚公主。他们联络到了索菲亚公主的妹妹玛尔法公主，将射击军的请愿书藏在馅饼里，送到了关押索菲亚公主的修道院中。

索菲亚收到信后十分高兴，她在回信中对射击军的苦难表示了理解，并且指使射击军们趁彼得不在莫斯科的时候发动政变。最终定下的计划是让与彼得不合的儿子阿列克谢成为新沙皇，而索菲亚公主再坐回摄政王的位子，等彼得一回到莫斯科就“把他砍成五块”。

很快从莫斯科回来的射击军代表就带领射击军们开始了叛乱，他们集结起来朝着莫斯科浩浩荡荡的进发。当到达莫斯科附近的时候，戈登将军已经率领着彼得的游戏兵团普列奥布拉任斯基团和正规军的布特尔斯基团在那里迎接他们了。戈登高声劝阻叛军回到驻地，只要交出叛乱的主谋，对其他人会既往不咎。对叛乱早就尝过甜头的射击军们没有听戈登的话，依旧发动了进攻。这些射击军高估了自己的实力，以往他们的叛乱并没有同正规军交过手，正规军经过几轮齐射，射击军们就一败涂地，无再战之力了。

戈登很快就对叛乱的射击军进行了逮捕与审判，56 名士兵被处死，其余的被分别流放到附近的城镇与修道院。

接到射击军叛乱的消息，彼得立刻从欧洲启程回国。他坚信这次叛乱是三年前已经死去的伊凡·米哈伊洛维奇·米洛斯拉夫斯基留下的种子。从前种种可怕的暴行重现于他眼前，他咬着牙说:“全国上下都染上了坏疸病，想要将射击军这根刺连根拔掉，必须让领主们看见鲜血。”

回到莫斯科后彼得马上着手研究审讯材料，但是他了解得越多，他就对审讯越不满意。审问并没有得到射击军叛乱的目的，也没有问出叛乱的幕后主使，就这样草草结束了，而首要分子也都被处死了。彼得心中的忐忑不安和恐惧转化成了愤怒，他同负责审讯的大元帅谢英大吵了一架。他指责谢英元帅收受贿赂，徇私提升了很多人的官位，说道愤怒之处还走出房间去问守卫的士兵，有多少普通士兵莫名受到提升当上了军官。接着他回到房间拔出佩剑，一边敲打着桌子一边对着谢英怒吼:“我就是要砸碎你那个团，我要剥了你的皮，一直剥到耳根!”其他彼得的近臣上前劝阻，他挥舞着佩剑打了他的老师佐托夫的脑袋，敲了勒夫尔特的后背，直到他从小到大的玩伴缅希科夫前来劝阻他才冷静了下来。

彼得大发雷霆并不是因为戈登徇私提升了士兵的官位，而是因为他过早处死了那些叛乱的首领。不能追查到幕后指使人令彼得异常紧张，而处在紧张之中的彼得无法控制自己的情绪，一点点小事就可以让他大发雷霆。

最终彼得决定重新审理此案，并且要由自己亲自处理。他下令将参与叛乱的 1041 名射击军士兵全部押到莫斯科，从那天开始刑讯室几乎没有休息过一天。

一个丹麦外交官在日记中记载了他所见到的审讯场面:“我们出于好奇，访问了普列奥布拉任斯基皇村。我们参观了各处牢房，沿着最凄厉的惨叫声朝某个最可怕的地方走去。出现在我们眼前的是三间小木屋，里面满地都是血水，甚至一直流到门廊前，我们吓得直打哆嗦。这时候更加可怕的尖叫声从第四间小木屋里传来，好奇心迫使我们想去看看里面的情况。刚刚进去，我们马上退了出来，因为我们看见了沙皇和领主朋友。沙皇站在一个吊在天花板上、赤身裸体的汉子面前。我们进去的时候，他正好转过身来，神情显得极为愉快。"

经过残酷的审讯，终于有射击军承认了索菲亚也参与了叛乱活动，而另一位公主玛尔法•阿列克谢耶夫娜正是为他们牵线的人。供词里还承认叛军的首领收到过索菲亚的信件。

彼得带着供认的射击军前往新圣母修道院亲自对索菲亚公主进行审问，意志坚强、性格倔强的索菲亚公主坚决不承认自己同射击军有过往来。由于知道彼得并没有拿到自己给射击军的那封信，对于彼得振振有词的指控，索菲亚冷静地一一予以反驳，彼得："你给射击军写过信，促使了这场叛乱。"索菲亚："什么信？我从没给射击军寄过你说的那种信。"彼得："那射击军怎么会想到找你回来重新执掌政府?"索菲亚："人人都知道我曾经执掌过政府，找我有什么奇怪的?"彼得："他们供认说信是你让一个叫瓦斯卡的女乞丐带来的。"索菲亚："瓦斯卡是谁？我从来没听说过。"

对于另外一个公主的审问也是由彼得亲自主持。玛尔法对于彼得的指控同样拒不承认，她只说自己告诉了索菲亚有射击军从波兰逃到了莫斯科的消息。

对于两个姐姐的最终审讯结果是无奈的，彼得只能宣布免除索菲亚全部的皇室头衔和待遇，强迫她出家修行，改名为苏珊修女。玛尔法同样被取消了所有皇室待遇，被送进新圣母修道院，改名为玛格丽特修女。

审讯还没结束，死刑已经开始执行了。第一批总计 201 名射击军在 9 月 30 日进行处决，而第二批 144 人是在 10 月 10 日。这两次执行死刑其中有一半以上的人是没有经过审讯的，处决他们唯一的理由就是他们曾在叛乱的团队中服役。处决的过程被一个外国人记载了下来："断头台已经准备好了，天气非常寒冷，但是我们却还是要等待很长时间。后来，沙皇带着缅希科夫赶来了，他们下了马车，站在一座断头台的旁边。这些要受刑的可怜人一个接一个地走上断头台受刑，但是他们既不悲伤也不恐惧。我无法判断他们是不是勇敢，但是我觉得一定不是。大概是因为他们遭受过惨无人道的拷打，死亡对他们来说不过是个解脱吧。"

莫斯科长期笼罩在大屠杀的血雨腥风中。成堆的尸体暴尸街头，长达 5 个月无人过问。三个射击军的尸体被吊在苏珊修道女的窗前，每个死者的手中都拿着一张纸，暗示是苏珊修女写给他们的信。还有一种说法，说一个月后苏珊修女就精神失常了。

彼得处理射击军的方式，展现了他极端残忍的性格。守旧的射击军对彼得来说不仅是他登基的阻碍、童年的梦魇，更是落后事物的化身。这种国家进步的累赘，注定是要灭亡的。彼得严惩射击军，令文武百官和领主们噤若寒蝉。射击军与索菲亚一同退出了俄国历史的舞台，彼得一举扫除了皇权霸业上的两块绊脚石。

认识上的变革

排除了叛乱的种子，是时候总结一下彼得欧洲之行的收获了。俄国使团从 1697 年 3 月 10 日出访欧洲，到 1698 年 8 月 25 日访问结束。大使团在欧洲整整度过了一年半的时间。此行花费非常巨大，18 个月花掉了 300 万卢布，后期因为现金用完了还廉价卖掉了大量的珍贵皮毛。彼得的足迹遍布欧洲各大国家，并且先后会见了各国首脑。

如此庞大的行程收获也是巨大的。在彼得的钦点下，俄国政府聘请到了海军、陆军、教育、艺术、数学、物理、医疗、建筑等各方面的专业人才多达 640 余人，其中专家级别的人物多达 20 余人。而所花费的巨额卢布也不是被享乐挥霍掉了，其中至少有三分之一是用来购买各式武器、各国地图、指南针、圆规、多脚仪等设备。

这些都是看得见的收获，而对于俄国大使团来说，这一年半的时间里看不见的收获要远远多于看得见的收获。游遍了先进的欧洲各国，整个使团所有人都在思想和意识上受到巨大的冲击与震荡。

首先，彼得发现俄国在经济方面极端落后。欧洲各国以工业和商业作为国家根基，海上的交通与贸易作为国家血脉。各国政府都推出大量的优惠政策鼓励商人开拓海外市场，发展对外贸易。鼓励有钱人将家中的钱财拿出来投资办厂。

国富则民富，国穷则民穷。人民的贫富由国家决定，彼得也想要有钱，有了钱他就可以扩建海军、鼓励科研、发展教育。人民也只有在吃饱穿暖之后才顾得上礼义廉耻。

第二，彼得认清了俄国在军事上究竟有多么的落后。两次出兵亚速时他就知道了俄国军队的实力远远不如其他国家，而缺少强大的海军更是俄国的一大软肋。来到欧洲后，彼得亲眼看见了“海上马车夫”荷兰和“海上强盗”英国的强大，他们的共同点就是通过攫取海上霸权来获得骄人的国家地位。欧洲国家大多临海，无论是贸易往来还是攻城略地，都离不开海上作业。如果俄国有了自己的商船，有了自己的战舰，那么发展贸易、扩张领土都将不再是难题。

第三，在欧洲的一年半生活里，彼得已经习惯了欧洲的生活方式，这种文明与开化和他记忆中俄国的愚昧与野蛮形成了强烈的对比。他痛恨俄国的种种陋习。

在俄国，妇女是男人的附庸，她们无知、保守、唯唯诺诺，彼得的皇后就是这样一个让他非常不喜欢的传统妇女。而在欧洲，彼得看见妇女与男人几乎拥有相同的地位，她们穿着并没有严格的要求，她们与男人接触也不必小心翼翼，甚至不少妇女可以从事自己喜欢的工作，哪怕是当船长也可以。英国的男士更是绅士的典范，他们在公共场合主动为女士让座，帮女士打开马车门，他们谈吐优雅，彬彬有礼。各大城市的青年男女们可以毫无顾忌地在街上散步、聊天，这是多么的美妙与和谐。

而在俄国，男人们只会打自己的老婆，喝醉了要打，不高兴要打，甚至高兴了也打。

就这样，彼得，一个来自闭塞、落后国家的君主，来到了先进开放的国度，见到了闻所未闻的新事物。这些对新事物的热爱和对旧事物的不满坚定了彼得改革俄国的决心。

第五章　大国的出口

目标，波罗的海

彼得执政之初，按照计划，试图在南方的黑海获得出海口。但是两次远征亚速虽然攻下了亚速城，但对于进入黑海并没有太大的帮助。彼得出使欧洲也并没有达到预计的目标——成立一个强大的反土耳其同盟。俄国单独对土耳其宣战，无论如何都是不可能获胜的。彼得出访欧洲的时候，各国一致的意见是与俄国结成一个反瑞典同盟，拿瑞典开刀明显更加容易找到盟友。将突破口瞄向瑞典的俄国，最重要的任务就是与土耳其结缔约和解，建立反瑞典同盟。

1698 年，丹麦特使为了缔造反瑞典联盟来到了莫斯科，而彼得沙皇打算亲自进行这次外交，他一边派出使者同土耳其人谈判，一边亲自拖住丹麦的使者。在土耳其人松口之前，他不敢应允丹麦使者任何事情。

最终俄国与土耳其签订了短暂的停战协议，而彼得也应允了丹麦使者的部分要求，最后敲定的协议是在俄国与土耳其签订长期停战协议之前不会参与对瑞典的战争。

而在与土耳其人谈判的时候，彼得听从了属下提出的计谋：炫耀武力。俄国使节放弃原本方便快捷的陆路，改走水路，出动了十艘大型军舰组成一支舰队，护送着使节浩浩荡荡地从亚速出发了。俄国强大的海军力量这一次深深地震慑了土耳其人，面对装备精良的战舰，土耳其士兵的脸上露出了恐惧的神色。在到达土耳其国都君士坦丁堡后大鸣礼炮，对土耳其人宣布俄国舰队的诞生。

彼得同舰队一起返回了亚速，并且飞快地赶回了莫斯科，因为在莫斯科还有两支使团在等着他。一支来自波兰，早在出访欧洲时彼得就与萨克森选帝侯、波兰国王奥古斯特二世详细谈过，奥古斯特二世的愿望是希望能与俄国结成反瑞典的同盟；而另一支使团是瑞典派来的，瑞典人骄傲地想要迫使俄国与瑞典签订一个永久的和约。

彼得心里早就有数，反瑞典同盟是一定要缔结的，但是却不能让瑞典发现。于是彼得为瑞典使团召开了盛大的欢迎会，为表示重视，彼得热情地接见了瑞典使者，最终还签订了从前就拟定好的俄瑞条约。和约的主要内容是承认芬兰湾沿岸属于瑞典，俄国以此示弱，借以麻痹瑞典。

就在彼得热情招待瑞典使者时，他在背后的那些小动作也顺利地取得了成果。他悄悄地背着瑞典使者同萨克森的使者和丹麦的使者打得火热。萨克森想要夺回被瑞典占领了的利夫兰，而丹麦渴望夺回地处斯堪的纳维亚半岛的斯科尼亚，三方利益并没有什么冲突，马上一拍即合，签订了反瑞典同盟合约。俄国同萨克森签订的合约是一旦战争爆发，两国将共同对瑞典用兵。反对瑞典的北方同盟就这样结成了。

17、18 世纪的瑞典是北欧最强大的国家，在工业发展时期，丰富的煤铁资源让瑞典的工业发展速度名列前茅，控制着波罗的海让瑞典的贸易出口同样非常发达。强大的经济条件决定了瑞典可以拥有一支装备精良、训练有素的军队。瑞典的战时陆军可多达 15 万人，完全由瑞典人自己组成，海军有 42 艘大军舰，12 艘巡航舰，还有 900 艘商船，其中相当一部分可以在战争时期摇身一变成为战舰。瑞典的军队作战经验也是非常丰富，是欧洲最强的军队。相对于反瑞典同盟，瑞典的盟友是当时不可一世的英国和荷兰，可以在战时为瑞典提供强大的援助。

彼得大帝年纪轻轻就执掌朝政大权，可谓是年少有为，但是相比于瑞典国王查理十二世的名气还要相差甚远。在彼得远赴欧洲的第一站达到瑞典的时候，正是查理十二世当政时期。那个时候查理十二世刚刚 15 岁，但是 15 岁的他就没有把什么俄国沙皇放在眼里，所以在里加俄国使团遭受了难堪的冷遇。

根据当代人的描述，查理十二世力大无穷，性格蛮横跋扈。他武艺很高，可以挥舞大刀，一下子能就砍断强壮公牛的头。他身材细高，目光锐利，天庭饱满，地阁方圆，长得十分英俊。他的文才也不逊于武艺，他热衷于阅读古典著作，视亚历山大大帝为榜样。在战场上的查理十二世是士兵优秀的典范，他保持着清教徒一般的生活，不吃佳肴，不饮美酒，与士兵同吃同住。他也不在意自己的仪表，只要简单不会影响作战就好。在作战风格上查理十二世喜欢运用战术歼灭敌人的有生力量，用兵神速。

查理十二世的宠姬是享誉欧洲的阿塔利·苔丝芒伯爵夫人，这位欧洲著名的交际花名声可能还要大过查理十二世。她的经历与外貌都是一个传奇，据说不管她穿上什么衣服都显得一样的优雅美丽。她在维也纳演唱过歌剧，但是由于某种不为人知的原因失去了嗓音。她演出过莫里哀的一出幻梦剧，在法国国王路易十四面前跳过舞，因此成为法国国王的情妇。她曾乔装成一个火枪手，跟着法国元帅卢森堡公爵对外作战，当战争胜利了以后，她的口袋里面装满了珠宝。著名电影《玛奇丝》就是以这位夫人为原型创作的。

俄国参加反瑞典同盟，表示彼得已经将战略主攻的方向从黑海转移到波罗的海。而即将发生的北方大战必定是同样年轻有为的两位皇帝的较量。究竟鹿死谁手，谁能傲视整个欧洲，全由即将发生的北方大战所决定。

查理十二世的反制

按照既定的作战计划，丹麦占领霍尔施坦，并且在波罗的海上与瑞典作战；波兰—萨克森的任务则是在利夫兰和爱思特兰作战，并且占领里加；俄国则负责进攻卡累利阿和因格里亚。

计划是很理想的，但是实施起来困难重重。三国对瑞典的作战完全没有按照计划实行。1699 年，丹麦首先对瑞典宣战，而 1700 年初波兰—萨克森的行动才开始，这个时候俄国还完全没个动静，因为彼得大帝正焦急地等待着土耳其方面的消息。

丹麦和萨克森数次催促俄国赶快加入战争，彼得大帝无奈之下只能回避或者推辞。最后彼得无奈地告诉前来催促的使臣说："如果今天得到与土耳其缔结盟约的消息，明天我就对瑞典宣战。"

之前炫耀海军武力的行为最终见到了成效，1700 年 8 月 8 日彼得收到了俄国使臣从土耳其发来的报告，说是已经同土耳其缔结了 30 年的合约，并且土耳其承认与俄国领土争议部分是属于俄国的。彼得没有食言，第二天彼得就通知波兰国王奥古斯特二世，他已经下令对瑞典出兵了。彼得此次也像往常一样换了个身份，随军前往前线，这次他的身份是炮兵连上尉军官。部队行至半路，彼得收到一个非常糟糕的消息，丹麦已经退出了反瑞典联盟。

查理十二世是个极其聪明的人，当这些国家并没有同时对他宣战的时候，他就已经想好了将他们各个击破的计划。首先就是实力最弱的丹麦，查理十二世并没有费太大的力气，他派出一支 1.8 万人组成的军队进攻利夫兰，在瑞典强大的舰队的帮助下，1.5 万名士兵出其不意地在丹麦的哥本哈根登陆，丹麦国王腓特烈四世甚至都没有来得及抵抗就被迫投降了。就在俄军对瑞典宣战的当天，丹麦就已经退出了这场战争。

1700 年 9 月 23 日，第一批俄军来到了纳尔瓦城下，其余各团也正在赶来的路上，直到10月部队才集合完毕。彼得下令对纳尔瓦进行围攻，于10月20日开始炮击纳尔瓦要塞。一连打了两个星期左右，俄军的炮弹和火药都已经捉襟见肘，但是纳尔瓦却纹丝不动，依然在那里。

波兰—萨克森的军队在俄军围攻纳尔瓦的时候也没有闲着，他们正忙着围攻里加。里加作为瑞典边境的重要城市，绝不能轻易放弃，所以瑞典并不能派出所有的力量去援助纳尔瓦。但是突然有一天，波兰—萨克森的军队却离开了里加，没有继续包围下去。放松了一边的瑞典军队对俄军展开了他们最擅长的突袭。11月18日，以用兵神速著称的查理十二世突然出现在纳尔瓦地区，像在进攻丹麦的哥本哈根一般打了俄国一个出其不意。而彼得在得知瑞典军队到来的消息后并没有组织迎战，反而把军队的指挥权交给了刚刚被俄军雇佣的奥地利将军德·克罗瓦。彼得的这一行径究竟是为什么，我们很难理解。至今为止最为靠谱的解释是彼得离开军队去了诺夫哥罗德，去会见波兰国王。至于谈的是什么，想来无非是波兰为什么突然撤军的问题吧。

查理十二世的突袭显然没有引起彼得的重视，因为俄军的数量是瑞典军队的几倍。俄军的数量大概有3万—4万人，而瑞典军队只有8000–12000人。俄军兵力虽有优势，但是由于主心骨彼得不在，克罗瓦在临时召开的军事会议上并没有决定袭击人数较少的瑞典军队，他决定按兵不动，克罗瓦可能做梦都没想到人数如此之少的瑞典军队在面对数倍人数的俄军时敢于先动手。

次日，天气大变，下了一场暴风雪，50步之内看不见任何东西，瑞典军队就在雪中悄悄地集结了起来。下午二时，瑞典军队以迅雷不及掩耳之势对俄军发动了袭击。由于俄军对纳尔瓦实施的是包围策略，战线足有7英里之长，兵力相当分散，瑞典军队的闪电战让俄军根本组织不起有效的防御，骑兵队试图强渡纳尔瓦河，结果溺死了千余人。步兵兵团沿着河上的大桥逃跑，因桥身载重过量，突然垮塌，又有不少士兵葬身水底。克罗瓦和大部分外国军官立即投降。只有彼得的禁卫军团谢苗诺夫兵团和普列奥布拉任斯基兵团仍在顽强地抵抗着，而勒夫尔特团表现虽不及两个近卫兵团，但是作战也非常顽强。禁卫军们一次又一次地打退了瑞典军队的进攻，俄军总算没有全军覆没。

双方僵持到深夜，展开了停战谈判。俄军要求“光荣投降”，携带除了大炮外其他所有武器撤出纳尔瓦地区，瑞典方虽然大胜，但人数依然不及俄军，对于俄军的要求欣然应允，不仅同意放他们离去，而且还连夜帮助俄军修复垮塌的大桥。当大桥修好，禁卫军的官兵们沿着大桥撤退的时候，背信弃义的瑞典国王命令士兵们再次发动突袭，抢走了俄军所有的武器、财物，并且俘虏了俄军的军官。第二天，俄军退回诺夫哥罗德呈守势，纳尔瓦战役以俄军大败而告终。

诙谐的《俄国史》的作者A.K.托尔斯泰对于纳尔瓦战役之后欧洲各国的表现是这样写的:“在欧洲，人们取笑这位蛮族的皇帝，不久便把他忘记了，他差一点就要吓倒波罗的海沿岸的国家，可是他那些全身生满臭虫的军队一转眼就像幽灵一样消散了。纳尔瓦之战后，查理十二世把他们赶回了野蛮的莫斯科，真是活该，就该让他们永远在愚昧无知中卑微地活着，查理国王一时间成了欧洲各国的头号英雄。”

为了纪念纳尔瓦战争的胜利，18岁的瑞典国王还铸造了一种纪念章来嘲笑彼得，纪念章的正面画着彼得站在大炮旁边向纳尔瓦开炮的图案，配的文字是“彼得站着取暖”。另一面画着彼得丢盔卸甲，用手帕擦着眼泪的图案，配的文字是“逃之夭夭，哭声哀哀”。

关于纳尔瓦的大败彼得本人又是怎么想的呢？我们只能找到若干年后记录在《北方战争史》中的一段资料，在这段资料中彼得总结了俄军在纳尔瓦失败的原因：“不错，瑞典人战胜了我军，这是毋庸置疑的；但是我们也应该思考一下他们战胜的是一支什么样的军队。在这支俄军中，只有两个禁卫军团在远征亚速时上过战场，只有勒夫尔特团算是正规军的一个老团，其余的部队连正规军都算不上。除了个别的几位团长，其他各团的军官与列兵也都是一群刚刚招募来的乌合之众。当时正好赶上大饥荒，道路又非常泥泞，军粮供应不上。总而言之，一切事情都像缺乏技巧的儿童游戏一般。这样一支缺乏素养的部队败给一支训练有素、经验丰富的军队有什么值得大惊小怪的？”

战争失败后，俄国的外交地位一落千丈。瑞典大使在各国拼命攻击、诋毁彼得沙皇。瑞典国王查理十二世本身也觉得俄国的军队只有这样的素质，完全不足为惧，俄国沙皇彼得更是完全没有入他的法眼。于是他调转矛头，攻向了波兰。虽然他看不起彼得沙皇，但是对萨克森选帝侯奥古斯特二世更是恨之入骨，用他的话说：“他的行为（指发起北方联盟）如此卑鄙龌龊，惹得天怒人怨，罪有应得。”

查理十二世没有继续进攻俄国，给了彼得休养生息、重整旗鼓的机会。

知耻而后勇

纳尔瓦战败后，且不说对整个俄国，欧洲光是针对彼得的嘲笑与侮辱就数不胜数。彼得没有时间去沮丧，他从来都不是那种在失败面前垂头丧气的人，这次的失败让他看见了俄国军队的种种不足。

刚刚失败后的彼得忙碌到极点，1701 年 1 月，他赶到了比尔查，在那里同波兰国王奥古斯特二世会晤。这位国王作为彼得的盟友并没有什么出众之处，但是彼得需要他，需要波兰这个诱饵吸引住瑞典的视线。瑞典在波兰这里耗的时间越长，俄国就有越多的时间东山再起。彼得花了极多的人力和物力来支援奥古斯特二世。双方最终签订了盟约，盟约规定彼得提供一个由 1.5 万至 2 万人组成的军团交给奥古斯特二世指挥，并且每年为波兰提供 10 万卢布。

北方的战线由波兰来阻挡瑞典的进攻，但是另外一边的土耳其完全是因为畏惧俄军的海上力量才签署停战协定的。如果此时俄军战败的消息被土耳其人得知，土耳其人会不会恢复信心前来进攻俄国呢？彼得不敢赌。原本彼得的主要敌人已经从土耳其变成了瑞典，彼得就不必再频繁地出入沃罗涅什的造船厂了，但是为了给土耳其以威慑，令土耳其不敢对俄宣战，彼得还是保持着对亚速舰队的关怀。不管是新船建成还是入水试航，都要举行盛大的庆祝仪式，就是为了让土耳其人知道。彼得还经常通知亚速城的总督，命令他加强防备，紧密注视土耳其的动向。事实土耳其并没有任何动作，完全是彼得自己多疑了。俄国在土耳其并没有驻派大使，所以只能靠听闻从他国来的间接传闻行事，因此彼得决定改变这种情况。

最终彼得决定派出外交代表到亚得利亚，土耳其最高统治者苏丹的王宫就在那里。代表人选是曾在 1682 年射击军叛乱中依附索菲亚的彼得•安德烈耶维奇•托尔斯泰。托尔斯泰是个聪明、有才干又诡计多端的人。彼得曾对他说过: “你要不是这么聪明啊，你的脑袋早就搬家了。”聪明人知道当一个罪臣得到皇帝的宠幸应该怎么做，他忠心耿耿，不顾年事已高经常自告奋勇去完成一些艰苦的工作，这次出任外交代表也不例外。

对于过去从未有过的莫斯科大使，亚得利亚的居民觉得非常好奇，但是出于敌视对他又非常的冷淡。苏丹政府更是经常或委婉或粗暴地刁难托尔斯泰，令他数次都起了向沙皇辞职、就此打道回府的念头。彼得给他的回答非常暧昧: “好啊，我答应你的要求，但是不是现在，你就在那再待一阵吧，我们特别需要你这样做。”

就这样三个月又三个月，托尔斯泰就留在了亚得利亚那，不过他起到的作用是很巨大的。因为当时土耳其政局比较混乱，呼吁和平的和平主义思想和好勇斗狠的军国主义思想频繁交替成为主流。这让彼得对土耳其不敢掉以轻心，所以前来沃罗涅什造船厂给土耳其施压的工作成为他关心的大事之一。

冬天很快就要过去了，而战场上也没有什么动静，似乎交战的各方都在养精蓄锐，期待着春天到来万物复苏的时候来上那么一仗。

彼得也想找个春暖花开的日子打上一仗，但是这一仗他目前还打不得，有三件事情成了他心里的刺——钱从哪来？兵从哪来？武器装备从哪来？

俄国民间文献里还记载了一个彼得筹钱的故事。彼得独自一人为了钱的事情想了一天一夜，他对心腹也是他的好友罗莫丹诺夫斯基说："国库没钱了，军队缺少武器和装备的补充；被覆灭了的炮兵部队也没法重建了。现在唯一的办法就是没收各处修道院的财宝，拿来铸造钱币。"罗莫丹诺夫斯基听了彼得的话，撇了撇嘴："你就不怕僧侣们造反的麻烦更大？别急，我另有办法。"

接着他就带着彼得来到了克里姆林宫的一个秘密仓库，推开了房间的门。站在门口的彼得瞬间被耀眼的珠光宝气晃的睁不开眼，等他的眼睛适应以后，发现小屋里堆着满满的金银财宝，各国钱币，惊得他下巴都要掉了。罗莫丹诺夫斯基对彼得解释了这些财宝的由来："你父亲阿列克谢·米哈洛伊维奇沙皇每次远征的时候，都因为信任我，把多余的金银财宝交给我来保管。在他临终之前，把我叫到他的面前，告诉我不要让我把这些财宝给任何一个人，哪怕是他的继承人也不行。除非是有一天发生了战争，到了急需用钱的时候。"

民间故事不足为证，彼得最终还是克服了财政困难，他使用了一种很危险却简单有效的方法——铸造更多的钱币。他让造币厂减少银币的成色，夜以继日的生产。从1700年到1702年，投入市场的卢布从50万翻到了4500万。这种方法取得了快速有效的收入，填补了预算的亏空。

除此之外，彼得还用了无异于杀鸡取卵的方法，那就是增加赋税。首先彼得增加了印花税。印花税是指政府机关在各种合同上加盖印章，表示已经合同有效的一种税务。这个主意是由一个贵族的农奴管家阿列克谢·库尔巴托夫提出的，他也从此成为第一个制定增加国库收入方案的"聚敛家"。为了嘉奖他，彼得委派他做了军械政厅的书记，并赏赐了他几个村庄。从此以后这位"聚敛家"平步青云，扶摇直上，后来当了市政厅主席，然后又担任了阿尔汉格尔斯克省的副省督。作为一个"聚敛家"，他也时刻没有忘记自己擅长的是什么，他曾对彼得说，只要告诉他哪个衙门可以弄到哪些好处，他都可以办到。

有了第一个，就有第二个。第一个"聚敛家"库尔巴托夫获得了大量的赏赐，许多人则以他为榜样帮彼得巧立名目，制定了各种税捐。

关于兵员的补充困境彼得很容易地解决了，他颁布法令，从各乡镇中按照人口多寡征收新兵，但是补充军官方面却成了大问题。当时俄国并没有专门的学校培养炮兵、航海和战术等方面的人才。虽然彼得发现这一点以后马上开办了各种学校，但是等学生们成长为可以担任率军作战的军官怕还要很久。虽然纳尔瓦一战已经证明了外国军官由于忠诚度的问题难堪大用，但是彼得还是第二次发布了招聘外籍军官的招聘书。

武器装备的补充主要是缺少大量的铜原料，但是事态紧急，彼得征用了教堂和修道院的大钟，保证了铜炮的生产。

彼得头疼的问题逐一得到了解决，俄军为第二次战争做好了充足的准备。上一次，彼得总结出了种种失败的原因，说来说去还是俄国自己的问题，并不足以成为失败的借口。那么这一次，赌上了俄国未来的彼得能够胜利吗?

胜利的号角

在纳尔瓦战役刚刚失败两个星期的时候，彼得就命令鲍里斯·彼得罗维奇·舍列麦捷夫在波罗的海沿岸不停地打击瑞典军。上次的失败对舍列麦捷夫打击很大，所以他这次作战非常小心谨慎，一定要自己的兵力远超过敌人才进行交锋。他的小心换得一场又一场小小的胜利，虽然这些胜利消灭的敌人不多，也没有攻下什么战略要地，但是却提升了俄军的信心，重振了士气。1702 年，俄军对瑞军作战第一次取得重大胜利，舍列麦捷夫将军率领 17000 名士兵消灭了 7000 名瑞军，这个数字是参战瑞军的一半。彼得接到这一战报后惊喜异常，他觉得能够跟瑞典人当面锣对面鼓干一场的时候到了。

1702 年 10 月，俄国军队进攻克涅瓦河口的诺特堡。这个城堡被俄国称为“奥列雪克”，意为“小核桃”。这座要塞处于河口，易守难攻，城墙厚达两尺，当真如一颗坚硬的核桃一般。俄军派出了 14 个团的兵力，将其围住不停地炮轰。炮轰了两个星期后，俄军开始对诺特堡发动冲锋，俄军士兵不停地使用云梯爬上高大的城墙，最终占领了要塞。

在炮轰诺特堡的第三天还发生了一件趣事。瑞军统帅的夫人派出一名鼓手代表全体军官来到俄军营地，她们恳求俄军统帅能否放她们离开要塞。连日的炮轰让她们心烦意乱，炮火的硝烟让她们灰头土脸。而米哈伊洛夫给军官太太们的回复说:“我们的元帅是个不解风情的家伙，他一定不会同意夫人们的要求。但是如果夫人们能够将自己的军官丈夫一起带走，那么他一定会答应的。”

彼得攻下了诺特堡，高兴地说:“这个核桃真是坚硬，不过我们还是捏碎了它。”他将诺特堡改名为施利色堡，意为钥匙城。这座钥匙城就是彼得打开涅瓦河，通往大海的钥匙。

趁着瑞典两头作战后援不济，彼得马上对封锁涅瓦河口的下一座城堡——宁尚茨展开了进攻。彼得急切地想要抓住这个时机，他拼命地催促舍列麦捷夫。这座要塞的强度不如施利色堡，俄军于 1703 年 5 月 2 日，经过 10 个小时的炮击，拿下了宁尚茨堡。瑞典人的援军姗姗来迟，三天才出现在宁尚茨堡的海域上。率领这支海军的是瑞典中将努麦斯，由于信息传递不及时，努麦斯赶到宁尚茨堡的时候还不知道此地已经被俄军攻下了。俄军发现瑞军的舰队后，马上出动了 30 艘机动性极强的小艇，打了瑞军一个措手不及。瑞军几乎全军覆没。

这是俄国海军与他国海军作战的第一次胜利，对彼得来说意义非常重大。彼得不断写信给他的朋友们，毫不掩饰自己的兴奋之情，即便这样，在信中也没有出现过任何自夸的话，只是详细地列出了俄军缴获了敌人多少武器，俘虏了敌人多少士兵，用这些来展示俄军获得的胜利。但是其实每次战役彼得都是迎着敌人的炮火，带着少量的士兵冲在战场的最前线的。

攻下了宁尚茨堡后，整个涅瓦河流域就都落在俄国的统治之下。彼得非常肯定地知道丢失了战略要地，瑞典肯定不会善罢甘休，他们一定会卷土重来，夺回这两座城堡。于是彼得马上派人加强河口的防御工事。负责这项工作的军事委员会觉得原本建立防御工事的地方太小了，距离大海也很远，并不算是防御的好地方。他们想寻找一个具有天然防御屏障易守难攻的岛。几天后他们就找到了那座岛叫做卢斯特·艾兰特的岛，意为“快乐岛”。5月16日，俄军开始在这里建造城堡，取名为圣彼得堡。

彼得对这座岛非常上心，不管这座岛的气候有多么恶劣，岸边河水的涨落多么无常。他将这座岛称为天堂，并且固执地相信着这将是一座“乐园”一般的、崭新的、庞大的新城市，会是属于俄国的阿姆斯特丹。最初的计划，彼得打算将圣彼得堡建成一座繁华的通商港埠，但是越到后来他就越喜欢这座以他命名的城市，就起了将它改为首都的念头。孤岛变华城，不是一时半会儿就能实现的，而目前彼得的首要任务还是抵御瑞典人的反扑。沙皇在彼得堡大兴土木，除了要塞之外还兴建了造船厂，在这里建造舰队。

彼得攻占了宁尚茨后大兴土木建设彼得堡的消息传到了查理十二世

的耳朵里，查理十二世很不以为然。他觉得彼得愿意搞就随便他搞去吧，反正占领这座城市以后，他再多的辛苦也是为我做嫁衣。但是彼得不仅不打算把这座城市拱手奉上，反而打算依靠打下来的出海口向波罗的海其他城市进攻。

彼得先是把矛头对准了杰尔普特，他派出之前立下了赫赫战功的舍列麦捷夫元帅指挥部队。舍列麦捷夫元帅到达以后却对杰尔普特围而不攻。彼得知道了以后马上赶往杰尔普特，以专业的炮兵与工兵的眼光审视着俄军的包围工事。彼得很不满意，舍列麦捷夫元帅跟在彼得旁边不停地辩解着，直到彼得露出他招牌的、抽搐着的愤怒表情时才闭上嘴。

在彼得的指挥下，新的包围工事建成了，俄军于 7 月 12 日晚对杰尔普特发动了进攻，并进行了长达 17 个小时的炮击。长期的炮击打开了城墙的缺口，步兵们一跃而入，夺得城堡中的大炮，对瑞典士兵发动炮击。瑞典士兵立刻就溃败了，他们争先恐后地表示愿意投降，愿意与俄军进行谈判。

瑞典人要求撤出全部的守军、军官、武器和其他装备，并且要求让士兵和其家眷携带一个月的口粮，彼得则讨价还价到为瑞军保留三分之一的武器和一个月的口粮。相对于纳尔瓦战役中查理十二世背信弃义的做法，彼得可谓是大度且充满了骑士风度。

胜利后的彼得连给朋友写信的时间都没有，他马上赶往纳尔瓦，对其进行围攻。早在 5 月份俄军就包围了纳尔瓦，但是由于缺少大炮，无法马上展开进攻。直到 7 月 20 日才从杰尔普特和彼得堡调来了大炮。纳尔瓦的守将还是彼得当年的老对手戈恩将军。当年在纳尔瓦，戈恩眼见俄军被打得丢盔卸甲，压根就没把这次进攻放在眼里。当俄军敦促他接受一个体面的投降条件，保全士兵性命的时候，他对此置若罔闻，并且讥讽俄军不要忘记上一次屁股被打得有多疼。

彼得已经不是当年的彼得，俄军也不是当年的俄军，彼得决定给这个目中无人的将军好好上一课。

那是 6 月末的一天，彼得接受了缅希科夫的建议，让几个俄国军团穿上瑞典的军服，伪装瑞军向纳尔瓦前进，他们走的正是瑞典援军的路线。到了纳尔瓦城下，这支假的瑞军和俄军展开了一场不伤和气的战斗。城中的戈恩用望远镜远远地观察了一会儿，没发现什么破绽，便派出一队守军去俄军背后包抄，想来个前后夹击。这些守军刚刚出城不远就被俄军打得落花流水，损失惨重。俄军顺势发动总攻，瑞典士兵拼死抵抗，但因为人数较少，最终俄军冲入城中。巨大的损失和瑞典人的傲慢彻底激怒了俄军士兵，不少士兵失去理智，进城后不分士兵还是平民，胡乱砍杀。彼得无法制止士兵们这种疯狂的行为，最终他不得不用自己的剑刺进了自己士兵的身体，才让杀红了眼的士兵们冷静下来。而戈恩也在最后一刻敲响了投降的鼓点。

彼得认为戈恩是这场屠城流血事件的罪魁祸首，他质问戈恩：“明知道援军来不及赶到，你又守不住城市，为什么不投降？”他拔出佩剑给戈恩看剑刃上的鲜血，说：“这不是瑞典士兵的血，这是俄国士兵的血。因为你的固执，把我的士兵逼到了狂怒的地步，我不得不亲手刺杀自己的士兵。”沙皇越说越生气，狠狠地打了戈恩一个耳光。

1703 年对于彼得来说注定是丰收的一年，在这一年里他收获了涅瓦河的港口，收获了他无比喜爱的彼得堡，更收获了曾令他颜面扫地的纳尔瓦。一切都是那么顺利，俄军仿佛已经吹响了北方战争胜利的号角。但是事情往往没有那么简单，无论是战场上的事情还是国与国之间的关系都是瞬息万变的。俄国想要真正收获胜利，还要付出更多的努力。

第六章　一波三折

分裂

在攻占了杰尔普特和纳尔瓦之后，俄国想要再接再厉却没有机会了。原因并不出在自己身上，而是出在盟友身上。

俄国在战场上节节胜利的时候，倒霉的波兰—萨克森却在战场上节节败退。沙皇呼吁萨克森的选帝侯给力一点，让瑞典人吃点苦头，但却无济于事。奥古斯特二世被他同时代的人称为“强王”，这个“强”指的并不是在军事政务方面，而是说他身体强壮。打仗时他从来不上战场，指挥军队的是他手下那些庸碌的将领。

在查理十二世的策划下，召开了废黜奥古斯特二世的华沙会议。会议上查理十二世为波兰人选出了一个新国王。这个新国王叫斯坦尼斯瓦夫·莱欣斯基。此人仪表堂堂，受过教育，很有教养，但是性格软弱，优柔寡断。查理十二世看中这个人，正是因为此人会俯首帖耳做他的傀儡。

波兰贵族内部分成了两派，一派支持莱欣斯基，一派支持奥古斯特二世。奥古斯特二世同他的支持者们在桑多米尔召开会议，抵制华沙会议的决定。但是枪杆子里面出政权，奥古斯特二世已经没有什么军队了。相反，莱欣斯基拥有瑞典人做后盾，控制着立陶宛王国的大部分领土。奥古斯特二世想要重回王位，必须要依靠俄国的帮助。而彼得也乐于援助奥古斯特二世，以换取将来的支持。

1705 年初，彼得派俄军进入波兰，转战数月却没有取得任何成效。在此期间阿斯特拉罕地区人民因为不堪负担沉重的赋税，再加上射击军们不堪忍受不断削减的军饷和不断提高的物价，于是两者导致 1705 年 7 月 30 日发动了起义。他们处死了地方官员，自己组成委员会，宣布废除战争时期增加的苛捐杂税，从没收得来的财物中拨款给射击军作为军饷，同时向周围各地区发出了共同起义的号召。很快，号召就得到了回应，红亚尔、黑亚尔、古里耶夫和捷尔基等地也参加了起义。

鲍里斯·哥里津公爵向沙皇报告了起义的情况，彼得拿到哥里津的信件时根本无法相信，他想的是："这个哥里津在胡说八道些什么呢？把我都弄糊涂了。"但是彼得的反应很快，他马上就意识到问题非常严重，立刻采取了措施。在国内，他命令舍列麦捷夫元帅率领从战场上抽调的几个步兵团和骑兵团前去镇压叛乱，但如果能和平解决自然是最好。为了保证万无一失，彼得还从他的禁卫军中抽调了一个班，负责监视元帅的行动。没办法，元帅虽然在战场上骁勇善战，但是他的缺点就是心肠太软。在国外，彼得很害怕瑞典国王会知道俄国内乱的消息，于是他下令凡是寄往国外和起义城市的信件务必全部扣留。

转眼到了 1706 年 1 月，彼得接到一封未核实的情报，说瑞典军队正向格罗德诺移动。彼得不顾当时正在生病，马上跳上雪橇，飞奔向格罗德诺。格罗德诺是俄军精锐部队的集结地，那里驻扎 4 万有经验、有能力的战士，他的两个禁卫军团也在那边，如果格罗德诺被人偷袭，那么这场战争真的没法打了。彼得一边飞速赶往格罗德诺，一边发了几封紧急书信通知军队撤出格罗德诺，为了撤退迅速，大炮可以不要。他害怕瑞典国王投入全部的军队封锁格罗德诺，如果那样的话，俄军要么一个个地出来送死，要么统统饿死在城堡里面。

最终，瑞典人还是比彼得先到了格罗德诺城下，彼得被挡在了城外，如果他带人强行冲进去，就要冒着被瑞典人俘虏的危险，他是皇帝，他不能这么做。就这样，俄军的精锐部队被围困在了格罗德诺。

2 月，彼得又收到噩耗：萨克森军队在弗劳斯塔特全军覆没。等彼得接到详细战报的核实后，他气的鼻子都要冒烟了：伦斯彻尔德将军率领的 3 万萨克森军队与 8000 名瑞典军队遭遇时，萨克森军队一枪未发，立刻拔腿逃命。这些逃兵一路上抢劫了许多俄军的辎重，而跑得慢的步兵大多直接投降了，只有少数在逃跑时被击毙。俄军驻扎在当地的军团表现正相反，他们顽强抗争，以少敌多，奋战了 4 个小时。

彼得与朋友通信的时候语气从来都是很客气的，但是这一次他失去了理智。在信中说道：“他们像个小混混似的与敌人打了个照面，就抛下我们不管了……萨克森人打的是背信弃义的仗……”彼得自嘲说“我花钱买到的只是不幸”，为自己在奥古斯特二世身上所花的钱感到不值。奥古斯特二世特别擅长死缠烂打地跟别人要钱，为了弄到钱，他可以抛弃自己男子汉的身份，抛弃自己“强王”的称号，像小女孩一样哭哭啼啼地以博取别人的同情。

从弗劳斯塔特战役之后，彼得就明白了萨克森人不是好的盟友，指望他们只有完蛋，仗还是要靠自己打。虽然这么说，但是他依旧对奥古斯特二世表示了原谅，在这个不是友就是敌的世道，留住萨克森这个盟友能吸引瑞典一点点火力，总比看着他变成敌人要好。

萨克森的败北增加了格罗德诺的压力，这个时候再也指望不上萨克森的援军了。格罗德诺城堡内粮食不足的状况已经对士兵的生命造成了威胁。但与此同时，瑞典的军队也同样面临着军粮不足的问题。查理十二世并没有带上充足的兵力强攻格罗德诺，而内乱的波兰也无法长期为瑞军供应粮食。查理十二世唯一得到的“援助”就是抢劫俄军送给守城部队的物资。

在这种情况下，彼得做出了正确的选择，就是让俄国的守军撤离格罗德诺。格罗德诺的总元帅是外籍军官奥格尔维。奥格尔维不觉得有什么危险，反正瑞典人的兵力也不足以发动强攻，不如等到夏天，那时候查理十二世应该已经无法承受军队粮食的匮乏，主动撤军了。彼得不同意他的观点，最直接的理由就是“奥格尔维元帅，你拿什么撑到夏天”?最终奥格尔维拗不过彼得，只好极不情愿地慢吞吞地撤军了。俄军撤退足足用了十二天，而查理十二世知道俄军撤退的时候立刻派兵前去追击。这次上帝保佑了俄国人，河水冲垮了必经之路上的桥梁，等瑞军修好桥梁的时候俄军早就跑得无影无踪了。

军队脱离了危险，彼得的心情也从沉重转为轻松。撤出的军队向基辅进发，彼得也打算赶去那里，准备在那里迎击查理十二世。就在彼得带领军队热火朝天地修建防御工事的时候，查理十二世却改变了主意，调转枪口收拾奥古斯特二世去了。彼得留下这个盟友果然是正确的决定，他长长地出了一口气，终于又得到了一年的喘息时间。

在彼得心急如焚的这段时间内，舍列麦捷夫也经过长途跋涉赶到了阿斯特拉罕附近，并且顺利地镇压了起义。起义军组建的临时委员会治理城市长达 7 个月之久，在这段时间内居民的生活已经恢复了正常。但是起义军内部的构成是复杂的，其中有不少大商人和高阶军官在起义后不久就开始后悔。他们生活得不错，饱食终日无所事事，为什么要跟这些泥腿子一起干掉脑袋的勾当呢？当政府军到来的时候，这些人就主张与政府讲和，甚至愿意去莫斯科请罪，但是士兵们却主张武装抵抗政府军。

1706 年 3 月 12 日，舍列麦捷夫对阿斯特拉罕发动进攻，起义军开炮奋勇还击，但由于火力远远不及政府军，他们只能躲藏在城里。炮击在城中引起大火，起义军被迫投降。阿斯特拉罕的起义军被镇压后，其他地区的起义军纷纷不战而降。彼得担心如果惩治手段太激烈会引起二次哗变，于是让舍列麦捷夫秘密在起义军中搜集资料，找出其中的领导和积极分子，将他们送去莫斯科，然后赦免了其余人，阿斯特拉罕大起义就这样结束了。

起义虽然结束了，但彼得的霉运并没有就此结束。1706 年秋，彼得失去了他唯一的盟友奥古斯特二世。从此，站在强大的瑞典对立面上的，就只剩下彼得一人了。

外交上的努力

查理十二世重新将枪口瞄向了萨克森，由于奥古斯特二世手中的军队已然损失殆尽，因此瑞典军队几乎没有遭到抵抗便攻入了萨克森，占领了莱比锡和德累斯顿。奥古斯特二世彻底陷入了慌乱当中，他已经失去了波兰国王的位子，如果再失去萨克森选帝侯的位子，那么他就真的一无所有了。为了保住自己萨克森选帝侯的王冠，他决定瞒着彼得，暗中向查理十二世投降。在这段时间里，依靠出色的演技，奥古斯特二世一边扮演着彼得的忠实盟友，一边背着彼得将查理十二世奉为座上宾。

1706 年 9 月 26 日，被彼得派到奥古斯特二世身边的缅希科夫报告沙皇:“国王陛下非常缺钱，在只有我们两个在场时，他流着眼泪求我周济，他穿得简直像个叫花子。”彼得何其精明，他早就根据外交官的情报得知奥古斯特二世把钱都花在女人身上了。但他还是告诉缅希科夫:“我们的钱是怎么来的你应该知道，现在我们的钱也不多了。但是只要国王对我们忠诚，我们就应该坚定地对他抱有希望。”

缅希科夫被奥古斯特二世的眼泪打动，给了他一万外国银币，但是不管是彼得还是缅希科夫都不会想到，就在奥古斯特二世在缅希科夫面前摇尾乞怜的同一天，他的代表却在瑞典国王的行辕里面同查理十二世悄悄地进行着和约谈判。说是谈判，但是奥古斯特二世没有任何底气敢于拒绝瑞典人的要求，最后定下的条款是这样的：“奥古斯特二世要将波兰王位转让给斯坦尼斯瓦夫·莱欣斯基；中断与俄国的同盟关系；必须在整个冬季供养瑞典军队。”最后查理十二世还提出了一项十分卑鄙的要求：把被俘的瑞典士兵归还，并且把俄国的援军也交出来。就算是这样一个背信弃义的要求，奥古斯特二世也还是欣然接受了。

奥古斯特二世制定了什么样的计划用来获得俄国人手中的瑞典俘虏，还要把俄国人交给瑞典军队我们已经不得而知了，但是当天发生的事情绝对是奥古斯特二世没有预料到的。那时他正在缅希科夫的元帅部里，在不能暴露自己已经不再是俄国盟友的情况下，他被迫参与了一场由缅希科夫发动的对瑞典的战争。

这场战争中，俄国与萨克森联军大获全胜，他们击溃了瑞典的一个纵队，俘虏了军队的指挥官。查理十二世得知了这个消息后怒发冲冠，新找来的狗居然这么快就敢反咬主人一口。机智的奥古斯特二世很快就平息了查理十二世的愤怒，他带回了缅希科夫俘虏的瑞典人。奥古斯特二世告诉缅希科夫说要用瑞典俘虏去交换俄国俘虏，就这样把这些瑞典俘虏从缅希科夫手中骗来，并送回到查理十二世手中。一直到这时，彼得才识破了奥古斯特二世丑恶的真面目。

萨克森的倒戈让彼得陷入困境当中，他不再有一个可以牵扯瑞典兵力的盟友，并且瑞典士兵还在萨克森予取予求。他们在富足的萨克森肆意掠夺当地居民，饥饿的士兵们很快就得到了温饱，他们换上了新的皮靴，新的大衣，精神抖擞。

彼得现在是查理十二世唯一的对手，查理十二世可以毫无后顾之忧地将所有精力用在对付俄国上。彼得终日惴惴不安，几乎每日都要过问士兵的部署、装备的调配等问题，显得异常的神经质。面对强大的瑞典，他没有太多的自信。

在对瑞典的问题上，彼得积极地做了两手准备，首先他在会议上与众大臣们商议，假如瑞典与俄国重新开战，战场要选在什么地方。是要把瑞典人挡在波兰，还是引入俄国与其决一胜负。最终大家的意见达成了一致：如形势有此必要，那么在本国境内与敌人决一死战，但如果没有这个必要的话还是与敌人在波兰展开游击战比较好，小规模的战斗和集中销毁敌方粮草的战斗必定会让瑞典人精疲力竭。

彼得做的另一手准备是与瑞典人在谈判桌上和平地解决问题。他将俄军从波兰撤回以后就试图与查理十二世进行谈判，愿意将除了彼得堡以外其他一切占领的土地全部归还瑞典。彼得的建议虽然看起来是给了瑞典人实惠，但查理十二世并不甘心让俄国就此进入波罗的海，在波罗的海的商贸中分上一杯羹，因此他拒绝与彼得和谈。

在 1706 年初，彼得就试图找荷兰从中调停，他对荷兰公使说："这次战争对我来说是沉重的，这并不是因为我畏惧瑞典人，而是因为我认为这样血流成河的屠杀是违背基督教教义的。如果贵国愿意从中调解，并且最终能够得到和平的结果，那么我愿意将我的三万精锐交给贵国，共同对抗法兰西。"

彼得的这番话颇有吹牛的嫌疑，他说他不怕瑞典，但事实上在 1707

年，欧洲的每个国家都害怕瑞典。无论是英国、荷兰这种一流的海上强国，还是当时实力同样非常强大的法国，没有哪个国家会狂妄到不把瑞典放在眼里。

到了1707年初，彼得亲自求助丹麦国王腓特烈四世和普鲁士国王腓特烈一世，希望他们可以居中调解，让俄国和瑞典签下“公平合理的和约”。面对如此强大的瑞典，彼得坚持签订一份“公平合理的和约”，这让过去的盟友丹麦不能理解。而普鲁士国王压根就不敢说什么，因为普鲁士紧挨着萨克森，查理十二世和他的部队就驻扎在那。

调解的想法在法国宫廷也没有得到支持。俄国代表在法国受到了极其冷漠的对待和无情的蔑视。俄国提出了非常优厚的条件——为法国提供8万名训练有素的士兵。法国代表戴莫西侯爵冷漠地回答说:“8万名胆小鬼组成的军队，瑞典怕是只要用8000人就能把他们打得落花流水吧。”法国政府拒绝充当和平缔造者，这不仅是因为他们对俄国的军事实力抱着傲慢、轻视的态度，还因为他们害怕缔结和约后瑞典国王可能站在英国和荷兰这些海军强国那边与法国作对。

彼得将最后的希望寄托在英国身上，他请英国帮忙从中调停，并且试图与英国结成同盟。作为一个海上强国，英国对于俄国的造船材料还是非常需要的。如果“公平合理的和约”能够顺利结成的话，俄国就可以从波罗的海的出海口向英国源源不断地输送廉价材料。俄国特使马特维耶夫的使命就是说服英国人，让英国人相信俄国在波罗的海拥有出海口对英国是非常有利的。为了打动英国女王，彼得给了女王的宠臣大量贿赂，最终却没有成功。英国政府与法国政府拥有着同样的担忧，他们也怕查理十二世如果从俄国脱身出来，就会把手伸向自己这边。

彼得在欧洲的外交努力全面失败，欧洲各国对于瑞典和查理十二世的恐惧让他们没有勇气接受彼得的条件成为调解人。欧洲各国也并不看好俄国，纳尔瓦战役俄国的惨败给欧洲各国留下了俄军战斗力低下的印象，他们并没有看到彼得在战场上面对瑞典人节节胜利的样子。

要命的补给

查理十二世在攻占了格罗德诺后始终没有什么太大的动作，彼得每次都事先打探好瑞典部队的行踪，然后派轻骑兵团抢在瑞典军队的前面烧毁田地，迁走农民和牲口，让瑞典军队得不到任何粮草和补给。缺少补给的瑞典人行军缓慢，而这也早在彼得的预料之中。在冬天的俄国，瑞典人讨不到任何便宜，而春天的春汛更是让瑞典人寸步难行。

瑞典军队停停走走，终于在 1707 年 7 月 3 日与俄军在戈洛夫奇诺遭遇了。虽然彼得并不在军中，但是俄军仍然与瑞典人斗了个势均力敌。彼得对这次的战况很满意，因为这次战斗在彼得眼中就是决战的开始。俄军只用了三分之一的军队就挡住了全部的瑞典军队，只有列普宁将军所率领的几个军团被打得丢盔卸甲，溃不成军。

戈洛夫奇诺会战后，查理十二世表现出了与他狂热性格很不相符的消沉，他无缘无故地滞留在莫吉洛夫城。彼得纠结于瑞典国王为什么长时间按兵不动，最终在投诚的瑞典士兵口中得到了答案：瑞军断炊了。

查理十二世守在莫吉洛夫城是为了等待部下支援来的辎重粮草，但是因为时间太久没有等到，他就急吼吼地上路了。但是查理十二世选择的行军路线并不是去迎接莱文豪普特将军所率领的辎重部队，而是完全背道而驰地赶往东北方向。

瑞典人要去哪？彼得不知道。但是他决定不管瑞典国王走到哪里，都要让他和他的部队陷入绝境。彼得还是按照原计划，让俄军走到瑞典军队的前头实施迁走村民和牲口，烧毁所有粮草房屋的“焦土计划”。这一计划取得了惊人的成效，瑞军的士兵们因为饥饿和生病变得步履维艰、奄奄一息。

在瑞军行进的路上爆发了几次大大小小的战役，每次都是以俄军轻易取胜而告终。查理十二世气得拔掉了自己的头发，但这对于让饿着肚子的军队战胜吃饱了饭的俄军毫无帮助。

终于在 7 月 15 日，彼得弄清楚了莱文豪普特的意图。莱文豪普特此来是为了给处于困境的瑞典军队输送大量的粮食、子弹、大炮。从这个时候开始，莱文豪普特就成为了彼得的第一目标，只要抓住了他，查理十二世的军队不用打，自己就会慢慢完蛋。

9 月 10 日的时候，彼得终于迎来了他期待已久的情报：瑞典人的动向。查理十二世要将部队开往乌克兰，而莱文豪普特则要与主力部队进行汇合。彼得马上做出了兵分两路分别追击查理十二世和莱文豪普特的决定。追击莱文豪普特的军队要轻装上阵，力求以最快的速度截住他，这支部队被称为“快速突击队”。

“快速突击队”不负众望，于9月28日在林村追上了敌人。他们极其艰难地穿越布满沼泽的密林，接近了毫无准备的瑞典军队。双方经历了一场惨烈的战斗，甚至出现了双方士兵都累到无法继续作战，休息两个小时后再打的情况。双方直战到夜幕降临，这时俄军的骑兵部队收到消息，及时赶到了战场，打了瑞典人一个措手不及。就在瑞典人即将全军覆没的时候，一场暴风雪袭来。莱文豪普特顾不得辎重车队，带着士兵趁着漆黑的夜色和暴风雪逃之夭夭了。

莱文豪普特最终还是与查理十二世汇合了，不过来的只有人，查理十二世期待已久的辎重、补给全都没有带来。查理十二世的失望多过高兴，他压根也不曾想到由经验丰富的老将莱文豪普特带领的精锐部队会失败。从里加出发的时候有1.6万人，与查理十二世汇合的时候只剩下6700人。这些士兵现在也谈不上是什么精锐了，他们饥肠辘辘，衣衫褴褛，更像是一群流浪汉。

现在瑞典军队再也无法取得任何补给了，他们缺少粮食、弹药、大炮，缺少一切军队必需的装备。查理十二世此时如果退回瑞典将是最明确的选择，但是他骨子里的傲慢不允许他这样做。他编造了一份捷报发回首都斯德哥尔摩，率领残兵败将们继续向乌克兰前进。

查理十二世的部队开到乌克兰后不久，彼得就收到了乌克兰统领马泽帕叛变的消息。对于马泽帕的叛变，彼得应该负上一部分的责任，如果不是他给了马泽帕过多的信任，这件事情完全可以扼杀在摇篮之中。

早在1707年9月，乌克兰地区的审判官科秋别伊就派遣了一名修道士去莫斯科上告，乌克兰统领伊凡·斯捷潘诺维奇·马泽帕存心背叛皇上，投奔波兰人。对于告发马泽帕包藏祸心、意欲投敌的密报莫斯科早就习以为常，几乎每年都有，并且在科秋别伊告发马泽帕之前发生过这样一件事：马泽帕看上了科秋别伊的女儿，向科秋别伊的女儿求婚。马泽帕的年纪跟科秋别伊相差不多，科秋别伊毫不犹豫地拒绝了马泽帕。

遭到拒绝的马泽帕非但没有死心，更是抢走了科秋别伊的女儿，并且侮辱了她。就这样，两家成了死对头。莫斯科当局觉得这次上告是科秋别伊因为家庭纠纷公报私仇，于是事情便不了了之了。

次年2月，莫斯科再次接到告发马泽帕叛变的密告，这一次是由波尔塔瓦的退役团长伊凡·伊斯克拉发出的密报。这一次密报引起了彼得的重视，但是他在意的问题不是马泽帕是否真的叛变了，而是在于究竟是谁，为什么要一而再，再而三地诬陷马泽帕，这里面一定有什么阴谋。

最终彼得假借与他们详谈马泽帕叛变问题为由，将他们骗来。经过一番严刑拷打，科秋别伊和伊斯克拉撤销了对马泽帕的指控。这明显是屈打成招的结果却被彼得认为是真相，而指使这两人诬告马泽帕的肯定是查理十二世，忠心耿耿的马泽帕不肯背叛沙皇大人，查理十二世才想出这么一个诡计破坏乌克兰与俄国的团结。

马泽帕想要投降波兰很久了，早在1690年他就向波兰国王致信说想要让乌克兰重归高贵的波兰治下。虽然这个愿望没有实现，但是马泽帕与波兰方面的联系从来没有中断过。在瑞典国王扶植了莱欣斯基这个傀儡登上王位后，马泽帕看见了曙光，强大的瑞典肯定能完成波兰没完成的事情。

马泽帕就这样戏耍了彼得，他一面对彼得表现得忠心耿耿，绝不违抗甚至怠慢彼得的任何一个要求。另外一面他又拼命请求查理十二世带着军队驾临乌克兰，为此甚至不惜许下种种割让土地、为瑞军提供物资粮草的诺言。

瑞典的军队不日即将达到乌克兰，他们越是接近，马泽帕反而越是不安起来。为了留在乌克兰，他找借口拒绝了彼得的军事指令。而当缅希科夫叫他去元帅部商量军务的时候，他干脆谎称自己病危，闭门不出。

彼得沙皇和缅希科夫都觉得马泽帕是个难得的好人，他长相憨厚，为人随和，既听话又温顺，当时他谎称病危着实让彼得和缅希科夫担心了一番。当热心的缅希科夫将要离开乌克兰的时候，还决定专程去和病危的他告个别。马泽帕安插在缅希科夫身边的心腹沃伊纳罗夫斯基知道了这个消息连夜赶路通报马泽帕。马泽帕还没听完报告就马上穿好衣服，翻身上马，带着几千名不明真相的骑兵疾驰而去了。在上次缅希科夫召唤他去元帅部的时候，他就怀疑是不是缅希科夫已经察觉了他与瑞典人之间的交易，想要设个圈套骗他进去。这次缅希科夫的亲自前来更是让他笃定地认为缅希科夫就是来抓他的。他一路飞奔，先到了巴图林，第二天横渡谢姆河到达科罗普。最终于 10 月 24 日与瑞军的一个团汇合了。

只是想要跟马泽帕告别的缅希科夫，在半路上就听说了马泽帕前往巴图林的事情。缅希科夫马上起了疑心，一个病危的人还能骑马飞奔？他又回想起昨晚沃伊纳罗夫斯基的不告而别，他开始跟踪马泽帕。到达巴图林的时候，马泽帕已经到了科罗普，而缅希科夫前往科罗普的时候已经知道了马泽帕度过杰斯纳河，跟瑞典人走到一起了。

缅希科夫马上把消息通知彼得，彼得开始还将信将疑，马泽帕是他认为最忠诚的奴仆之一，一定是缅希科夫这小子又搞错了。第二天彼得接到了详细的情报："统领马泽帕忘了对上帝的恐惧，忘了对我们、对沙皇效忠的誓言，叛变投敌，跑到瑞典那边去了。根据他跟瑞典人的傀儡、波兰皇帝莱欣斯基的协定，他们一致同意将乌克兰的土地重新置于波兰的奴役之下。"

经历过彼得"焦土计划"的洗礼，瑞典人此刻最需要的就是马泽帕曾应允提供的粮食、弹药、大炮等物资。这一点彼得同样清楚。于是几乎同时，缅希科夫和带领瑞军的马泽帕同时朝着统领府所在的巴图林赶去。这是一场争分夺秒的战斗，无论是谁先到达了巴图林都能得到马泽帕囤积在那里的大量物资。

缅希科夫不停地赶路，终于在瑞典人之前抢先来到了巴图林，他带走了一切能带走的东西，然后一把火将巴图林的城堡烧了个精光。当马泽帕带着瑞典人赶到的时候，发现他的老巢已经被烧成了一片废墟，这个两面三刀的"老实人"满面哀伤，喃喃自语道："我们要倒霉了。"

马泽帕的预感丝毫没错，彼得在乌克兰地区发布了保卫乌克兰的民族主义宣言。乌克兰没有一座城市愿意为瑞典军队打开大门。同时彼得也对马泽帕带走的军队发布了通告，希望他们弃暗投明，回来以后将不会受到任何处罚，官复原职。

马泽帕带到瑞典军营的士兵共有3000余人，大多是哥萨克骑兵。基本上他是将这些不明真相的哥萨克骗到瑞典人这边的。虽然马泽帕不停地煽动他们，让他们反对彼得，投降瑞典人，但是哥萨克中还是出现了不少逃兵。

辗转到了12月的时候，马泽帕手下雇佣兵团团长加拉甘率领部众千余人前来投诚，来的途中他们还击溃了部分瑞军，俘获敌兵68人。就这样，马泽帕的叛乱在乌克兰人民不屈的意志下失败了。马泽帕带着查理十二的军队在乌克兰行进的时候，没有任何一个乌克兰人愿意与他们同流合污，也没有任何一个乌克兰人屈服于他们的武力之下。

失去了在乌克兰补给的机会，查理十二世的瑞典军队已经摇摇欲坠。彼得此时反而不着急了，他还在等，等着那个给瑞典人致命一击的机会。

波尔塔瓦

1708年末至1709年初的几个月是异常沉寂的。即使瑞典的军队已经处在了崩溃的边缘，但彼得依然觉得决战的时机不够成熟。他认为瑞典人还没有被拖垮，如果自己贸然与瑞典人决战，这段时间以来好不容易建立起来的优势将荡然无存。

事实上，小心翼翼的彼得心中依然抱着同查理十二世和解的想法，他派出使者与查理十二世谈判，愿意将彼得堡和施利色堡之外的领土全部归还瑞典。查理十二世并无妥协之意，此次远征俄国让瑞典元气大伤，这样无功而返对他来说是不可接受的，他要求俄国赔偿 3000 万银币作为瑞典在战争中花费的补偿。

俄军拖得起，瑞军却拖不起。乌克兰人民并没有听从他们的叛徒统领马泽帕的话投降瑞典，查理十二世的军队像丧家之犬一般踯躅在乌克兰大雪覆盖的草原上，整个乌克兰全民皆兵，不给瑞典军队任何喘息的机会。瑞典人拿下每个居民点都要经过一番苦战，付出惨重的代价。而在他们进军的路上要打的居民点还多着呢。

马泽帕是个灾星，从巴图林被烧毁的那一刻起，厄运就像他所说的那样跟他如影随形。在到达乌克兰地区最东部的科洛马卡据点时，马泽帕告诉查理十二世，他们已经在亚洲的边缘了，他们现在所在的地方距离亚洲不过 8 英里。年轻的查理十二世信以为真，于是命令他的将军吉连克罗克去侦察通往亚洲的道路。

吉连克罗克对地理比国王要熟悉的多，他告诉国王说这里距离亚洲还远着呢。国王很不高兴，他说："马泽帕告诉我边境离这里并不远，我们应该去亚洲看看，这样回去的时候也好告诉别人我们到了亚洲。"吉连克罗克还是坚持自己的意见，却被国王强行命令去探查道路。愤怒的将军找到了马泽帕，对马泽帕说："我们的国王很好面子，要挑动他去做一些超越合理范围的事情非常容易，请您以后说话小心，不要和我们的国王开些不着边际的玩笑！"这只是马泽帕干的众多蠢事中的之一件罢了，他最愚蠢的事情是鼓动查理十二世进攻波尔塔瓦。

严冬渐渐过去，万物复苏的春天并没有带给瑞典军队一点温暖，饥饿与疾病依旧在瑞军中蔓延着，正规军和游击队的猛烈袭击也造成了大量的减员，查理十二世的军队一天比一天少。这个时候马泽帕开始游说查理十二世前去攻打波尔塔瓦，他对查理十二世保证只要拿下了波尔塔瓦，整个乌克兰都会倒向瑞典这一边。查理十二世身为一国之君也并不是傻瓜，听了马泽帕的话，他也对这个地方上了心。查理十二世经过一番分析认为，如果可以攻下波尔塔瓦，哪怕是整个乌克兰没有像这位失势的统领所说的那样主动投降，也可以与一直反对俄国的土耳其人和克里米亚的鞑靼人取得联系。

有相当一部分的瑞典将军不同意进攻波尔塔瓦。波尔塔瓦城防坚固，兵力众多，不是现在这支瑞典军队可以轻易攻下的。这一战即使胜利了，也是杀敌八百，自损三千。查理十二世从来没有正眼看过俄国军队，认为彼得只是个会耍阴招的卑鄙小人，他傲慢地说："这种微不足道的城堡，我们完全有足够的人力物力将其攻破。别看他们人多，但是只要我们一开枪，他们就投降了。"将军们费劲口舌，陈列条件，试图让查理十二世了解己方正处于劣势，但查理十二世满不在乎地回答将军们："我们不就是应该做这种与众不同的事业吗？这样我们才能取得荣誉和赞扬。"荣誉和赞扬，查理十二世将这些虚名看得比士兵的生命还重。

在俄军是否会马上投降这个问题上，查理十二世的想法实在过于天真了。早在 1709 年 1 月，乌克兰地区各要塞的元帅就接到了彼得的命令："如果敌人进攻你处，务必战至最后一人，不要与敌人进行任何妥协，否则不论结果如何，一律死刑。如果元帅战死，下属军官接替元帅位置，以此类推，决不放弃战斗。"

波尔塔瓦的俄军坚决地贯彻彼得的命令，尽管军队在飞速地减员，但是他们还是打退了查理十二世的一次又一次进攻。1709 年 6 月 2 日，查理十二世派一个鼓手带着附有最体面条件的投降书第 8 次来见波尔塔瓦要塞的元帅克林上校。瑞典人威胁说，如果还不投降，那么对你们的惩罚将是斩尽杀绝。克林元帅强硬地回应了查理十二世的劝降:“我们只指望上帝降福，至于你说的那些，我都已经听了 7 次了。你的猛攻，我也已经见过 8 次了。任你牛皮吹破天，想要将我们斩尽杀绝也要看上帝的意思，由不得你。”

彼得在 5 月 5 日接到了波尔塔瓦被围攻的消息，并一眼就看破了查理十二世的目的。这次他没有立刻上战场，而是采取写信的方式指挥着战斗。沙皇写信给距离波尔塔瓦不远的缅希科夫，告诉他波尔塔瓦非常重要，万万不能丢。在信中他还写了两种为波尔塔瓦解围的办法，第一种是佯攻波尔塔瓦北边的奥波什尼亚城，让查理十二世分兵前去救援，这样可以减轻守军的压力。另外一种是加强瑞军占领的沃尔克斯拉河对岸的防御工事，然后拼命地为波尔塔瓦送去支援。

两种办法让缅希科夫难以抉择，最后干脆两种都用上了。他先是进攻奥波什尼亚，消灭了城中的瑞典守军，迫使查理十二世不得不分兵支援，然后又快速地退回沃尔克斯拉河对岸，组织突击队，为城中的守军运送弹药等物资。

彼得于 6 月 4 日率领俄军主力赶到了波尔塔瓦，俄军和瑞军都已经集结完毕，大决战一触即发。但是目前最首要的任务并不是与瑞军决战，而是如何救出城内的守军。彼得制定计划，与城内守军说好两面夹击，一起攻击瑞军，但河水突如其来的涨潮破坏了整个计划。

最终双方决定堂堂正正地大战一场，并且把日期定在了6月29日。在这之前的时间里双方有足够的时间来构建各种战略工事和进行战争动员。

6月26日，彼得穿着骑兵军官的深绿色制服，一会出现在龙骑兵团，一会出现在步兵当中，一会又跑到炮兵中间。他对禁卫军各团的军官们发表演说："你们都知道，他们那个傲慢的国王已经在莫斯科给他的军队定好了住处，委派了他的施帕尔将军当莫斯科总督，并且把我们可爱的祖国分割成许多小公国，他还要把信仰不同的人统统杀掉。我们能忍受这样的侮辱和轻蔑吗?"

米哈伊尔·米哈伊洛维奇·哥里津中将代表众将领和军官致答辞："当我们冒着枪林弹雨，保持严整阵形，寸土不让地与敌人厮杀的时候，您是看见我们的功劳与忠诚的。现在，依旧是我们，依旧是这些部队，依旧是您的部下。我们要像林村胜利那样再次建立战功。"

6月26日对于查理十二世来说也是个难以忘记的日子，在那天他同样进行了战前动员，但是他的战前动员是躺在担架上完成的。几天前，无所事事的查理十二世带领军官们骑马出游，路上遇到几个哥萨克人。视俄国人为眼中钉、肉中刺的查理十二世从马上下来，开枪打死了其中的一个，而哥萨克们的回击打中了他的腿。最后查理十二世进行了手术，为自己幼稚的行为付出了代价。

查理十二世动员的中心思想十分简单，他不可一世地对士兵们说："彼得沙皇给我们准备了许多吃的，荣誉把你们引到那里，你们就去那里吃早餐吧!"

就在同一天，查里十二世决定撕毁与俄国的停战协议，提前出击，因为前几天他接到了几个不好的消息。一条是来自波兰，他一手扶植的傀儡皇帝莱欣斯基告诉他波兰的军队不能到波尔塔瓦来支援他了，他们必须应付俄国骑兵的不断袭击。而土耳其那边也发来了消息，表示他们不想卷入瑞典和俄国之间的纠纷，更不会来趟浑水。第三条消息彻底坚定了查理十二世的决心：俄国有4万名骑兵正在赶来。己方没有了援军，敌方反而强援将至，查理十二世再也不能等了。

6月27日凌晨，瑞典士兵倾巢而出，趁着夜色向俄军发动了突然袭击，没料到俄军早有准备，缅希科夫将军率领骑兵迎击，阻止了瑞典军队的行动。双方展开激战，俄军辛苦建造的防御工事起到了巨大的作用，步兵们借助防御工事牵制住了瑞军主力，给俄军主力的出动争取了时间。

俄军主力在凌晨4时左右准备完毕，临战前彼得发表了一篇十分著名的演说："俄国军人们，不应当以为当兵打仗是为了我彼得，而应该想到，你们这样做是为了国家，为了我们的民族，为了俄国的人民。你们要了解彼得，只要俄国能够生存下去，只要俄国能得到繁荣、昌盛和幸福，他对自己的生命是可以置之度外的。"

5时左右，双方再次展开进攻。查理十二世试图集中兵力突破俄军作战队列的中心，它是由诺夫哥罗德团担任的。瑞军成功攻破了该团第一线的部队，彼得知道后立刻亲自率领着该团第二营官兵进行反攻，很快就扳回了局势。同时，侧翼的俄国骑兵向瑞典骑兵发动猛攻，成功地压制了对方。给瑞典军队带来最大打击的是俄军的炮兵，关于炮兵的战果有着这样的记载："沙皇陛下的军队第一次发射的排炮，火力极强，使敌军中被击毙者的倒地尸体和丢下武器发出的巨大响声，有如大厦坍塌一样大。"

俄军占到了便宜，彼得吹响了总攻的号角。瑞典人吓得浑身颤抖，不断有士兵从战场上溃逃。查理十二世见大势已去，把军队指挥权交给了莱文豪普特元帅，自己也乘着小船渡河逃走了。

查理十二世和马泽帕一路逃到了土耳其，剩下的瑞军则成了没娘的孩子。他们被空前的失败所震惊，心惊胆战，疲惫不堪，并且忍受了长期的饥饿。虽然他们的数量多达 1.6 万人，但是当缅希科夫带着只有他们一半的兵力来到莱文豪普特面前，要求他无条件投降的时候，他们马上放下了武器。

这一战，彼得和腿部受伤的查理十二世都亲临战争的最前线。彼得的表现无懈可击，如果不是运气好，怕是已经牺牲了。有三发子弹差点要了他的命，第一发子弹打在了他的帽子上；第二发子弹打在了他的胸口，被胸前佩戴的金制镶嵌宝石的十字架挡住了，真是上帝保佑；第三发子弹打在了他所骑战马的马鞍上。

会战结束，被俘的瑞典将军和大臣们被押解到彼得的帐篷里，与彼得的将军们一起参加庆功宴。宴席上有人讲查理十二世曾经夸下海口，说要在沙皇的帐篷里面请他的军官吃饭的事情。彼得讽刺地问："查理兄弟今天不来了吗？昨天我的好兄弟查理国王邀请你们来我的帐篷里吃饭，可是今天你们都来了，他却不肯赏脸。我衷心希望他能来我的帐篷里一起吃饭，但是没办法，他说话不算话，所以我只好请你们了。"

波尔塔瓦的胜利对于彼得，乃至整个俄国来说都非常重要，俄国凭着这场战役粉碎了查理十二世的远征，令瑞典的国力一落千丈。俄国在波罗的海的地盘再也不会受到瑞典的威胁，波罗的海沿岸现在是彼得一家独大。

在外交方面，军事胜利带来的荣光照耀着整个俄国。彼得特别重视这件事，对于要发给那些曾经的盟友的公文全部是由他亲自审阅的。在波兰首都华沙，彼得的外交行动获得了异常丰厚的成果。曾经背叛过他，抛弃了他，让他孤军奋战的盟友们此时纷纷凑到彼得身边，分享他身为胜利者的荣光。萨克森选帝侯奥古斯特二世重新回到了波兰国王的宝座上。波兰的傀儡国王莱欣斯基在得知查理十二世的军队全军覆没的消息时就迅速逃离了波兰。难得的是奥古斯特二世在面对彼得的时候居然露出了羞愧的神色，因为他发现彼得腰上带着他送给查理十二世的佩剑。彼得大度地原谅了他，对他说过去的事情就过去了，他能够理解奥古斯特二世当时的处境有多为难。

之前拒绝了彼得的同盟计划，并且拒绝了彼得调停战争请求的普鲁士国王也对彼得大献殷勤，还有最先退出反瑞同盟的丹麦国王，此时他们都迫不及待地想要和彼得签订新的攻守同盟条约。

波尔塔瓦的胜利也迅速改变了俄国在欧洲的地位。现在欧洲各国没有人敢再质疑俄国的力量，瑞典人也不再是无法战胜的了，一个伟大的强国就此诞生。狼群之所以强大是因为头狼的带领，而头狼的强大也与背后狼群的壮大不无关系。俄国的“头狼”彼得想方设法地催促着俄国变得强大，强大后的俄国也给了彼得应得的回报。跌宕起伏的战事就这样起了巨大的变化，让俄国人看见了胜利的曙光。

被俘的边缘

波尔塔瓦的胜利对彼得来说是人生当中意义最重大的一次胜利，为了与此相称，彼得也准备了最盛大的庆功会。庆功会过后不久，就是新年，1709 年冬天就这样在喧闹的狂欢中结束了。1710 年，彼得并没有什么新的计划，他满心期盼的就是打下更多瑞典在波罗的海沿岸的城市，逼迫瑞典签订停战和约。当然这些事情最好是发生在俄国南方一切安好的情况下。

就在俄国军队一点点蚕食着瑞典领土的时候，土耳其首都君士坦丁堡传来了好消息：土耳其苏丹在俄国大使的据理力争之下终于同意将瑞典国王逐出土耳其，送到俄国人手中。这是彼得想要看到的结果，彼得自从波尔塔瓦战役胜利后，有点被冲昏了头脑，他甚至打算对土耳其提出如果不引渡瑞典国王，不惜与土耳其兵戎相见的最后通牒。还好一切都顺利，与土耳其的盟约有条不紊地缔结着，只等和约缔结成功就可以把查理十二世俘获了。

1710 年的夏季，彼得收获颇丰，俄国军队在他的指挥下占领了几乎全部波罗的海东面的城市。为此沙皇彼得在彼得堡内大肆庆祝，彼得堡市内一连三天钟声不绝，涅瓦河上停泊着张灯结彩的军舰。

一直到了 12 月，彼得的好运气走到头了。信使从君士坦丁堡送来一份报告，说土耳其对俄国宣战了。不久又送来了第二份报告，克里米亚的鞑靼人卷土重来，虽然俄国边防军赶走了他们，但是他们所经过地区已经被洗劫一空。

这个情况很不正常，令人很难想象土耳其人脑袋里都装着些什么。俄国与瑞典打得你死我活的时候，明显是土耳其进攻俄国的最好时机，但是土耳其人什么都没有做。反而是在俄国于波尔塔瓦大胜瑞典，俄军整个夏天捷报不断威震四方的时候，突然对俄国宣战。难道土耳其人也相信查理十二世那套“我们不就是该做这种与众不同的事业”的理论吗?

事实并非是土耳其苏丹与查理十二世有着同样奇怪的思考方式，而是土耳其苏丹受到了查理十二世的蛊惑。逃到土耳其后，查理十二世就开始挑唆土耳其苏丹对俄国开战。他一边吓唬苏丹说，彼得打败了瑞典之后，下一步就是要进攻克里米亚，然后顺势南下，直捣黄龙，一举攻破君士坦丁堡。而另一边又诱惑土耳其苏丹，说假如土耳其愿意出兵俄国，他可以割让波兰的几个省给土耳其，并且每年还有 400 万的年贡。不是自己的东西不心疼，查理十二世慷他人之慨，承诺下这样的大手笔终于让土耳其苏丹的心思活泛了起来。

本来已经在缔结和约的土耳其突然宣战让彼得手忙脚乱。土耳其的宣战说明彼得要开始南北双线作战，这是一件很困难并且危险重重的事。为了避免双线作战，他照会了土耳其苏丹大使，建议双方恢复和平，又请英国与荷兰出面调停，许诺如果瑞典肯签订和约，那么俄国愿意让出除英格丽、科列拉和纳尔瓦之外俄国占领的所有瑞典土地。彼得不知道英国其实十分渴望土耳其与俄国开战，因为英国担心俄国从北方战场上抽出手搅和进英国与法国之间的战斗中，至于俄国会帮谁，英国人实在拿不准。

和平路线走不通，那没办法，只有打了。彼得像每次遇到困难时一样精神抖擞，他关注着粮食和装备的补给，张罗新兵的补充和训练，并且不停地催促北方战场上的将军们，让他们把军团开到南方来。当准备工作就绪后，彼得于 1711 年 2 月 25 日宣读了对土耳其的战书。

彼得于同年 3 月 6 日离开莫斯科前往军中，目的地很远，旅途很长，彼得拼了命一般夜以继日地赶路，甚至在重病中他也没有闲着，一边催促着将军们加快速度，一边对丹麦和波兰发出友好的信号，希望他们能在俄军撤离北方战场后，在对瑞战争中做出更大的贡献。积劳成疾的彼得有一段时间已经虚弱到躺在床上动不了了，但是他还在拼命地工作，没有一分钟停下来。

彼得这么玩命地急着赶路不是没有原因的，他需要赶在土耳其人之前到达多瑙河，联合一直受土耳其欺压的两个小公国——瓦拉几亚和摩尔多瓦，与他们共同行动，获得武装支援。更加重要的是彼得的军队迫切地需要粮食。彼得把这场战争计划得很完美，他希望可以从巴尔干半岛上的保加利亚、塞尔维亚以及其他斯拉夫民族的基督教国家那里获得帮助，希望他们可以一起反对土耳其人，为俄军提供粮草。部分地区会因为支持俄国还是支持土耳其的问题而发生暴动，这样一来多瑙河边的战斗将会变得非常轻松。

彼得带着理想奔驰在路上，如此美妙的前景和轻易取胜的机会让他觉得生些病也是值得的。但是现实很快就给了他重重一击。斯拉夫各民族对于战争的反应让彼得非常失望，对于反土耳其统治的斗争根本形成不了左右战争局势的规模。如果俄军能够先赶到多瑙河边，局势还有可能逆转，但是舍列麦捷夫元帅贻误了战机。老元帅的慢性子和春季泥泞的道路拖慢了俄军的脚步，当俄军刚刚开始建造渡口的时候，土耳其人已经在多瑙河上架好了桥梁，准备强渡多瑙河了。

彼得原本寄予厚望的两个公国也派不上用场，摩尔多瓦大公康捷米尔和瓦拉几亚大公布兰科万都承诺过给俄军提供粮食。康捷米尔的许诺完全没有兑现，摩尔多瓦根本拿不出此前答应给俄军送来的那么多粮食。

就这样，俄军陷入了两难的境地，在军事会议上，多数人主张转移到普鲁特河去。他们期望布兰科万会兑现承诺，为俄军提供粮食。天真的俄军没有想到，布兰科万早就与土耳其搭上线了。

这个时候俄军果断撤退才是最好的选择，但是一条谣言迷惑了彼得的判断力。布兰科万放出谣言，说土耳其元帅奉苏丹之命准备与俄国进行和平谈判。彼得听闻这个消息后，开始反复思考土耳其为什么要求和。想来想去只有一个答案，一定是土耳其出了什么事，这仗打不赢了。敌退我打，这是个很简单的道理，彼得立刻就做出决定，朝普鲁特河进军。

向普鲁特河进军的旅途是残酷的，炎热的太阳炙烤着这支疲惫的军队，缺少食物和水的俄军在草原上找不到任何补给。水被太阳晒干了，植物被太阳晒死了，目之所及只有一片空旷的大地，连让马吃的草都没有几根。士兵们渴得鼻子、耳朵和眼睛里都在流血，一路上不断有人倒下就没有再站起来。好不容易走到了有水的地方，许多人拼命地灌水，甚至有人喝水被水胀死了。

经过了十多天的跋涉，俄军终于在 6 月底到达了普鲁特河，而由于布兰万科早就将俄国军队的行踪出卖给了土耳其人，所以俄军很快就遭到了土耳其人的袭击。双方开始交火后，彼得气得直拍大腿，他完全错误地估计了敌人的实力。彼得原本估计土耳其人加上鞑靼人，不过只有六七万人的兵力，实际上土耳其与鞑靼人的联合部队士兵数量多达 18 万，相反俄军的人数只有 4 万。土耳其军队包围了俄军，开始发动一次又一次的猛攻，但是在俄军的顽强防守之下都败下阵来。土耳其军人数是俄军的 4 倍多，他们并不缺少勇气，也不缺少装备，但还是拿善于防守的俄国人毫无办法。

时间每过去一点，形势就变得对俄军不利。在彼得的授意下，舍列麦捷夫元帅向土耳其元帅写信求和，希望能够通过“合理的条件”换取两国的和平。俄军求和的意愿在土耳其的军营中引发了激烈的讨论，鞑靼人首领克里米亚汗表示强烈反对与俄国人议和，掠夺成性的鞑靼人觉得俄军已经成了砧板上的肉，克里米亚汗甚至已经估算好战利品有多少了。土耳其元帅则持反对意见，俄国人的凶狠让他觉得恐惧。双方争执不休，直到第二名求和的使者来到土耳其军营时，土耳其元帅才给出了同意和谈的意见。

谈判的时候，俄方已经准备作为战败方，被对方百般侮辱和刁难了，但意外的是土耳其元帅并没有摆什么架子，也没有盛气凌人。身为一个不太讲究礼节的土耳其人，他居然请俄方的大使沙非罗夫入座。沙非罗夫敏锐地感觉到土耳其人是非常有诚意进行这次谈判的。

沙非罗夫此次参加谈判，左边口袋装着沙皇随军出征的新皇后叶卡捷琳娜所贡献的珠宝，右边口袋装着沙皇的手谕，手谕上的中心思想是只要土耳其人诚心议和，那么俄军近年来从土耳其和瑞典手中占领的土地可以全部舍弃，只要不做俘虏，彼得可以连他最心爱的彼得堡都送出去。沙非罗夫敏锐的直觉帮助彼得省下了大量的土地，他用皇后的珠宝贿赂了土耳其元帅，然后签订了归还俄国当年所占领的亚速和塔干罗格的和约。

多年以后还有很多人津津乐道地争论这次谈判的功臣究竟是谁。是观察力敏锐的沙非罗夫，还是皇后的珠宝，或者是其他别的什么。

有人将这次谈判归功于谈判双方都只了解自己军营里的情况，而不了解对方的情况，其实不然。就算土耳其人知道了俄国军队已经被饥饿和口渴折磨到了崩溃的边缘，他们也未必敢对俄军发动总攻，因为他们还会知道另外一件事情——俄军的第二手准备。

彼得沙皇在沙非罗夫与土耳其元帅谈判的时候还做了另外一手准备，那就是舍命一搏。在 7 月 11 日，双方和谈的时候，彼得在军事会议上制定了突围的详细计划：抛弃一切妨碍军队迅速转移的东西。子弹没有了，就敲打金属来冒充枪声，老弱的马匹统统杀掉，煮熟了做干粮，现有的军粮全部平分给大家，辎重部队的空车拿来阻挡土耳其人的前进。大家舍命一搏，宁可战死沙场，也不当土耳其人的俘虏。

土耳其人已经被俄军折磨惨了，他们称呼俄军为“可怕的敌人”，同俄国人打仗要付出许多生命作为代价，所以当土耳其元帅命令禁卫军进攻俄军的时候，禁卫军拒绝执行元帅的命令，说：“我们不愿打了，我们不能空手挨莫斯科的炮火。”并且催促总元帅赶快缔结和约。这种情况之下，哪怕土耳其人知道俄军营中的情况，恐怕也不敢与准备拼命的俄国人来一场决战。

彼得同样也不知道土耳其人的军营中发生了什么。他大概可以猜测到自己的炮兵在土耳其的阵地上造成了大量的杀伤，但是并没有什么直接证据可以证明这一点。而实际上，土耳其人短时间内的三次进攻就被俄军的大炮炸死了8000多人。如果彼得当时知道土耳其人已经被大炮打得不知所措的话，很有可能利用大炮的优势继续炮击，然后大举出击，一定会将土耳其人打得落花流水。

麻杆打狼两头害怕，缔结和约对于俄国和土耳其来说都是非常满意的结果。但是还有一个人非常不满意，他就是瑞典的国王查理十二世。当得知土耳其元帅与俄国使者签订了和约的时候，他径直冲进了总元帅的帐篷中，质问总元帅为什么不抓到彼得之后再与俄国讲和。没等总元帅回答，他又马上表示，只要总元帅借给他三万精兵，他马上就可以活捉彼得。总元帅撇了撇嘴，告诉查理十二世说:“要打你自己去打吧，你在波尔塔瓦被打成什么样子我们可是都知道，我可不能破坏和俄国人讲好的和约。”

查理十二世马上跑出元帅的帐篷，去找克里米亚汗，希望克里米亚汗可以听他的意见去进攻俄军，但是克里米亚汗也不敢违背土耳其总元帅的命令。

瑞典国王气得要发疯了，他捶胸顿足，两眼几乎要喷出火来。他认为普鲁特河这一仗正是他挽回在波尔塔瓦失去的战无不胜的统帅的荣誉，收回瑞典在这十几年战争中失去大部分东西的最后机会，但是这个机会最终却断送在了土耳其人手里。其实他没有想过，连作战经验丰富、武器战术精良的瑞典军队都败在了俄军手下，何况是这些虽然全副武装，但不是正规军的土耳其人呢?

彼得的普鲁特河远征之旅就这样以失败而告终了。他在反思这场战役为什么会失败的时候，耳边会不时地响起他经常说给别人听的话:“一贯的成功往往会将许多人引入大祸的深渊。”但是对于失败的影响，总体来说却是很好的。虽然俄国失去了耗费大量军力打下来的地盘，但是和土耳其签订的和约使俄国从南方战场上脱出身来。如果这一战俄国赢了，那么俄国还会在双线作战的道路上走得更远，早晚会有比这一战更惨烈的失败。

与彼得远征普鲁特河有关的还有一件令人费解的趣事，那就是彼得大帝的遗嘱之谜。

据说彼得在 7 月 10 日，战争最紧张的时刻立了一份遗嘱:“各位先生，现告知你们，我和我的军队并非由于我方的罪过或失误，而仅仅是因为情报失实，不幸被 4 倍于我们的土耳其军包围，所有的粮草给养线路都被切断，除非上帝帮我，不然我只有彻底失败，或成为土耳其人的俘虏这一条路走了。如果我成了土耳其人的俘虏，当我本人不是以自己人的身份出现在你们中间的时候，你们不应再尊我为你们的君主，不再执行我对你们的要求，即使是我亲自下的命令。如果我阵亡了，那么你们一定会得到我死亡的确实消息，那么请你们在你们当中选择一位最无愧于我的人来继承我的皇位。”

由于这份遗嘱并没有原件，所以史学家们对其真假各执一词。但是从这份遗嘱所表达的意思来看，倒是颇像彼得当初所做的演讲："只要俄国能够生存下去，彼得对自己的生命是可以置之度外的！"

霸主

从1712年开始，彼得变得更加忙碌起来，俄国的改革正在如火如荼地进行着，无论是内政、民事还是军事都要彼得亲自操心。他对自己与土耳其缔结和约这件事情非常满意，因为这样他就可以把所有的军事力量投入到北方战场去。即使失去了亚速，但是期待已久的和平似乎并不远了。北方战场上一切进展顺利，俄国与丹麦、萨克森结成的联盟获得了一场场胜利，虽然没有攻下什么城市来，却消耗了瑞典大量的兵力。

可惜好景不长，与土耳其缔结的和约刚刚过了半年就被土耳其撕毁了。不知道是土耳其的苏丹听说了什么，还是因为受到了查理十二世的蛊惑，他不仅没有交出查理十二世，反而处死了签订和约的土耳其总元帅，罪名是叛国。然后以彼得迟迟不肯交出亚速为借口再次对俄国宣战。

彼得是个讲信用的人，他并没有想要背弃自己结下的和约。他马上命令阿普拉克辛将军将亚速交给土耳其人，然后致函土耳其苏丹说他已经履行了和约中的全部条款。这件事情让彼得明白了土耳其苏丹并不是那么想要和平，他的话不值得相信。于是彼得让俄军统帅舍列麦捷夫率领部分士兵驻守在南方，并且为他留下了充足的粮草。即便俄国已经交出了亚速，土耳其人突然宣战的可能性还是很大的。

北方战场上的情况同样在恶化，反瑞同盟正处在分崩离析的边缘。在年初反瑞同盟围攻瑞典城市斯特拉尔松和维斯玛的时候，奥古斯特二世就和丹麦国王有着巨大的分歧。丹麦国王表示要将他的军队撤出战场，因为瑞典人很有可能沿着被冰封的海湾入侵丹麦，他必须调回军队保卫自己的国家。奥古斯特二世则不这么认为，丹麦撤军会削弱联军的力量，他们就只能将战线后撤，放弃已经占领的有利位置。经过俄国外交官的调停，双方同意各退一步，丹麦国王同意将一支 6000 人的部队留在前线。

6 月的时候，彼得前往俄国军营。当时反瑞同盟的军队正在围攻什切青，丹麦人不肯派炮兵支援，缅希科夫告诉彼得，没有炮兵想要攻下什切青是不可能的。沙皇观察了什切青的防御工事，觉得缅希科夫说得对。他纡尊降贵亲自去找丹麦海军中将，丹麦中将非常热情地接待了彼得，但是却对派炮兵支援这件事咬死不肯松口。

愤怒的彼得给丹麦国王送去了一封公文，在公文里表达了自己极大的不满:“为了我们共同的利益，我不顾自己的健康亲自到这里来。我的军队迟迟不能前进，因为说好要派来的炮兵没有来。如果我的这个请求您不能办理，那么这次进军就要告吹了，而且原因并不在我。”不管彼得是劝说还是威胁，丹麦国王始终不为所动，彼得又身患疾病，无奈之下只好离开军队去治病了。

经过这件事情彼得算是看清了丹麦国王的真面目。只要瑞典提出他感觉可以接受的和平条件，丹麦国王可以毫不犹豫地背弃联盟。但即使这样彼得也不能与丹麦国王决裂，毕竟彼得大部分的海军都在黑海边，他寄希望于丹麦的海军能够在对战瑞典海军的时候帮上忙。

出国前往查理巴德治病的彼得过了一段惬意的日子，他终于可以抛开那些烦恼的事情四处散散心。在查理巴德治疗了一段时间，彼得觉得有所好转，于是就辗转到达了普鲁士首都柏林。当晚各国使者和普鲁士王后为彼得举办了盛大的晚宴接风，但晚上 6 时许彼得的使者送来了彼得不能出席并向各位致歉的消息。究竟彼得为什么放了普鲁士王后和各国大使的鸽子呢？原来彼得在第一次到达普鲁士的时候，在这里认识了一个荷兰籍的磨坊主，这一次，他与磨坊主老友重逢，一起吃吃喝喝，谈天说地，反而不愿意去出席宫廷宴会了。

彼得在查理巴德的时候还发生了一件趣事，至今仍成为当地人茶余饭后津津乐道的谈资。彼得喜欢做手艺活的事情远近驰名，但是有些人觉得这简直是无稽之谈。一个皇帝，肩不担担，手不提篮的，他会干什么活？彼得在一次路过一座正在建造的房屋的时候就听到有人说："俄国的沙皇光爱吹牛，说什么都是他自己干的，但是事实上呢？他根本就不会盖房子。"这些话惹恼了彼得，他稍微思考了一下，就撸胳膊挽袖子爬上了墙，拿起工具同泥瓦匠们干了一天的活。彼得精湛的手艺获得了泥瓦匠们的交口称赞。人们为此在那座房子上立了一块纪念牌，上面写着："彼得大帝曾与泥瓦匠们在此一起干活。"

缅希科夫的一封"有紧急情况"的书信打破了彼得安宁的小日子。

他向彼得报告，瑞典将军斯滕博克从斯特拉尔松出兵反击丹麦和萨克森的军队。彼得建议盟国在俄军到达之前先避其锋芒，然后急匆匆地赶往波美拉尼亚湾。面对彼得善意的忠告，萨克森和丹麦依旧很好地扮演着自己猪一样的队友角色，他们悍然出兵，结果于 12 月 10 日被瑞典打得大败，最后还是由急匆匆赶来的俄国军队把他们从瑞军的手中救了出来。

1713 年 1 月，俄军终于在腓特烈什塔追上了瑞典人，斯滕博克将军很聪明地破坏了当地堤坝的水闸，然后在堤坝上方建起了防御工事。彼得仔细地观察了敌人的工事，认为瑞军万无一失的防御措施也并不是无懈可击的。他制订了计划，并要求丹麦人和萨克森人参加这次进攻。丹麦和萨克森人被瑞典人吓破了胆子，他们觉得彼得的计划一定会失败，于是坚决不肯加入。

彼得率领俄军单独行动，但是瑞典人根本不敢同俄军交战，一发现进攻的是俄国人，他们拔腿就跑。斯滕博克带着他的军队逃进了拖宁根堡，闭门不出。彼得将包围该城堡的工作交给缅希科夫，自己则回彼得堡去了。

彼得沙皇去彼得堡并不是为了休息，而是在波美拉尼亚湾遭遇的一切让他觉得沮丧。反瑞联盟的盟友让他头疼，彼得觉得根本没有办法跟他们一起干成什么大事。他在彼得堡为新的军事行动制订计划，这次的目标是在瑞典控制下的芬兰。彼得所需要的只是出海口，在数次与瑞典的和平谈判中他愿意归还大部分瑞典的领土，只有彼得堡和几个港埠不愿意放弃，所以对于芬兰本身他没有太大的兴趣。但是如果能成功地打下芬兰，那么将会在对瑞典的战争中取得优势。

双方此时一边进行战争，一边在商议和谈。如果芬兰被攻下，那么瑞典就会在和约中做出更大的让步。更何况瑞军的物资大多是由芬兰供给的，失去了芬兰，瑞军就会陷入举步维艰的境地。当然，在这次的行动计划中，彼得并没有把丹麦和萨克森算进去。

彼得不止一次预言过战争的结束，但是却从来没有实现过。这并不是因为彼得没有战略眼光，相反，彼得是个伟大的军事家，他对战争艺术的领悟可谓是大师级的。在诸多的战争中，每次他都觉得瑞典人要坚持不住了，瑞典的国力已经处于崩溃的边缘了，但是瑞典还是坚决不肯在和谈中让步。彼得算漏了查理十二世的偏执性格。查理十二世的傲慢与疯狂是俄国与瑞典的战争迟迟无法结束的根源。虽然他人已经逃到了土耳其，但是他还在没完没了地给瑞典下诏令。他的穷兵黩武为瑞典人民带来了无尽的痛苦，兵役、赋税成为了瑞典人民的枷锁。

彼得对芬兰的作战计划十分成功，瑞典军队见到俄国军队就像见到了鬼一样，很多时候往往没有正式交战，瑞典军队就已经跑得一干二净了。彼得打下了芬兰的一个又一个据点，而他的好朋友缅希科夫像在与他竞赛似的，波美拉尼亚湾那边也是捷报连连。到了年底，瑞典人几乎被赶出了欧洲大陆，芬兰也有一大片土地落入俄国人的手中。

南方的情况也是一片大好，对俄国宣战的土耳其没有进行任何军事行动，主要原因是对俄的战争实在是劳民伤财又收获甚少，国内的人民对战争表示出强烈的不满。面对国内矛盾的激化，人民的怨气，土耳其苏丹决定将这个整天妖言惑众的查理十二世赶出土耳其。

新任的土耳其总元帅和克里米亚汗奉命去见查理十二世，这次会面的中心思想是礼貌地告诉查理十二世，土耳其的土地不欢迎你，请你离开。查理十二世拒绝了他们的要求。为了逼迫查理十二世乖乖就范，土耳其元帅和克里米亚汗联手派出 1.2 万名士兵，包围了查理十二世的驻地。外面的人进不来，里面的人出不去，很快查理十二世就吃不上饭了，他倔强地不肯投降，杀掉了苏丹曾经赠与他的阿拉伯优质战马来裹腹充饥，把武器分发给仆人做最后的抵抗。土耳其人下达了最后通牒，如果查理十二世还是这样负隅顽抗，他们就要使用武力了。查理十二世自信地说:“他们不敢这么做的。”

不知道查理十二世的自信是从何而来，反正土耳其人是没有再给他保留国王的尊严，他们炮击了查理十二世的宅邸。查理十二世的随从来报告他房子着火了，他可能有葬身火海的危险时，查理十二世还镇定地说:“只要衣服没有着火，就没有任何危险。”

可能是最后衣服也着火了吧，或许是因为他丧失了只要衣服没着火就没事的信念，查理十二世最后还是离开了宅邸。在外等候多时的土耳其人将他逮了个正着，然后将他送回了瑞典。

瑞典人在大陆上失去了大片的土地，芬兰的大部分据点也被俄国人占领了，国内的经济更是处于崩溃的边缘。彼得很好奇，为什么瑞典在这种情况下还要负隅顽抗。想来想去，彼得决定摧毁瑞典人最后的精神支柱——海军。

彼得对海军的重视程度是众所周知的。他一直监督着各地的造船厂，让它们像机器一样夜以继日地转动着。一艘又一艘的大型军舰入水，一次又一次的庆祝，俄国的海上实力也一次又一次地得到加强。彼得觉得这样还不够，俄国的军舰大多都是大型军舰，光有大军舰是不行的。彼得决定向国外购买一批成品，用来武装自己的舰队。然而最终俄国只买到了10艘质量还不如本国制造的小军舰，彼得也只能用聊胜于无来安慰自己了。

俄国海军的补强还是很有成效的，不久以后俄国就迎来了第一次海上大捷。那是在1714年的6月末，俄军舰队从彼得堡开往亚波方向，准备配合芬兰湾沿岸的地面部队作战。舰队行至汉古特，发现瑞典海军阻断了俄军的航线。7月中旬彼得亲自来到了舰队停靠处，勘察过地形后，他想出了一个特别的作战计划。

彼得派士兵在汉古特半岛最狭窄的地方铺出一条路，然后将小船运送过去，企图从敌人后方进行包围作战。瑞典海军元帅艾伦希尔德察觉到俄军的动向，他果断派出一支舰队前去拦截从陆地上运输战舰的俄国部队，这样一来瑞典军队的兵力就分散了。彼得利用这一形势，命令几支小型舰队趁着瑞典海军分散的时候绕道其背后，瑞典海军拼命追击，但当时的船使用的动力是桨和帆，近日风平浪静，无风天气里大船的机动性很差，所以俄军的舰队近乎畅通无阻地绕到了瑞典舰队的背后，对其形成了包围。

大海战在次日开始，瑞典海军船坚炮利，如果展开炮战，俄国必然占不到什么便宜。彼得利用小船机动性强的特点，对瑞典舰队发动了冲锋，与敌人展开了肉搏战。后来彼得回忆起这次战役时说："我们的军队，从长官到士兵，没有一个是孬种。他们让我骄傲，他们勇敢的无法用语言来形容。"这种冲锋的打法是非常残酷的，很多士兵不是被炮弹打死，而是被大炮的烟雾呛死的。

战争最后以俄国舰队大获全胜而告终，瑞典的舰队被全部歼灭，舰队元帅艾伦希尔德也成了俄军的俘虏。

汉古特海战胜利后，俄国舰队趁机占领了芬兰与瑞典中间的海上跳板——阿兰群岛。之后彼得迅速地与其他盟国进行了外交会晤，这时彼得的健康情况已经很差了，他希望能够通过这次会晤解决北方战争的问题。至于如何逼迫瑞典接受和谈，彼得的方法就是登陆瑞典本土。

如今的瑞典可以说是已经被俄国打倒在地，其他的欧洲国家见到这种情况也都想趁机踩上几脚。彼得迎来了他的新帮手：荷兰和英国。荷兰和英国之所以会加入到彼得的阵营中来，主要是因为瑞典的海盗船经常劫掠他们的商船，在抗议无效的情况下，为了保护己方的商船，英荷两国决定诉诸武力。

商定协议后，彼得担任了英、荷、丹、俄四国舰队的总元帅。原本如此强大的海军实力足以让瑞典屈服，签下停战协议。但是其他几国除了想要保护己方的商船，打击瑞典之外，也担心俄国在波罗的海上的势力越来越大。他们需要瑞典与俄国的战争来拖住俄国前进的脚步。联合舰队中其他的国家愿意为俄国的庆典大放礼炮，却不愿意为俄国与瑞典签订协议而放上一炮。他们装疯卖傻，拖延时间，这让彼得觉得很难受。最终由于盟国的不配合，登陆瑞典的计划就这样流产了。

1718 年，俄国与瑞典的和谈再次展开。在这次会议上，瑞典的代表几乎接受了俄国提出的全部条件。这不仅是因为瑞典代表得到俄国的承诺，如果顺利签订和约他还能得到 10 万卢布的好处。更重要的原因是查理十二世终于不再倔强了，他终于懂了与俄国的战争再打上一百年也不会拿回他在波罗的海失去的领地，瑞典陷入战争的泥潭中已经太久太久。

谈判进行得非常顺利，眼看彼得就要得到他理想中的结果，这个时候意外发生了。瑞典国王查理十二世是个战争天才和疯子。在对俄国的战争全面失利后，瑞典在国际上的地位日渐降低。他觉得不是自己不够强大，而是俄国太过强大。这个时候应该找个软柿子捏一捏，以展示瑞典的强大实力，恢复在国际上的地位。他将目标定锁为挪威。这一次，疯狂的查理十二世终于在挪威前线中弹去世，他的妹妹乌莉里卡•埃列奥诺拉继承了他的皇位。

这位女王的外交方针同他哥哥不太一样。她不愿意签订一个这样的契约，她希望可以暗中与彼得的盟友私下谈判，以领土为诱饵，吸引他们倒戈，将俄国孤立起来。为了拖延时间以达成背着俄国与其他国家达成协议的目的，瑞典的大使团迟迟不肯出发。

我们可以看到彼得对和平是非常渴望的，北方战争实在拖得太久，彼得已不再年轻，健康情况也是每况愈下，他比谁都希望战争可以赶快结束。彼得耐心地等待着瑞典的使团，终于在 1719 年 5 月谈判重新展开。乌莉里卡•埃列奥诺拉女王提出了新的条件，除了彼得原本许诺还给瑞典的领土外，又增加了利夫兰和爱思特兰。这是彼得所不能接受的。

眼见和约签订无望，愤怒的彼得警告瑞典女王，如果他在和谈上得不到一个满意的结果，那么就会用武力来谋求和平。为了表示他所言非虚，彼得派了一支舰队，满载着登陆部队向瑞典进发。他制定了突入敌方土地的作战计划，并且亲自参与实施。瑞典的军队依然是望风而逃。彼得在瑞典大肆破坏，他们捣毁企业、矿场、居民点，缴获了大量的战利品。

就在俄军逼近瑞典首都斯德哥尔摩的时候，瑞典人终于发出请求，同意和谈了。在和谈之前，彼得通知俄国大使，在会议上停留一周，如果瑞方不自量力，一再提出不合理要求，可立即退出和谈。

事情果然与彼得预料中的一样，瑞典并没有和谈的诚意，只是为了拖延时间。女王的主意是依靠着 1718 年新签订同盟条约的盟友——英国。因为西班牙王位继承战争的结束，英国终于可以抽出手来伸向波罗的海地区。他们希望可以通过瑞典盟友的身份在瑞典与俄国的和谈中插上一手，逼迫俄国签订对自己不利的和约。

英国的舰队开进了波罗的海，准备伺机攻击并消灭俄国舰队。彼得对此早有预防，在瑞典登陆战后，他就把舰队藏进了海湾中，并且由海岸炮兵保护起来。

尽管有英国舰队的保护，俄国的舰队还是肆无忌惮地登陆瑞典，大肆劫掠，击沉瑞典的军舰，然后大摇大摆地离去。瑞典与英国也开始了反击俄国的联合行动，但是他们取得的战果十分可笑——在雷维尔，英国舰队保护着瑞典人烧毁了当地的一座茅屋和一座澡堂。

瑞典人最终还是禁受不住俄国人一次次的登陆劫掠，和谈于 1721 年 4 月 28 日重新进行。彼得曾经给过瑞典签订一个公平、体面的和约的机会，但是不管是查理十二世还是他的妹妹都放弃了这个机会。现在，彼得决定强迫瑞典签订一个耻辱的和约。彼得对使臣提出的目标是，除了芬兰，其他战争中俄国攻占的领取全部归俄国所有。

俄国这次的态度非常强硬，无论瑞典人要什么花招，俄国使臣统统不予理睬。瑞典想要先停战，再缔结和约也被俄方否定了。彼得一眼就看出瑞典人又要故技重施，停战后瑞典人会利用各种不合理的条件无限期地拖延和约缔结的日期，然后在拖延的时间里伺机寻找机会咬俄国一口。俄国坚持不签订和约就不会停战，海军上将阿普拉克辛率领舰队登陆瑞典的次数越来越频繁。随着受到打击的次数越来越多，瑞典使臣的态度也变得越来越温和，最终和谈达到了彼得理想的结局。

和约最终于 8 月 30 日签定。俄国保有了除芬兰外一切占领的领土。瑞典保留在里加和雷维尔免税购买价值 5 万卢布粮食的权力，并获得了 200 万银币作为割让利夫兰省的补偿费。

彼得知道和谈签字的消息后激动得夜不能寐，他躺在床上，满脑子都是那一场场用鲜血换回的胜利。

北方战争一共打了 21 年，用彼得的话说就是“花了 3 倍的时间，念完了一所流血牺牲、危险万分的学校”。俄国的毕业成绩绝对是优异的，俄国从未签订过这样的和约，这份和约的历史意义难以估计。单是取得波罗的海控制权这一点就足以让彼得英名流芳百世，彼得圆了 200 年来俄国的“港口梦”。从此以后俄国拥有了“通往欧洲的门户”，有了与欧洲大陆先进国家进行经济与文化联系的条件。

这场战争结束后，俄国改名为俄罗斯帝国，彼得晋位成全俄皇帝，也被称为俄国之父。从此以后俄罗斯帝国不再只是一个普通国家，欧洲列强纷纷对其大献殷勤，希望可以与俄罗斯帝国建立友好关系，渴望得到它的支持。欧洲任何一个国家的政治问题，没有俄国参加就无法得到解决，它成为了欧洲最强大的国家之一，是称霸欧洲的霸主。

第七章　改革与迁都

站在改革的门槛上

彼得大帝刚刚执政之初，整个人是游离在国家行政管理之外的，他感兴趣的只有造船、航海和战争游戏，这些游戏后来成为了俄国军事改革的基础。而皇太后纳塔利娅又因为“智能浅薄”无法涉政，国家的行政大权则落在了以纳塔利娅皇太后的弟弟列夫·基里洛维奇·纳雷什金为首的一伙大贵族手中。这伙人目光短浅，智力平庸，终日想着如何将自己的腰包装满，无能之极。其中唯一聪明过人、机智敏锐的鲍里斯·哥里津公爵又喜爱饮酒，沉湎于各种娱乐之中。彼得初执政的 10 年中，政府没有做出任何成绩，俄国与他登基之前的样子别无二致。下面就让我们来看看这个落后的俄国究竟是什么样子的。

工业方面，俄国的工业支柱依然是原始的农奴作坊，生产产品的规模远远逊于欧洲诸国，但是却还在缓慢地发展着。到了 17 世纪，俄国开始出现最早的手工工场型企业，并且迅速地发展起来。

与此同时，俄国的社会分工和地域分工也渐渐明确。城市开始与乡镇分离，并且飞速地发展。仅仅在 17 世纪后半段俄国就建立起了 160 个新城市。城市与乡镇的分离象征着手工业与农业的分离。铁制品、制革业、纺织业、木材加工等手工业集中在城市地区，而畜牧业和农业则留在了乡村。各地区分工业明确，西伯利亚为俄国提供皮货，北方则为俄国提供木材，梁赞地区和北乌克兰盛产粮食，伏尔加河地区的渔业则最为发达。就这样各地区之间互通有无，俄国的市场经济开始蓬勃发展。

工业和手工业的发展必然会影响到政府的经济政策。大贵族阿法纳西•拉夫连季耶维奇•奥尔登—纳晓金在 1667 年规定实行统一的关税，制定了关税税率，还制定了章程对俄国商人加以保护。新的贸易章程意味着俄国商人地位的提高，俄国已经从一个重农业国渐渐地向重商业国转型。不仅如此，新的贸易规章还鼓励了加工品输出，减少了原材料的输出，这就大大促进了工业的发展。这位奥尔登—纳晓金还提出了许多非常超前的商业建议，比如建议商人们合伙进行贸易，组建贸易公司，可惜由于当时条件的限制最终没有实现。

在外交方面，17 世纪的俄国已经不再是之前大家印象中那个偏僻的国家。在伊凡四世及其继任者的努力下，俄国已经成为外交和国际关系中举足轻重的角色。17 世纪初，俄国北方的波兰和瑞典成了俄国发展的拦路虎，甚至对俄国的生存构成了危胁。在这种情况下，莫斯科政府被迫采取了一系列加强国境线防卫的措施，并且必须同欧洲各国和乃至东方各国搞好关系。俄国与西欧之间一直隔着一道难以跨越的鸿沟，这条鸿沟就是土耳其所支持的鞑靼人。但是在17世纪的时候，这条鸿沟已经变得不再那么不可跨越。欧洲人来到俄国经商、工作，甚至出现了许多彼得特别喜欢的外侨区那样的地方。俄国的商人也经常到欧洲去，这样的交流为西欧的科学与文化传播到俄国创造了良好的条件。

政治方面，俄国沙皇的权威变得更重，君主专制政体开始形成。17世纪后半叶，缙绅会议已经基本不再召开，领主杜马的作用也越来越小，沙皇直接管辖的各大部门开始发挥越来越大的作用。

17世纪同样也是俄国文化和科学快速发展的阶段，当时的经济发展和外国势力的入侵都对科技与文化有了更高的要求，尤其是数学、力学、化学、地理学、植物学、天文学这些方面。科学方面的进步让俄国人更加聪明，让他们更加知道俄国改革和发现新事物的重要性。奥尔登—纳晓金说过:“我们应不耻于学习外国人好的东西。”但是他也知道并不是外国的东西就一定对俄国有好处:“外国人的外衣不适合我们，我们的外衣也不适合他们。”他发现俄国的未来在海上，因此他坚持要求俄国在波罗的海地区积极展开外交活动，他希望建立真正的军队，派遣使者寻找盟友，与瑞典开战。他还提出让缴纳税务的农民与市民组建成为正规军，以用来代替贵族私人的民团部队。这些思想在当时是极为超前的，甚至是与一个世纪以后的国事活动家相比也丝毫不逊色。

像奥尔登—纳晓金这样的人还有很多，比如索菲亚公主的情人瓦西里•哥里津。虽然他两次远征克里米亚都失败了，并且在索菲亚身边扮演了小白脸的角色，但是在当时他的学识之广博、想法之独特也是数一数二的。他曾经拟定过正规军的方案，也提出过如何改善没有土地的农民生活状况的想法。相比奥尔登—纳晓金来说，瓦西里·哥里津想的更加超前乃至遥远。他并没有特别精通的本行业务，所以他的想法都是一些停留在思想上的东西。比如他希望能够推广教育，提高俄国人民的道德素质，并且与欧洲加强联系。哥里津在他的藏书室中留有一部分的手稿，更是让人丈二金刚摸不着头脑，根本不知道他想说些什么。

改革思想从学者渐渐延伸到了贵族，比如最早的历史著作编纂者大贵族阿尔蒙塔·谢尔盖耶维奇·马特维耶夫也走上了改革之路。在他的倡议下，俄国产生了最早的剧院和戏剧学院，这让宫廷中和大贵族家的少女有了一项被允许参与的娱乐活动，不必终日待在闺楼之上像修女一样生活。他提出的在宫廷里看喜剧更是一直成为宫廷舞会开始的代表节目。

改革行动不仅存在于政府间，同时还有神学家参与进来。其中包括很有学问的神学家“博爱者”和慈善家费奥多尔·米哈伊诺维奇·勒季谢夫，他们建造了最早的一批医院和孤儿院。这一切都证明了 17 世纪的俄国人勇于创新，并不像外国人所认为的那样野蛮。

种种迹象表明，17 世纪的俄国已经站在了改革的门槛上。彼得沙皇把俄国变成了一个强大的帝国，但是这些成绩并不只属于彼得大帝一个人。一个人不管多么的伟大，也不可能彻底改变一个国家，一个时代。彼得大帝真正的智慧在于他看见了俄国处在一个迫切需要改革的阶段，并且他明白把俄国变得强大、富裕、文明究竟需要些什么。

翻天覆地的变化

在北方战争中，彼得看清了俄国社会阶层结构和国家制度结构的落后，于是他决定进行国家内部的改革。彼得的改革只有一个目标，就是创建一个强大的贵族国家。

当时大多数的贵族都是一些烂泥糊不上墙的家伙，他们狡猾、懦弱，一心只想要得到赏赐却不想做任何付出。如果让这些贵族去参军，他们脑海中想的不是如何奋勇杀敌，保家卫国，而是想着怎么赶快逃跑回家。受伤自然是最好的选择，但是又害怕受重伤，最好是轻伤，既可以回家，又可以获得沙皇的赏赐。打起仗来他们首先注意的是有什么地方可以躲藏，以便开战的时候第一时间躲起来。

彼得需要做的是让这些贵族知道为沙皇效劳是他们的光荣，是他们的义务，还要让他们有足够的能力统御军队，处理政务。为了把贵族们培养成彼得所需要的人——例如国事活动家、军事首长、海军统帅等，必须要在贵族中间普及教育。

彼得普及教育的方式是实行贵族义务教育。从此之后，贵族们不再是想学就学，不想学就不学。按照规定，10—15 岁的贵族少年必须要学习语文和数学，并且如果他们有意愿，也可以到算术学校、航海学校、炮兵学校、筑城学校以及其他专门学校中去学习。没有完成学业的贵族们将拿不到结婚许可证，没有结婚许可证则终身都不能结婚。

在彼得强迫贵族们履行为伟大的彼得沙皇服务的义务时，他也同样给了平民们机会。在 18 世纪 20 年代，彼得颁布了法令，规定在挑选担任政府或者军队职务的官员时，贵族的身份不再是必要的。英雄不问出处，只要是有才能、精力充沛并且忠诚于彼得沙皇的人，都可以得到官职。

从此以后，无论是出身名门的贵族还是出身卑贱的贫民都曾被彼得安排到显要的国家职位上去。像当年在普列奥布拉任斯基皇村的那个卖馅饼的孩子亚历山大•丹尼洛维奇•缅希科夫就成了特级公爵，彼得在外侨区认识的贫穷的立陶宛人家的孩子亚古任斯基成了伯爵和大工厂主，甚至原本是异教徒但后来改入了东正教的犹太人沙非罗夫也当上了男爵，成了政府官员。他们脱离了自己原本的身份，同其他大贵族们打成一片，成为新的农奴主，新的压迫者。

彼得对于贵族阶级的改革还有他消灭了贵族阶级中的“阶级”。原本俄国的上流社会也有明确的三六九等之分，有的按照身份分为御前侍臣、大贵族、贵族，有的则按照身份分为领主贵族和担任公职官员的贵族。彼得把他们全部划分为一个阶级，就是贵族阶级。同时在 1714 年他颁布了《一子继承法》，消灭了领地与地产之间的区别。代沙皇管理土地的领主将不复存在，所有的土地都归贵族个人所有。

1714 年法令的颁布主要有三个目的：

首先，防止贵族家族衰败。每个贵族家族子子孙孙都有不少，这样一代一代的传下去土地会被分割的越来越小，到最后那些贵族的子孙恐怕也就与普通的市民差不了多少了。

其次，防止税收减少。在贵族们进行土地分割的时候，农民们很有可能受到压迫而破产。

最后，让更多的贵族来担任公职。土地只由一人继承，那么其他没有得到地产的人将无法像以前那样游手好闲地活着。他们必须寻找自己的生活来源，或是成为手工业者，或是成为商人，或是成为为彼得沙皇服务的公务人员。

贵族们无法理解彼得的良苦用心，他们只知道从此以后不能再游手好闲、坐享其成了，也不明白为什么要学习数学和航海等让人头疼的学科，他们更加不能理解为什么彼得沙皇让一群出身低贱的人和一群外国人围绕在他的身旁。他们不明白，但是彼得却看得清楚，他懒得对这些贵族解释，也不允许任何人逃避“彼得陛下的差役”。他派出专员去惩罚那些想要逃避差役的人，而对于揭发躲避差役的人，无论是谁都可以获得逃避者一半的财产。

就这样，贵族们虽然心有不甘，但还是被迫在彼得安排好的道路上踉踉跄跄地前进。而对于整个俄国来说，最大的收获就是让贵族们养成了不再害怕新事物的习惯。

除了关心贵族的阶级地位之外，彼得大帝也给予商人众多优惠的条件。他在有利的条件下把工厂转让给他们，并且创建了贸易公司，甚至直接提供金钱援助。但是彼得的目标始终是建立一个贵族国家，所以在大力发展工商业的同时，他希望贵族们可以通过投资的方式掌握工商业，或者直接让贵族们成为优秀的商人。

彼得为贵族和商人做了很多事情，这些事情每件都需要大量的金钱作支持，在经济还没有搞活、工业还没有发展壮大的时候，他没有别的选择，只能把经济的负担转嫁到农民的身上。为此彼得设立了专门的官员——聚敛官，他们唯一的职责就是帮助彼得征收苛捐杂税。

这些聚敛官做事非常称职，几乎发掘了所有需要纳税的项目，当时的税收项目多达数十种，吃的要纳税，喝的要纳税，穿的要纳税，住的要纳税，做生意要纳税，留胡子要纳税，甚至死人用的棺材都要纳税。原本彼得进行改革之前俄国农民是按户纳税的，但是在这种制度下，人口的平均增加并不能为国家增加税收，于是 1718 年政府决定将按户纳税改为按人头纳税。这样税制改革使国库的收入翻了三倍，同样的，农民肩上的负担也相应地增加了。当贫穷的农民没办法纳税的时候，政府就会派遣军队到各个村镇无情地催缴欠税。

农民们除了要缴纳国税外，还要向自己的领主缴纳税款。除了缴纳税款外，农民们还要负担沉重的劳役。无论是建筑所需要的工人还是军队所需要的士兵，主要组成部分都是农民，他们被迫放下劳作工具参加到国家的劳役中去，而这则进一步加速了农民的破产。

普天之下莫非王土，率土之滨莫非王臣。农民同样也是彼得的子民，在彼得眼里，农民们先是他彼得大帝的农民，其次才是他们领主的农民。作为税收的主要来源，彼得为了让农民们可以更好地纳税采取了一系列措施。他恢复了农民上法庭的权利，禁止领主把农民当做佣人交给他人使用以用来抵债，反对领主干预农民的婚姻，他认为干预农民的婚姻会减少税收。他赞成农民自己经商，从事贸易，并要求领主们养活自己的农民。

强大的过程

纳尔瓦之战的失利迫使彼得大帝动手改革腐朽的国家机器，不管是行政机构还是军队，都突现出了改革的必要性。

在 17 世纪，原本的议事机构领主杜马所扮演的角色渐渐从决议重大事件变成一个可有可无的机构。即便彼得发布了法令规定领主杜马的会议记录所有人都要签名，但是这个机构还是渐渐地走向了衰退，彼得自己也不重视它，在他眼里这些领主贵族们一个个都傻里傻气的，领主杜马爱变成什么样就变成什么样，随它去吧。

在彼得出使欧洲考察了欧洲各国国家机构的样子后，莫斯科各办事机构开始被欧式的办公厅所取代，而领主杜马最终也寿终正寝了。

1711 年 2 月 22 日，彼得出发远征普鲁特河的时候，临时指定了一个由 9 人委员会组成的参政院代替他行使政治权力。彼得做出这种举动并不是一时心血来潮，他早有心设立这样的一个机构，并且这个机构将会长期存在，成为最高级别的政府机关。参政院的权力极大，职能范围也很广。从财政、商业的管理，到监察各官员和机构的活动，监督诉讼和拟定法案，都是参政院的职责。

最初的几位参政员有穆辛—普希金、斯特列什涅夫、哥里津、多尔戈鲁基、普列米扬尼科夫、沃尔康斯基、萨马林、阿普赫京和梅利尼茨基，而第一任的参政院秘书长由阿尼西姆·休金担任。彼得给予这些参政员极大的权力，还曾写下手谕："每个人都要像听从我的命令一样听参政院的。"

参政员虽然是彼得一手挑选指定的，但是彼得也并未给予他们完全的信任。他先是派他总是醉醺醺的老师的儿子瓦西里·尼基季齐·佐托夫担任总监察官对他们进行监督，后来又派参政院的秘书长休金监督他们，而由于休金本人也在参政院中供职，后来彼得认为他也不适合做监督工作，所以后来他在参政院的会议上设置了经常值班的禁卫军首席军官，这些监察国家最高行政机构的军官和手下的士兵们均来自于彼得在普列奥布拉任斯基皇村自己培养出来的禁卫军。彼得告诉他们对参政员不要客气，如果他们有过错，哪怕只是对人不礼貌，也要毫不留情地逮捕他们，把他们关押到要塞里去。

到了 1722 年，俄国政府中已经出现了专门用来监察官员的职位——总收受呈文官。这个职位直属于参政院，对于官员的诉讼都由他们处理。同时参政院下还设立了总监察官和首席监察官，他们负责监察官员们是否有贪污受贿、徇私舞弊的现象。彼得授权总监察官监督中央官员的时候，有权随时命令他们："此事如他们当时不照办，那就提醒他们三次。提醒三次后还有人不听，你们就立即当面或者写信告诉我。如果有人口出恶言或者撒野耍赖，就将其逮捕，关进监牢，然后立刻向我报告。"

在彼得的心中，参政院代表着国君亲临。所以不光是在工作认真程度，官员清廉程度，甚至生活态度上，彼得都对他们有着严格的要求。他在外出的时候与参政院保持着密切的信件往来，几乎每天都监督着他们的工作。参政员们也是兢兢业业，虽然彼得经常训斥他们“做事可笑”，“贪得无厌”，不过彼得对自己设立参政院的这个想法还是非常满意的。从此之后，彼得将这一思路推广下去，将原本官员做决定的政府部门改成由多人共同商议，此项改革进行得如火如荼。

1718 年，俄国政府彻底取消了各部门和曾经代替某些部门处理政务的办公厅，各级委员会成为了它们的替代品。彼得觉得像参政院这种集体管理的方式可以在多次的商议中让事情越变越好。彼得将“委员会”比作钟表，钟表中各齿轮只有互相作用起来钟表才能正确的运动。相比于之前的俄国官衙当中官员一人独大，说什么就是什么的情况，这种集体商议然后再做决定的决策方式无疑要好得多。

彼得的集体管理改造不仅限于世俗领域，他还把改革推广到了宗教界。早在彼得的父亲阿列克谢沙皇在位的时候，就发生了教权与皇权的激烈冲突。当时东正教的大主教尼康是个贪恋权势的人，他宣布教权高于皇权，甚至把自己比作太阳，把沙皇比作月亮，甚至背着沙皇处理国家内政，军事事务。

东正教会在俄国势力之庞大令人难以想象，他们控制着教育事业，控制着人们的思想，甚至介入宫廷斗争，干预朝政。彼得到欧洲访问的时候，宗教问题也是他要重点考察的对象之一。在彼得开始改革时，东正教会处处与他为难，尤其是大主教阿德里安，他认为彼得的改革是对祖宗的背叛。东正教的其他教士们在传教的时候也对彼得百般诋毁，甚至造谣说彼得不是真的沙皇，真正的沙皇在小时候就在外侨区被外国人换掉了。这件事情让彼得非常敌视东正教的僧侣们，称呼他们为“一群万恶的留大胡子的”。

1700 年总主教阿德里安去世后，彼得改革的机会来了。他把总主教的位置设为空缺，只设立过临时代理，并且始终没有选出新的人选。而到 1721 年的时候，彼得干脆废除了总主教这一职位，设立了以院长为首的东正教院。彼得委托学识广博的主教费奥凡·普罗科波维奇制定了《宗教规章》，并且设置了东正教院总监的职位来监督东正教院的工作。

旧的东正教势力并没有就此消亡，他们依旧坚持要选出一个大主教来接替阿德里安。彼得勃然大怒，他大声地吼着:“俄国不需要大主教，如果你们要大主教，我就给你们选个新的，就是这个《宗教条例》。你们要好好地听“条例大主教”的话，看见它就像看见我一样。”然后彼得拔出自己的佩剑，用力地将它插在桌子上说:“谁要是不听‘条例大主教’的，那么就让他尝尝‘利剑大主教’的厉害!”

彼得的贵族帝国高层管理机构就这样创建了起来。产生了大批贵族和非贵族出身的官吏，这些官吏在管理国家上起到了举足轻重的作用。彼得大帝君主专制政体的官僚机器的最高层就这样形成了。

中央行政机构已经全部改变了，地方行政机构也要重新建立。早在 1708 年的时候，彼得就设置了 8 个省：莫斯科省、圣彼得堡省、基辅省、斯摩棱斯克省、伊尔库茨克省、喀山省、亚速省和西伯利亚省。各省的最高领导人是各省总督。总督不仅拥有各省的民事权，还拥有军事权，各省的军队由总督直接管辖。

除此之外，各省司法官管理司法工作，征粮官管理粮食的储备与征集。而各省之下还设有省参议会。这样的新管理制度直接取代了原本封建落后的领主制度，各省长由彼得直接管辖，大大地加强了中央政府和沙皇的权力。

缅希科夫、阿普拉克辛、哥里津、斯特列什涅夫等彼得的近臣们被派去担任第一任的各省总督。彼得对他们要求甚高，如果他们做错了事情就会受到严厉的处罚。彼得曾表示，如果他们玩忽职守，将受到与卖国贼和叛徒一样的处罚。各省当中设有与参政院中相同的禁卫军官，负责监督各省的官员。这些军官不停地催促官员们收税和征粮。禁军中尉卡拉巴诺夫有一次甚至前往基辅下令给全省所有当权者带上脚镣，锁上颈链。可见禁卫军的权力有多么大。

1713 年，各省又发生了变动，新增加了下诺夫哥罗德省、阿斯特拉罕省和里加省，过去的斯摩棱斯克省则被撤销。11 个省的区划还是难以管理，在 1719 年 11 个省被重新划分为 50 个州。各州的首领从当地大贵族中选取，称为督军。督军主要负责地方的行政办公，还设立了地方财务官负责税收，征粮官负责粮食的储备与征集，增加了负责管理森林的林务官。而各地的军队不再由各州的最高领导人进行管理，而是由中央委派的军官进行直接管理，这些军队主要负责镇压当地的农民暴动和监督税收。

尽管彼得新创建的各级最高机构和地方办事机构已经远远的强于之前的衙门制和领主制，但是他依旧很不满意。不管是俄国任何一级管理机构都经常出现收受贿赂、徇私舞弊和办事马虎的行为。彼得痛斥他们“欺诈”和“愚蠢”，他指出：“世界上没有任何一个地方像我们这里一样，在某种程度上这里就是有人竭力地在正义的堡垒下埋置各种地雷。”

彼得对贪污腐败尤其痛恨，他的看法是：一旦官员们为了贪图享受开始贪污受贿，敲诈勒索，那么他就会担心受到帝国的制裁，为了堵住下属的嘴，他就必须拉下属一起下水。到了这个时候，他就无法再去惩罚下属官员所犯下的过错，最终这将成为国家的灾难，造成国家的衰亡。

彼得是个讲道理的人，莫斯科有个官员因为贪污被逮捕了，处决之前坚持要见彼得一面，彼得破例应允了他的要求。经过长时间的交谈，彼得发现这个人与他印象中的贪官污吏截然不同，这个人为人正派，学识广博，为什么会借职务之便收受贿赂呢？为了消除心中的疑惑，彼得问他说：“我没有想到你会干这种事情，你为什么要这么干？”官员回答说：“没别的原因，就是穷呗。家里只有我一个人赚钱，养不活妻子儿女啊。所以只能违背陛下的意愿，做了些见不得人的事。”彼得又问他：“那你觉得多少钱才够，才不至于接受贿赂呢？”官员答：“至少要增加一倍的薪水。”

彼得觉得这个人很诚实，于是赦免了他的死罪，并且真的给他提高了薪水，后来还任命他当了诺夫哥罗德的首席法官。可惜这个人最后还是辜负了彼得的期望，在安稳了一段时间后又故态复萌，收受贿赂。彼得知道后将其处死，以儆效尤。

为了根除官员贪腐和做事拖拉马虎的现象，彼得数次杀鸡儆猴，他绞死了西伯利亚总督加加林，车裂了首席监察官涅斯捷罗夫，判处了高等文官沙非罗夫死刑（最终彼得在断头台上宽恕了他，将他流放去了西伯利亚），把外交委员会主力委员库尔巴托夫送上法庭，甚至用棍子殴打他那不争气的好友缅希科夫。

就这样，彼得依然无法清除根深蒂固的官僚制度下所隐藏着的污垢，这种贪腐是全民性的。彼得曾在愤怒之中对亚古任斯基说："传我的命令，任何窃贼，只要行窃所得的东西够得上绞刑的，立即处死，绝无回转之余地。"亚古任斯基回答说："大慈大悲的沙皇大人啊，难道你想偌大的国家里只有自己一个人，而没有任何臣民吗？人人都在偷，只是看谁比谁偷得更多，谁比谁偷得更出色而已。"

彼得急切地想要整治国家机构的行为也带来了负面效应。他鼓励告密，但是却无法彻查被告人是否真的有犯罪，又不去彻查告密人，结果无罪的人经常受到残酷的惩罚，而充当告密者的罪犯却经常可以逍遥法外。

彼得野蛮地将欧洲的办事机构硬搬到了俄国，这并不完全符合俄国的需要。不管俄国的实际情况，只是简单地将这些办事机构移植到俄国的土地之上，结果这些机构的工作效率与办事能力令彼得很不满意。彼得开始根据俄国的情况对这些机构进行改进，加入自己想出的新东西，致使这些机构往往庞大而复杂，运转的成本远远超过在欧洲本来的样子。但是最终，这些机构还是带着彼得各种不切实际的目标运转了起来。

将纳税农民与市民征入军队的税民兵役制度是俄国正规陆军的基础，而做出这个改革的人正是彼得大帝。到了 1725 年，不算禁卫军，俄国已经有了 126 个骑兵和步兵团。此外，还有 10 万哥萨克骑兵可以随时应征入伍。而彼得在位期间俄国更是实现了拥有强大海军的梦想。在鼎盛时期，俄国拥有48艘主力大帆船、787艘大桡战船和近3万名水手。强大的陆军正规军和海军正规军对俄国有着非凡的意义，它们确保了俄国国家领土的完整和俄罗斯民族的独立自主性。

有利就有弊，彼得大帝的种种改革导致了俄国社会阶级严重的两极分化，贵族博学多才，农奴愚昧无知。贵族可以受贿、勒索，肆意妄为，而农奴只能默默地负担大量的赋税和沉重的徭役。

不管怎么说，彼得大帝的改革让俄国在文明的道路上前进了一大步。原来的领主杜马、各级衙门变成了参政院和各级委员会。“按老祖宗习惯”进行作战的落后军队转变成为拥有各级军官的科学化军队。从此俄国变成了拥有欧洲最强大陆军和强大海军的大帝国。

思想的解放

史上再没有任何一个皇帝像彼得大帝那样不辞辛劳地奔走于欧洲各国，也没有任何一个皇帝像他一样完善地学习并且掌握了多种实用的手工技艺。不管是学习手艺，还是他所看见的欧洲各国的样貌，彼得大帝都敏锐地感觉到俄国的落后。这种落后不止是科学技术、社会结构方面的，更来自于思想方面。俄国的旧式贵族们非常无知，他们任何事情不分大小都要结合老祖宗留下的习惯才能做。留着巨大的胡子，穿着又长又重的古老长袍。

彼得决定改变俄国人民的思想，那么就要先从贵族做起；要让贵族做出改变，那么就要先从贵族的外在开始。于是在彼得的眼里，俄国自古就流传下来的大胡子和长袍成了“旧习捍卫者”的标志。1698 年彼得从欧洲一回来就强迫俄国人剪掉胡子，对于那些不愿意剪掉胡子的人，每人征收 60 卢布的“胡须税”。

在服装方面，1700 年彼得制定了若干条专门的法令，规定人们必须放弃古老的俄式长袍，换上轻便美观的欧式服装。那些敢于缝制旧式俄国服装的裁缝，敢于贩卖旧式俄国服装的商人们都会受到鞭笞和苦役的惩罚，敢于穿旧式俄国服装上街的人，被卫兵发现就要缴纳罚款。

在推行这些外在文明的时候，彼得并没有想过是否合理。俄国大贵族们无论大小事都固执地坚守旧习，而彼得则是一心想要推行新事物。实际上那些并不心甘情愿地穿上了狭小的欧式服装的贵族们，他们的思想、行为方式、生活习惯并没有得到任何改变。

彼得这种不分青红皂白的强行推广欧式生活的做法，不仅遭受到了怀疑，而且留下了糟糕的后果。其中最典型的就是俄国的语言，甚至成为了后代儿孙要面临的难题。在彼得强行推广欧式生活的时候，欧洲的语言也在俄国的上流社会风靡一时，荷兰语、法语和德语成为当时上流社会谁都能说上两句的语言。到了后世，这种混杂着外国语言的俄语变得越来越难懂，也失去了俄国文化自身的独立性。以至于后来著名的俄国诗人瓦西里·基里洛维奇·特列季亚科夫斯基和著名作家亚历山大·彼得罗维奇·苏马罗科夫以及被称为“俄国的太阳”的亚历山大·谢尔盖耶维奇·普希金共同呼吁必须从事纯净俄语的事业。

某位俄国作家有一个非常形象的比喻：“稀粥”是沙皇彼得·阿列克谢耶维奇用“外国谷物”煮成的，因为本国的谷物“混有杂质”，而煮出来的这些“外国稀粥”却显得“太咸”、“太稠”，只能由下一代人来共同喝掉。

彼得曾经说过，在 10 年内，他需要西欧的方式来改变俄国。但是 10 年后，他将宣布从此以后俄国的一切都将是俄罗斯式的。虽然这句话最后并没有实现。

从那时起，俄国的上层贵族与人民之间的生活方式开始了严重的两极分化，从彼得时代起，俄国的民间创作中就存在着大量讽刺外国事物、外国文化的作品。但是这个国家的贵族却又狂热地爱着这些外国的东西，甚至到达了盲目崇拜的地步。在贵族的眼中凡是外国的东西都是神圣而优雅的，本国的东西都是野蛮而低级的。贵族们厌恶祖国的语言，用外语来显示自己的高雅、卓越和与众不同。这些举动使得一些外国的破落贵族敢于在俄国宣称自己是真正的俄国人，然后在俄国欺压老实的人民。

说完了糟糕的部分，下面我们来看看彼得带给俄国思想与文化方面积极的东西。

从 1700 年起，彼得在俄国统一了历法，取消了俄国的旧历，使用欧洲通用的历法。新的一年从 1 月 1 日开始，不再像过去一样是从 9 月 1 日开始。在 1703 年，先是在莫斯科，后来在彼得堡，彼得开始出版自己亲自编辑的俄国第一种报纸《公报》。用自己发明的与现在极其相似的拉丁字体取代了使用极其不方便的教会斯拉夫字体。

1702 年，彼得在莫斯科开办了“喜剧木宫”，那是俄国第一个常设剧院，而剧院之下更是设置了一间喜剧学院，有大量小官吏的孩子在这所学校里学习。

在行为和语言方面彼得也为俄国贵族和商人做出了表率，他出版过三次教贵族之间如何礼貌的打招呼的《怎样写各种赞美话的实例》。同时他还出了一本教俄国人民如何改掉粗鲁的生活习惯的书——《青春宝鉴》。该书中彼得诚恳并意义深刻地劝告：“剪短自己的指甲，别像别人一样用丝绒包好缝上……别吃得胖得像头猪……别在吃东西的时候发出哧哧的声音……别晃动双腿，别舔手指，别啃骨头，别用刀子剔牙……面对食物，别像猪一样地吧嗒嘴，别挠头……”

彼得大帝在推行教育上也付出了极大的努力。去欧洲游历的时候，不管走到何处他都抱着对知识的热爱去结识科学家们，参观科学院、博物馆、大学、实验室，去寻求他没见过的各种稀罕物。

彼得热爱并且精通数理化这些精密科学，因为这些知识可以运用到他更感兴趣的炮兵学、造船、筑城等方面。他在科学方面的造诣让他在 1717 年当选为法国科学院院士，并且他深深地以此为荣。除了精密科学之外，他对解剖学和医药植物学也很有研究。

彼得尊重科学，并且知道科学可以为他带来什么。但是他也明白只靠他一人并不能改变俄国。于是他大力推广科学教育，在莫斯科成立了航海学校、工程学校和医疗学校，在彼得堡开办了海洋学院。1705 年，还在莫斯科成立了中学，并且设立了俄国第一份奖学金。

为了更加广泛地推行国民教育，他在各州的城市里开设学习文字、算术和地理的“国立小学”。这一点遭到了俄国人民的抵制，即便是送孩子上小学已经被规定为国家义务，但是家长们还是千方百计地逃避着。他们怕孩子进了小学以后会丢了手艺和买卖，一度国立小学中的教师数量比学生还要多。面对这种情况，愤怒的彼得勒令各州的督军派出专门招收学生的军事小队，用“抓壮丁”的方式来保证学校中有足够的学生。

俄国人民从上到下坚决地抵抗着义务教育，外面的孩子不想去学校，而在校的学生拼命地想要逃跑。为防止学生逃跑，招收来的学生像被关进监狱一样加以监禁，如果有敢于违反学校纪律的，将被处以棍棒殴打的处罚。在贵族的海洋学院里，上课的时候教室里居然有士兵在站岗，他们手持马鞭，负责整顿极其糟糕的课堂秩序。

在教育方面，彼得粗暴、严厉，甚至“不惜用野蛮的斗争手段来对抗野蛮”。因此，即使有再多的人与彼得大力推广的教育相对抗，彼得还是把教育事业在俄国推广了起来。彼得亲自翻译了大量有关造船学、炮兵学、筑城学、建筑学和数学的书籍，并且要求学者们为不同学校的学生编写教材和参考书。就这样，国民教育的基础被粗鲁而有力地奠定了起来。

彼得为俄国科学事业和教育的发展做出了极大贡献，他在位时期，俄国出现了第一批科学家，成立了第一批各类高等院校。他挖掘了俄国人民与生俱来的才智，令天才不致被埋没。知识的广泛传播更是让人民摆脱了教会的控制，鼓励敢于创新的思想与行动，为各种出身的人敞开了通往科学的道路。

彼得大帝改变了人民的思想，与俄国古老落后的制度做着不懈的斗争。而新都彼得堡就是彼得与俄国旧习完全断绝关系的根据地，这座新都一切都是新的，新的城市，新的格局，新的思想。

彼得堡的血与汗

早在北方战争打响的一千年以前，斯拉夫民族曾经从纳罗瓦河移民到拉多加湖和奥涅加湖的滨海地区。在涅瓦河入海口的一些岛屿上，就有俄国的村镇。这就是为什么彼得屡次在与各国的谈判中不肯归还涅瓦河入海口的要塞，因为这些地方不仅是俄国急需的出海口，更是古代俄国的所有地。

彼得从不掩饰他对这座小小岛屿的热爱，他称这座岛为乐园。这座岛后来改名为圣彼得堡，除了与沙皇大人同名之外，还因为在基督教教义中，圣徒彼得掌管着天堂的钥匙，所以彼得也叫它天堂。在刚刚得到这个岛的时候，这里是一块不毛之地。空无一物，气候多变，涅瓦河怪异地涨落，都给这里的第一批居民带来了麻烦和痛苦。

但是彼得却无视这一切，不管是出于个人对这座岛的热爱，还是战略意义，在他的催促下，士兵们很快就建起了城堡。从彼得给朋友的信中就可以看出他对这座岛有多么的喜欢："我不能不从这里的乐园写信给您……真的，在这我们就生活在天堂……你不应怀疑这里的所作所为，因为在上帝的天堂里是不会有坏事的……”

整个圣彼得堡由40多座岛屿组成，在进行建设的时候彼得就想让彼得堡成为阿姆斯特丹和威尼斯的结合体，而彼得堡最终的建造方式是沿着涅瓦河建造城市。为了加快建设进度，彼得征调了2万名挖土工人来到彼得堡，并且于一年后发布命令，每年必须从全国征调4万人来彼得堡参加劳役。

整个俄国都在支援彼得堡的建设，但是那些切身投入到彼得堡建设中的人们却过着悲惨的日子。饥饿、多变的气候、潮湿和疾病成为了挖土工人们最大的敌人，死亡在工人中蔓延。人们纷纷开始逃避这种可怕的劳役，往往为了保护家里的支柱，他们年幼的儿子或者年轻的兄弟会顶替家里的大人参加劳役。去彼得堡的途中，这些人也不断地想办法逃走，以至于命令里所说的4万人，实际到达建筑工地之后却只剩下1.2万至1.5万人左右。

工人们缺衣少食，也没有住所。彼得堡物价昂贵，而官方供应的粮食则时有时无，工人们就靠着一点点蔬菜勉强过活。官方也没有关心他们住在哪里，工人们大多靠自己的双手搭起小小的窝棚，或者干脆在地下挖一个窑洞，就算是住所了。

建设城市除了挖土工人外，还需要大量的手工艺人，石匠、铁匠、木匠、造船师、工程师等等。没有人愿意来彼得堡工作，所以依然是采用强行抽调的方式，只不过他们的待遇比挖土工人好一点。彼得还派出了代表前往欧洲，让他们在欧洲高薪聘请各类工人、手工业者，并许诺他们会得到很高的薪酬和随时返回自己国家的自由。

除了工人们受到了沙皇的召唤外，贵族们同样跑不掉。彼得要求莫斯科的大贵族们来到新城市，并为自己建造房屋。彼得的算盘打得不错，贵族们可以带来足够的农奴来干活，还可以向他们收取支付从外国雇来的工人的高薪。贵族们对于彼得新城市的建设不是很热心，他们本来就在莫斯科拥有豪宅华苑，何必跑来这寒冷的北方？何况这座在瑞典注视下的城市还未必真能建得起来。退一万步讲，就算真的建起来了，离他们能够在这里安居乐业至少还需要几年的时间。不过没有人敢违抗沙皇的命令，贵族们还是服从彼得的召唤来到了彼得堡。

人手的问题勉强算是解决了，但是还有一大堆其他没有解决的问题。首先就是建设彼得堡所需要的物资，各类工人、士兵所需要的粮食。这个时候彼得派去欧洲的代表又有了新的任务，彼得命令他们邀请一些国家的商人派遣商船到新港口来。彼得承诺会让商人们的商品在这里卖个好价格，并且不会限制他们的自由。就这样商人们为彼得堡的建设运来了食物、工具和其他的生活用品。

那个年代，在新建一座城市的时候，防御工事、要塞和码头是重中之重，尤其是码头，只有码头建成了，运来的物品和食物才能卸到岸上。彼得派人进行了城市规划，主要是土地的丈量和街道的布局。大部分土地被分配给商人建造仓库和商店，以及让莫斯科来的大贵族们建造自己的宅院。

彼得自认为他已经做好了充足的准备，并且制定了计划和安排了监管，但是工程还是进展得非常缓慢混乱。除了工人们差劲的生活条件之外，还有许多问题成为了建设城市的绊脚石。首先是商人们运来的工具数量远远不够。

建造新城市需要进行的工程种类很多，比如深挖战壕、修筑堤坝、铺设道路、砍伐树木、为城堡打地基等。为了立刻开展这些工作，大量的劳动力已经就位，现在缺少的就是铁镐、铁锹、手推车等必要工具。第二个妨碍彼得堡建设的因素是瑞典人。瑞典人仍徘徊在涅瓦河口的海面上，没有人知道他们什么时候会接近这里并开炮，甚至直接登陆，袭击劳动中的工人。但是让工程陷入困境的最大问题还不是这些，而是粮食供应不足。

沙皇调来的人实在是太多了，光是挖土工人就有几万，加上其他手工艺人、贵族和他们的侍从，还有聘请来的外国雇工和商人，据说光是夏天就有 30 万人被征集到彼得堡。彼得不断下令，在国内外大量的征集粮食，但是相对于日益增加的人口，这些粮食不过是杯水车薪。饥饿、恶劣的环境和繁重的劳动造成工人大量死亡。而因为没有房屋遮挡，工人长期暴露在雨水中，伤寒和痢疾开始在彼得堡蔓延。据说每年有不少于 10 万人死于这些疾病。

对于这些死去的人，彼得觉得可惜，他感到可惜是因为少了这些劳动力会影响工作进度。彼得从来没有想过自己应该为这些人的死负责，毕竟如果他不那么急功近利，多一点耐心的话，大部分人都不会死去。如果他在第一年只派少数人到彼得堡去，让他们修路、建造粮仓和做一些其他的准备工作，然后将粮仓装满，将工人们居住的木屋建好，将需要使用的工具运到彼得堡来，也许一切都会进展顺利。可惜彼得没有那么多的耐心，他性子很急，决定的事情就需要马上去做，不惜代价。

随着时间渐渐过去，彼得堡建设的速度也快了起来。许多公共设施都已经建好了，很多街道开设给任何愿意来这里为自己建造房屋的人使用。这个政策吸引了许多工匠，他们来到这里一展身手，为自己建造家园。被吸引来的人大多数并不是有钱人，所以他们建造的房屋大多是木质结构，材质粗糙，因为时间仓促，仅仅能够做到遮风避雨。据说彼得堡一年内可以建起这样的房屋 3 万座。彼得堡就这样以惊人的速度发展了起来。

1703 年彼得堡开始建设，1706 年彼得将海军部和陆军部从莫斯科搬到了彼得堡，1708 年彼得的亲妹妹和同父异母的两个妹妹搬来彼得堡居住。1713 年彼得完成了他多年以来的设想，把首都迁到彼得堡。这说明了彼得堡已经不再是那个荒凉的不毛之地，它已经变成了可以安居乐业的一方沃土。

从 1711 年起，大贵族们的宫殿陆续完工，城市规划也走上了正轨。当时为彼得堡做城市规划的是法国著名建筑师勒布隆。彼得对勒布隆的设计十分满意，他唯一做了修改的地方就是改小了建筑物的窗子。“我们没有法国的好天气”，彼得对勒布隆说。

勒布隆实现了当时城市建筑师们关于正规城市的设想：在那里一切的一切都有政府规定，居民们为了更加方便的生活，要遵守政府的每条指示。他规划的城市是椭圆形的，海军部所在的岛屿上有几条纵横交错的笔直道路。瓦西里岛上有许多运河，围绕着岛中央的巨大宫廷广场。广场周围则是大贵族们的个人宫殿、宅院和政府机关的办公处。其他公共设施，如教堂、公园、市场等，也都留出了充足的空间。

到了 1725 年，基本上所有规划都已经完成，彼得堡已成为一个设施非常完备的城市。它美丽、整洁、安静，充满了新生事物的魅力。它是彼得大帝的掌上明珠，散发着不逊色于欧洲任何一座城市的绚丽光芒。但是虚有其表的美丽与气质是彼得大帝所不能接受的，在把城市建造的美观漂亮的同时，他也将知识与文明输送进了彼得堡。

伟大的城市

彼得堡是彼得大帝的掌上明珠与骄傲，从彼得第一天到达彼得堡的时候，就没有想要让他成为任何一个俄国领土上应有城市的样子。彼得一贯厌恶俄国的旧习，而这座岛上什么都没有，没有那些老式传统的建筑，没有死气沉沉、草木枯萎的庭院，也没有那些留着大胡子对他指手画脚的僧侣。他热爱这片他亲自来开发的土地，并决定将其建设成只属于他自己的东西。

建造初期为了追求建造速度，建筑以能够完成基本的用处为目的而建造。那时候建造的房屋都是老式的，与俄国国内的建筑别无二致。后来，在取得波尔塔瓦战役的胜利后，彼得也开始认真地建设他的“天堂”。那些旧式房屋成了彼得的眼中钉，彼得反复地思考究竟是应该将这些旧屋全部拆除，还是以后再对房屋的建造形式进行严格的规划。这个问题为难了彼得许久，他甚至一度决定放弃彼得堡，去附近的科特林岛重新建造城市。

建造科特林岛的行动因为与瑞典旷日持久的战争而最终搁浅了，毕竟科特林岛的地理位置更容易受到来自海上的瑞典人的进攻。最终彼得把两个答案折中了一下，建立新的城市中心，让原本的老城区成为城市的边缘，这样似乎就不那么碍眼了。

从 1717 年开始，建筑工程空前紧张地开展了起来。一切都朝着彼得理想中的，与莫斯科完全不同的城市建设着。彼得理想的城市是什么样子呢？首先，要有笔直的街道、宏大的公园和宽阔的林荫道，还要有起主要交通作用的运河。城市的建设必须按照事先制定的规划，从街道的建设、街心花园的配置、房屋的式样都要在事先规划的范围内。其中最能体现彼得的理想，并且实施最为成功的要数彼得的夏宫。

任何参观过彼得夏宫的人都会终生难忘，但是令人印象深刻的却不是那座宫殿，而是彼得的御前花园。那是彼得在“天堂”最爱的东西，无论在什么地方，他总是对花园念念不忘，并且经常写信叫人好好地经营它。他从莫斯科请来了建造喷泉的工匠，为花园添置了几座美丽的喷泉，又下令“把伊兹迈洛沃的各种花卉，不管是少量还是大量的有多少弄多少到彼得堡来”。他还叫人给他寄来几本关于凡尔赛宫御花园平面图的书。

彼得做事喜欢事必躬亲，花园的设计也不例外。当他研究完凡尔赛宫花园的布局后，带领工匠们建造花园时简直就像一个专业的园艺家一般，不管是区域规划、造型设计、植物种类，他统统都懂。

彼得的花园中除了数不胜数的美丽花朵外，还有三件瑰宝是最令人津津乐道的。他们是：假山、爱神阿弗洛狄忒的雕像和霍托尔普地球仪。

假山在1721年建成，这座假山尽显了俄国皇家庄严豪华的风范。彼得对假山的建造极其用心，以至于假山的华丽程度超过了国外其他假山。这座假山上面镶嵌了许多彩色的贝壳和石子，这是他命令各省省督从俄国各地搜集来的，还有一部分稀有的贝壳来自荷兰和意大利。在假山的螺钿底盘上还立着一座巨大的镀金海神喷泉。

阿弗洛狄忒雕像的来历非常曲折。1719年，大臣克洛格里沃夫报告沙皇："我买到了一尊维纳斯的古代大理石雕像，它是一个月以前发现的。我正尽可能地躲避有名的猎手，并请了一位雕刻家来修复这座雕像，把它修得与佛罗伦萨的那件杰作不相上下，甚至要更好些。因为这一尊是完整的，而佛罗伦萨的那座却有不少残破之处。"克洛格里沃夫所躲避的"有名的猎手"指的是罗马教皇。罗马教皇曾经下令，严禁将古代文物运出罗马。但最终"有名的猎手"还是抓住了克洛格里沃夫这条狐狸，没收了雕像。

失去雕像让彼得十分难过，思前想后他觉得不能就这么失去这座雕像了，于是派出外交官协助克洛格里沃夫处理此事。经过长时间的谈判，教皇终于同意交出雕像，但是条件是彼得要将存放在雷维尔近郊修道院的圣女勃里吉塔的遗骸交给教皇。这座雕像最终被彼得放在了花园的入口处，彼得非常重视这座雕像，还专门为雕像成立了一个巡逻队，24小时不停地巡逻，以保卫雕像的安全。

夏宫前面草地上的陈列室里放着霍托尔普地球仪，它是1664年制成的，1713年被彼得得到。这个地球仪直径达336厘米，非常巨大。这个仪器对当时俄国来说是非常新奇的，它给俄国人提供了地球表面和天体方面的知识。

彼得希望夏宫不仅成为人们休息娱乐的地方，还希望人们可以在夏宫获得教育。他把这个任务交给了花园的园丁，花园的园丁建议在各处的椅子上放一些有益的书，这样就可以给游人提供看书的机会。这个建议彼得没有采纳，最终彼得决定推广《伊索寓言》作为让游人获得教育的方法。他将伊索寓言里的人物做成雕像，把它们放在花园里。彼得个人十分推崇《伊索寓言》，他认为《伊索寓言》思想十分深刻，而且语言讽刺幽默。彼得再三下令印刷《伊索寓言》，因此推动了这本书在俄国的流行。

在夏宫花园附近还有两座颇负盛名的建筑物。其中之一是以拥有俄国第一个博物馆和第一个公共图书馆闻名的基京大厦。没有人比彼得更了解博物馆，毕竟博物馆中大部分藏品都是他下令搜集来的，甚至有一小部分是他亲自从国外带回来的。1697—1698年他在欧洲游历的时候，彼得就搜集到了博物馆的第一批展品。后来他更是在全国发起了搜集稀世珍宝的活动，在这次活动中，人们上缴了大量的古代文书、手抄和印刷的书籍、畸形人以及死去鸟兽的骨头。

彼得的个人生活一直是非常节俭的，他怕是这个世界上最不喜欢过奢侈日子的皇帝了。但是在充盈博物馆藏品这件事情上，彼得花起钱来毫不犹豫。比如说俄国博物馆里陈列的古老的铁铸大炮就是从瑞典人手中高价买回来的。瑞典在战争中缴获了俄国的老式大炮，为了弥补国库的亏空将其出售。彼得毫不犹豫地把它们买了下来，出手之阔绰令瑞典人目瞪口呆。

在彼得的不懈努力下，博物馆的藏品数量日渐壮大，甚至可以媲美欧洲收藏最丰富的博物馆。各陈列室中收藏着来自古代的物品、人体的各种器官、来自各国的珍禽异兽、古老的书籍。彼得大帝以他的博物馆为傲，他经常亲自充当讲解员，为外国来使和俄国的高级官员介绍博物馆中的藏品。

博物馆的规模很庞大，公共图书馆也并不逊色。彼得获得书籍的方式比获得藏品的方式更加野蛮。一开始图书馆中只收藏着彼得亲身参与各种实事的史料，还有彼得堡政府医药机构的医学藏书。后来收藏进来的大部分书籍来自被贬谪的官员或者其他人的赠予。曾经赠送过霍托尔普地球仪的霍斯丁公爵也送过大量的书籍，而遭到贬谪的沙非罗夫男爵、阿列克谢太子和其他人的藏书也都被送到这里。因此，这个图书馆的藏书很快就达到了令人震惊的规模。同时代的人这样评价它："彼得堡图书馆在大量搜集优秀著作方面与任何别的图书馆相比都毫不逊色。"

博物馆和图书馆于 1719 年正式对外开放。彼得成立这两个机构的目的就是让它们发挥文化教育作用。他说："我想让人们开阔眼界，用心学习。"曾有人向彼得提出建议，把博物馆和图书馆对外收费开放，彼得拒绝了这个建议，他说："我不仅要免费开放博物馆和图书馆，还要下一道命令，如果有人带着他的朋友一起来参观这些知识的珍宝，我还会在陈列室中招待他们喝咖啡或者烧酒，我请客。"就是这种态度，彼得把圣彼得堡建成为整个俄国文明与教育的中心。

第八章　两任皇后，三个女人

冷漠的婚姻

对于皇室成员而言，荣光的背后却是为政治牺牲的无奈与痛苦，尤其是婚姻，只要生于帝王之家，便注定没有任何选择的余地。

1689 年，当彼得一世年满 17 岁的时候，政治婚姻也就如期而至了。身处险境的皇太后为他选择了一名妻子，一个俄国贵族家的女儿叶芙朵基娅·洛普欣娜。

在当时的俄罗斯，沙皇往往都会在 20 岁之前举行大婚，因此 17 岁的彼得也算是达到了适婚年龄，为他谋取一段亲事对于皇太后而言是非常正常的。但皇太后更为在乎的是，按照当时的规定，沙皇举行大婚之后，便意味着他已经成为一个成年人了，这也表示他从此可以亲政，只要彼得一世能够亲政，那么他就能够顺理成章地从索菲亚公主手中将权力夺回来。如此，无论是沙皇彼得一世还是皇太后本人，便能脱离索菲亚公主的控制。至于这位被皇太后选中的儿媳妇，她最为出众的当然不会是容貌或智慧，而是她背后的洛普欣家族，一个人脉广泛、人口众多且地位超然的贵族家族，只要争取到洛普欣家族的支持，日后彼得巩固其统治也就较为容易了。

在皇太后看来，这门亲事有百利而无一害，无论是对于皇室还是彼得本人来说，都是大有裨益的。但显然彼得并不那么想，年轻的他过着行迹放荡的生活，并不希望突然出现一个陌生的妻子对他造成约束。更为重要的是，他并不喜欢这位皇太后为他选定的妻子叶芙朵基娅。

据当时人描述，叶芙朵基娅·洛普欣娜是一位容貌出众的大家闺秀，但显然智力比较平庸，与沙皇彼得一世在很多方面都难以达到琴瑟和谐的状态。但无论如何，这场婚姻依然拍板钉钉了，面对政治上的需求，年轻沙皇心中的个人感情根本不值一提。

刚结婚的时候，彼得或许也曾试图与叶芙朵基娅尝试建立感情，毕竟对于彼此而言，他们虽然挂上了夫妻的名分，但实际上只是陌生人。经过一个多月的相处后，彼得却失望地发现，对于这个陌生的妻子叶芙朵基娅，自己实在喜欢不起来，甚至有可能穷尽一生都无法爱上这个女人。于是，彼得毫不犹豫地“逃离”了新婚的家，飞似的逃到了佩列亚斯拉夫湖，并搬到了那里居住，将新婚妻子丢给了皇太后。

彼得之所以躲开叶芙朵基娅，一方面当然是因为他不喜欢这个新婚妻子，另一方面则是为了方便继续和朋友鬼混在一起，享受自由的生活。但更为重要的是，在这段时间里，他认识了一个让他心动不已的女孩，并且和这个女孩发展出了一段长达十年的婚外情。

居住在佩列亚斯拉夫湖期间，彼得收到了来自新婚妻子叶芙朵基娅的第一封信，信中期期艾艾地写道：“给我的主人和使我感到快乐的人，沙皇阿列克谢耶维奇陛下，我的光明，祝愿你的身体永远都健康。我恳求你，快回到我的身边来吧。你的娇妻向你致敬。”

随后不久，叶芙朵基娅又再次写来了一封含情脉脉的信，信中恳求道：“我的心上人啊，愿你健康长寿。我恳求你，我的皇上，请赐驾到我的身边吧。在母后的关照下，我一切都好。你的愚妻冬卡叩首。”

叶芙朵基娅写来这样的信件，有可能是因为她对新婚丈夫还是比较满意的，当然，也有可能是一种本能上驱使，毕竟作为沙皇的妻子，她的身份已经不可更改，只有沙皇才能带给她后半辈子的幸福，因此，放下架子前去讨好也是能够理解的。但无论是基于什么样的原因，叶芙朵基娅都是从心底里盼着丈夫能够回到自己身边。可惜的是，她的一片赤诚丝毫没有打动彼得，彼得对此毫不关心，甚至表现得有些冷漠。

不久之后，彼得还是回到了莫斯科，但这并不是叶芙朵基娅的功劳，彼得的回归完全是为了对付索菲亚公主。因此，即便彼得回到了这个新组建的家庭，他对妻子依然提不起丝毫热忱，两个人的婚姻生活长期处于同床异梦的尴尬状况当中。

叶芙朵基娅生于贵族家庭，从小受到的都是根深蒂固的传统教育，是妇女禁锢深闺的典型代表。她是个性情温顺的女人，但并不具备什么智慧和才干。这样的女人在那个时代对于大多数男人而言，都应该是合格的好妻子。但沙皇彼得却不同，彼得是那个时代一个非常特别的存在，他喜欢新事物，对一切都感到好奇且雄心勃勃，对于他而言，一个平庸温顺的妻子根本无法让他心中生出丝毫的怜爱。

在与彼得结婚之后，叶芙朵基娅一度为了讨得丈夫的欢心而学会了看书认字，但即便如此，她始终无法理解丈夫彼得脑海中那些古怪的念头。她常常因为一些很小的事情就和彼得争执得面红耳赤，她有坚定不移的宗教信仰，常常进行虔诚的祈祷，而这一切都是彼得所痛恨的。

一年之后，在不和睦的夫妻关系中，叶芙朵基娅和彼得的第一个孩子出世了，这就是彼得的长子阿列克谢。阿列克谢的到来在一段时间内缓和了这个家庭的矛盾，也让彼得心中充满了幸福与感激。在这段时间里，彼得与叶芙朵基娅之间的关系难得地和谐了起来，甚至冷落了一度让他心动不已的情妇。据荷兰人范·凯勒记载："在皇太子出生之后，沙皇彼得除了尽情欢庆举办宴会之外，几乎没有别的活动。"

这样和谐的日子并没有持续很长时间，彼得和叶芙朵基娅的关系很快就从和谐重归于疏离，或许还要比以前更加剑拔弩张。此后叶芙朵基娅还曾为彼得生过两个儿子，但可惜这两个孩子最终都夭折了。

在政事方面，彼得所推行的改革政策受到了许多大贵族的强烈反对，作为贵族女儿的叶芙朵基娅同样也不能理解丈夫，而这种不理解更加使得夫妻之间的关系濒临破裂的边缘。在此之后，叶芙朵基娅写给彼得的信中再也没有出现过"心上人"或者"亲爱的丈夫"这一类亲密的称呼了，信中还常常伴有对彼得赤裸裸的指责和控诉，毫不掩饰地将自己的痛苦呈现出来。叶芙朵基娅常常自称是不幸的女人，并开始对彼得的冷漠加以抱怨。这一切都预示着这对因为政治而走到一起的夫妻关系已经不可避免地走向了破裂。

1698年，射击军谋反，彼得迅速结束了自己的欧洲之旅，赶回了莫斯科。在镇压了叛乱之后，彼得顺便清理了一批参与谋反的贵族，而这其中，就有洛普辛家族的人。这一事件彻底触怒了彼得，同时也让彼得与叶芙朵基娅之间的夫妻情分走到了尽头。

对于此次谋反事件，彼得怀疑其妻子叶芙朵基娅也参与其中，当然，究竟是沙皇找到了真实的证据，还是趁机处置不讨他喜欢的妻子我们就无从得知了。在镇压叛乱之后，彼得立即下了一纸文书，正式宣布与叶芙朵基娅分居，并将他们的儿子阿列克谢送到了距离莫斯科100多公里的苏兹达尔城修道院。这一决定让叶芙朵基娅痛不欲生。

分居后，叶芙朵基娅陷入了痛苦之中，她失去了丈夫，失去了儿子，但她却从来不明白，这一切究竟是为什么。不久之后，彼得又下令将叶芙朵基娅强行送入苏兹达尔城的修道院，让她从此在那里生活，而原本被送往那里的皇子阿列克谢则被送给他人另行抚养。这一年，叶芙朵基娅年仅26岁，她从沙皇的皇后一夜之间变成了修道院里的埃莱娜嬷嬷。

因为彼得没有下令让国家出钱赡养叶芙朵基娅，因此她在修道院的生活十分清苦，在这段时间，她曾写了一封信给彼得，信中说："我并不喜欢需要太多的东西，但至少得让我有饭吃。我可以不喝酒，但我真的希望，至少在我招待客人的时候，能给他们端上一些喝的东西。……我在这里什么也找不到，即便找到的东西也都已经腐烂变质，根本无法食用。我深刻地知道，写这封信是给你添麻烦，但我实在是没有办法了。我依然还活着，请求你供给我食物和衣服吧，供给你从前的妻子、我这个可怜的女人这些吧！”

叶芙朵基娅在修道院的痛苦生活并没有打动彼得，但同时也并没有让这个年轻的女人就此离开凡尘俗世，成为上帝忠实的仆人。在此期间，叶芙朵基娅曾与一个到此地进行征兵工作的下级军官发展出一段情人关系。

1718 年，又一场针对彼得的阴谋被挫败了，这一次，叶芙朵基娅确实参与其中，不仅是她，他们的儿子阿列克谢皇子也同样参与其中。彼得手下的许多文官联合这对母子，企图推翻彼得。他们想要将彼得的一切改革措施扼杀，并拥护虔诚的东正教徒阿列克谢皇子提前登基成为新的沙皇。但很可惜，这场阴谋最终还是失败了，阿列克谢皇子被彼得亲手送进了监狱。

此次失败让叶芙朵基娅感到绝望，她写了一封信给彼得，承认了自己所有的罪过，并请求彼得赐死她。但令人意外的是，彼得却没有杀死叶芙朵基娅，或许此刻，他的心中对这个一直被他所漠视的妻子还存有些许的愧疚吧。最后，彼得下令将叶芙朵基娅移送到了另一所修道院进行严加看管。

在彼得去世之后，新沙皇叶卡捷琳娜一世担忧朝中的一些老臣子不服从自己，并意图拥戴前皇后叶芙朵基娅发动政变。彼得与前皇后多少还有一点情分，新沙皇可没有，于是她将叶芙朵基娅转移到了施利色堡的黑牢之中，只留下一名老女仆来照顾她。

叶芙朵基娅根本不知道这样日子持续了多久，只知道那是非常漫长的一段时间。突然有一天，黑牢的门打开了，一些穿着华丽衣服的人走了进来，他们恭恭敬敬地向叶芙朵基娅行礼。在叶芙朵基娅错愕的目光中，这些人告诉她，沙皇彼得一世早在 1725 年便已经驾崩了，而继任的沙皇叶卡捷琳娜女沙皇也在1727年的时候逝世。现在，执掌大权的是彼得一世的孙子彼得二世。

显然，彼得二世并没有忘记这个受尽艰辛的祖母，在继位之后，他立即派人将叶芙朵基娅请回了莫斯科。终于走出黑牢的叶芙朵基娅心情十分复杂，一切都时过境迁，物是人非了，她的青春，她的岁月，一切永远回不来了。此时的叶芙朵基娅心中突然多出了一抹难以言说的平静，她拒绝了彼得二世的盛情，不愿再回到阔别已久的上流社会。最终，她选择了莫斯科附近的一家修道院，并决定在那里度过人生最后的时光。彼得二世同意了她的请求，并下令由国库出钱来赡养她。

1731年，这位在政治婚姻的悲剧中痛苦一生的贵族女人叶芙朵基娅·洛普欣娜走完了自己的一生，悄无声息地在修道院中闭上了眼睛，终年61岁。

被背叛的“初恋”

安娜·蒙斯，这个曾让沙皇彼得一世听到便会绽放出柔情笑容的名字。她没有缘分成为彼得的妻子，却做了他十年的情妇，她是他的初恋。

安娜·蒙斯是一个非常美丽的日耳曼姑娘，她的父亲是从威斯特法利亚移居到俄国的侨民。她与彼得年纪相仿，居住在外侨区，人们都说她是那里最漂亮的姑娘。据法国历史传记作家亨利·特罗亚说，这位漂亮的安娜姑娘原本是沙皇彼得一世的朋友勒夫尔特的情人，勒夫尔特为了讨好彼得，便将安娜介绍给他认识。

安娜·蒙斯可以说是彼得一世的第一个异性朋友，同时也是他的初恋，这是他第一次对一个女人动心。很快，他们之间的关系就超越了单纯的友谊，安娜迅速成了彼得的情人。对于这段关系，彼得一直小心地隐藏着，他非常清楚，在这个时候，一旦有人得知安娜与他之间的关系，那么安娜必定会有牢狱之灾。要知道，此时的他虽然贵为沙皇，但实际上手中握有的权力是非常有限的，他无法忤逆他的母亲纳雷什金娜皇太后，同时也忌惮他妻子家族的权力，他根本无法保护自己所喜欢的姑娘。

虽然这段关系危险重重，但安娜依然常常伴随在彼得左右，并参加了所有彼得举办的宴会，彼得甚至还曾亲自到蒙斯家参加过安娜的生日宴会。在频繁的出双入对下，周围的人即便没有证据说彼得与安娜之间有不正当的关系，但也深知安娜对于彼得而言，必定是个身份极其特殊的女人。

对于这个初恋情人，彼得是非常慷慨的，他从国库中拨出了一笔钱，为安娜在外侨区建造了一座荷兰式的砖瓦房，并给她配备了一个管家以及数十名仆人。此外，彼得还为安娜添置了两套来自波兰的名种骏马，每套有六匹。考虑到安娜将参加不同的宴会，彼得还为她精心准备了各种不同场合应该乘坐的马车。

与沙皇的亲近让蒙斯一家的地位顿时提升了不少，在外侨区中，只有那些上流社会令人尊重的商人和企业家才有资格前往蒙斯家拜访。当时的莫斯科人都私下里将这座砖瓦房称为“皇后的宫殿”。为了讨好沙皇所宠爱的女人，领地厅还特意封给了安娜几个村庄以及数以百计的农奴。

彼得常常会赠送安娜礼物，比如昂贵的首饰以及华丽的服装等。在彼得赠送给安娜的礼物中，最为名贵的是一条黄金打造的项链，项链下有一枚镶嵌着许多宝石的项坠，项坠打开后，里面是一幅彼得自己的肖像画。

在彼得的垂爱下，安娜·蒙斯一家过上了衣食无忧的生活。每天天蒙蒙亮，安娜便披着一条漂亮的羊毛围巾，穿着一件名贵的皮袄，开始监督家中的农奴进行工作，挤牛奶、数鸡蛋、喂养家禽等等。有时，安娜会亲自在菜园里摘一些青菜，用来做早餐的食材。她对下人一向非常严厉，如同一个高高在上的贵族小姐。

地位的上升让安娜越发光彩照人，她下意识地培养着贵族气质，无论是步态还是表情都力求优雅。安娜一直相信，她总有一天能够成为沙皇的皇后，成为母仪天下的女人。当然，安娜之所以有这样的野心，完全是因为沙皇彼得一世对她的许诺。陷入爱情中的彼得显然已经完全忘记了自己所处的现实，只一心想着，总有一天要将最尊贵的身份送给自己最心爱的姑娘。

在皇子阿列克谢出生之后的一段时间里，彼得对安娜有所冷落，大部分时间都陪在妻子和儿子身边。虽然彼得很快又再次回到了安娜的身边，但此时，安娜却开始感到忧心，她越发觉得，彼得所许诺的皇后之位不过是张空头支票，并且似乎永远也不会兑现。或许正是出于这样的失望和担忧，使得安娜再次与曾经的德国情人有了联系，这一切当然都是背着彼得进行的。

1703 年，俄军占领了施利色堡，在这场战役中，萨克森驻俄罗斯的特使格尼克森因沉船而意外溺水身亡。士兵们将特使的尸体打捞上来，整理了他的遗物，在这些遗物中，竟发现了一封安娜写给曾经的德国情人的情书。这件事情很快就被彼得知道了，他大为愤怒，怎么也想不到自己一心所爱的这个美丽的女人，竟然会背着自己做出这样的事情。但彼得始终狠不下心来处置安娜，只是下令将她软禁了起来，安娜也从此失去了沙皇的宠爱。

为了挽回沙皇的心，安娜开始给他写信，并且在每封信中都附着半打桔子和柠檬以及加了小豆蔻的香肠和浸过药草的露酒，这些实际上是安娜的母亲告诉她的可以迷惑男人的春药秘方。但显然这个方法并不管用，于是安娜又向别人讨教了“秘术”。她将一块浸过自己血水的布缝在了彼得常穿的一件坎肩的衣边中，似乎只要彼得穿着这件坎肩，便会受到咒语的束缚，回到她的身边一样。不过据说这件坎肩后来被沙皇留在了普列奥布拉任斯基皇村，并没有如安娜所希望的那般一直穿在身上。

在安娜被软禁三年后，1706 年，一位名叫冯·凯泽林的普鲁士驻俄罗斯公使开始为安娜四处奔走，并最终想办法求得彼得解除了对安娜的禁令，安娜终于重新获得了自由。但彼得对安娜的背叛依然耿耿于怀，他没收了赠送给安娜的房子和封地，并罗织罪名，指责安娜公然进行巫术活动，为此还逮捕了 30 多人。反复折腾了许久之后，彼得始终不忍心对昔日的情人下手，只得恨恨地放过了她。

但就在这个时候，让彼得感到意外的是，当初那位为安娜奔走求情的公使冯·凯泽林竟当面向他提出，希望彼得同意他与安娜结婚。好不容易平复的怒火再次燃烧了起来，彼得无比震怒地对公使说道：“安娜是我亲自培养起来的，当初我确实真心实意地想要立她为俄国的皇后，但我却没想到，她受不了诱惑，变成了一个淫荡的妇人。从此以后，无论是她还是她家人的事情，我都不愿意再知道了！”

彼得身边的大元帅缅希科夫知道彼得对此非常不高兴，便凑了过来，趁机说道：“安娜确实是个淫荡的婊子！想必她对你也使出了当年和我胡搞时候的招数了吧！”

缅希科夫本意是想在公使面前诋毁安娜，同时也一解沙皇的心头之愤。但没想到，彼得却十分愤怒，狠狠地打了缅希科夫一个耳光。对于彼得来说，无论安娜究竟做出过怎样的事情，唯一无法改变的是，她确实是他的第一个恋人，他爱上的第一个女孩，他绝不容许别人以如此污秽的言辞来侮辱她。

挨了耳光的缅希科夫心中非常愤怒，但面对沙皇却又无法发作，只得一股脑把所有不快发泄到了冯·凯泽林公使身上，他令人将凯泽林狠狠揍了一顿，随后轰出了宫门。

这桩婚事一直拖到了 1710 年，时间让彼得对安娜的恨意逐渐淡去，反而更多地想起了曾经在一起的快乐。或许是在这些美好回忆的感染下，彼得最终原谅了安娜，并决定给予她最后的一丝怜惜：他首肯了她与冯·凯泽林公使的婚事。

1711 年夏天，凯泽林终于正式与安娜举行了婚礼，彼得派人送去了贺礼，并给予他们衷心的祝福。婚后不久，凯泽林和安娜决定动身回普鲁士，但不幸的是，在途中凯泽林便病重死去。

凯泽林死后，为争夺凯泽林所留下的遗产以及此前运送到柏林原本就属于安娜自己的财产，安娜和凯泽林的弟弟开始打官司。在此期间，安娜染上了严重的肺病，但为了讨回公道，安娜依然苦苦支撑，最终在1714年赢得了这场官司。这个时候，安娜身边已经又有了一个新的未婚夫，一个名叫卡尔·冯·米勒的瑞典战俘。但就在两人准备结婚的前夕，安娜病情恶化去世了，这一年，安娜·蒙斯才42岁。

了不起的伴侣

在安娜·蒙斯之后，一个名叫叶卡捷琳娜的女孩成为了彼得一世新的爱人。叶卡捷琳娜对于彼得来说是非常特别的，她不仅仅是他倾心所爱的女人，同时也是他最为亲密的战友。叶卡捷琳娜与彼得之间的爱情是最长久的，她陪伴彼得度过了后半段人生。

叶卡捷琳娜原名叫玛尔塔，是一个立陶宛姑娘，她的父母是立陶宛非常普通的一户农民。玛尔塔刚出生不久，父母就因为感染瘟疫而去世了，她从此成了孤儿。一开始，玛尔塔的姑姑收养了无依无靠的她，到玛尔塔12岁的时候，姑姑将她送到了当地一个名叫格留克的神父家中做女仆。玛尔塔17岁那一年，在格留克神父的主持之下，嫁给了瑞典骑兵团中的士兵约翰·克劳斯。婚后两天，俄军打到了马林堡，约翰·克劳斯随军出征，却再也没有回来。

马林堡失陷后，可怜的玛尔塔成为了俄军的俘虏，并一度为了生存成了俄国士兵们的公共情妇。玛尔塔非常聪明，同时也颇有几分姿色，很快就得到了大元帅缅希科夫的喜欢，“晋升”成为缅希科夫的情人，缅希科夫还给玛尔塔取了一个俄国名字——叶卡捷琳娜。

对于叶卡捷琳娜的样貌，不同书籍中的记载有着巨大的差异。据一名曾经在彼得一世时代见过叶卡捷琳娜的法国使节描述：“皇后身材矮小，不舒展，肤色非常黑，整个人都毫无气派，同时也不温文尔雅。她的外貌体现出她出身的低微。她的打扮非常可笑，像个喜剧演员。她总是穿从旧衣店里买来的衣服，式样极其古老，并且还沾有油污。她在身上佩戴了许多的勋章，还有镶嵌着圣人小画像的装饰物以及一些或许对于她来说非常珍贵的纪念物。因此，每当她走路的时候，她身上发出的声音都会让人误以为是骡子来了。”

法国传记作家亨利•特罗亚则描述说：“玛尔塔并不是一个标准的古典美人，她身材矮胖，胸部高挺，大腿粗壮肥硕，脖颈很短，上面长了一个圆圆的面孔。她的双眸像牛眼一般，鼻子微微向上翘。她的头发是如同亚麻一般的黄色。这个浑身是肉的女人却以结实的身躯、强壮的体格以及那既祥和又欢快的性格吸引了彼得一世。她看上去像个卖酒肉的女商人，或者下级军官的老婆……但沙皇却坚定不移地认为，这个女人正是他所需要的。”

显然，法国人眼中的叶卡捷琳娜似乎一样毫无美感。

但当时，另一位外国使节的记载却与他们大相径庭，这位外国使节写道：“现在（1715 年）的她依然是如此丰满可爱，白嫩的脸庞略透出几分天然的红晕，她的眼睛黑而小，和她眼睛一样的黑色头发则又长又浓密，她的脖颈和手臂都姣美异常，尤其让人喜爱的，是她温顺而美丽的面部表情。”

不管叶卡捷琳娜的长相究竟是什么样子，但她必定是个极其富有魅力的女人，否则又怎么会先后让大元帅缅希科夫以及沙皇彼得一世都拜倒在她的石榴裙下呢？

1703 年秋天，正是彼得软禁安娜的这一年，他到彼得堡查看新都的修建情况，并住在了大元帅缅希科夫的家中。当晚，缅希科夫在家中举行了宴会，就是在这场宴会上，彼得第一次遇见了叶卡捷琳娜。

据 A.K.托尔斯泰的著作《彼得大帝》中所描述的，彼得第一次与叶卡捷琳娜相见的情形是这样的：“彼得初见叶卡捷琳娜的时候，她的双手正叉起来放在小小的白围裙里，一双脚在裙子里轻盈地晃动。彼得坐在安乐椅里，笑着对她说：“叶卡捷琳娜，你请坐下吧。”

她用不太流利的俄语回答彼得的问题，声音十分好听，让彼得的心情顿时放松下来。她坐在了彼得的面前，谦恭地低着头。

彼得问她：“你会喝酒吗？”

“会的，谢谢您。”

“俘虏生活你觉得辛苦吗？”

“不辛苦，谢谢您。”

……

彼得笑了起来，他已经很久没有这样轻松痛快地和别人聊天了。于是他又开始盘问叶卡捷琳娜的事情，比如她的出生地，所居住的地方，以及被俘虏的过程。叶卡捷琳娜的眼睛散发着迷人的光芒，乌黑的头发梳成两条辫子，垂在轻柔呼吸的胸脯上，如同丝绸般顺滑耀眼。彼得向站在一旁的缅希科夫挥了挥手，示意他离开。之后，彼得拉起叶卡捷琳娜的手，对她说道："卡秋莎，拿一支蜡烛为我引路，我要睡觉了。"

初次相见后，彼得便喜欢上了这个姑娘，并立刻将她据为己有，让她成为了自己的情人。沙皇做出如此仓促的决定，或许正是因为受到了初恋情人安娜·蒙斯的伤害，而叶卡捷琳娜出现的时机正是恰到好处，安慰了受伤的彼得一世。

1705 年，彼得将叶卡捷琳娜接到了莫斯科，并安排她和自己的妹妹娜塔莉亚同住在普列奥布拉任斯基皇村。此时，叶卡捷琳娜已经为彼得生下了两个儿子，但不幸的是，这两个私生子都先后夭折了。叶卡捷琳娜与彼得一共有过 12 个孩子，但最终存活下来的却只有两个女儿，安娜和伊丽莎白。

叶卡捷琳娜是个爽朗而柔顺的女人，与前皇后叶芙朵基娅完全不同。由于出身贫苦，叶卡捷琳娜拥有一副强健的体魄，无论何时，只要彼得一声召唤，她便能立即从千里之外长途跋涉来到他身边。

1707 年，彼得在前线作战时，写了一封信给叶卡捷琳娜，信中写道："我的上帝，你快来吧。如果你有事无法动身，也请立即来信告诉我。听不见你的声音，看不见你的身影，已经让我感到无比痛苦了，我实在是太思念你了。"可见当时叶卡捷琳娜与彼得之间的关系是十分亲密的。

1710 年，彼得大军击败了一支瑞典军队，在数千俘虏中，随同在彼得身边的叶卡捷琳娜竟认出了自己曾经的丈夫约翰·克劳斯。克劳斯在人群之中看到了叶卡捷琳娜，非常激动地冲了出来，结果第二天，沙皇毫不犹豫地将这个情敌流放到了西伯利亚。

同年年底，在瑞典国王的游说下，土耳其苏丹兴兵与俄国对垒，次年夏天，双方在摩尔达维亚境内的普鲁特河岸交兵，当时，彼得军队只有不到4万人，而敌军竟有18万人之多。由于寡不敌众，俄军很快陷入了敌人的包围圈中，沙皇不愿割地投降，屡次率领军队进行冲锋，试图冲破敌人的包围圈，但都没有成功。

就在这千钧一发的时候，怀有七个月身孕的叶卡捷琳娜却偷偷越过敌军的包围线，来到了彼得的身边。聪明的叶卡捷琳娜将军中所有随军女眷和家属都组织了起来，并将这些人的珠宝首饰集中到一起，偷偷派人送到了土耳其军中，贿赂领兵的元帅，劝说他打开一个缺口，放走彼得的军队。最终在双方的交易下，两军签订了《普鲁特合约》，俄国人在承诺将亚速要塞还给土耳其之后，得以全身而退。

此次事件让叶卡捷琳娜在沙皇彼得心中的地位更加重要。对于彼得来说，这个女人不仅仅是他的爱人、伴侣，更是与他并肩而战的伙伴。彼得对叶卡捷琳娜是非常尊重的，甚至在见外国使节的时候也会带着她一起出席。据法国外交官维尔布瓦记述："君主看不起女人，认为她们只懂得谈情说爱。但是在他与大臣们意见不能达成一致的时候，他居然会去询问叶卡捷琳娜的意见。他总是听从她的意见，并认为她所说的都十分有道理。"

据说叶卡捷琳娜还是个"大力士"。宫廷侍从贝尔霍尔茨记录了这样一件事：一次，沙皇彼得正和侍从官开玩笑，让侍从官伸直手臂举起自己的元帅杖，侍从官试了几次却都没有成功。这时，站在一旁的叶卡捷琳娜走了过来，伸出左手握住了元帅杖，轻轻一提，竟把元帅杖给举了起来。众人都目瞪口呆，沙皇彼得则在一旁得意地大笑起来。

叶卡捷琳娜的出身是非常卑微的，她出身平民，甚至一度沦为女奴。但彼得对叶卡捷琳娜的爱情却不曾因此而有丝毫变化，他甚至罔顾一切传统，执意要将她扶上俄国皇后的位置。彼得对叶卡捷琳娜的爱情甚至已经超过了夫妻之间的情分，她几乎已经成为彼得生命中不可分割的一个部分。

1711 年的一天，彼得正式向枢密院宣布，他将迎娶叶卡捷琳娜作为他的合法妻子，并决定将她立为俄国新的皇后。枢密院的元老们都被这一消息吓得目瞪口呆，他们纷纷觐见彼得，极力劝说他放弃这一荒唐的想法。元老们悲愤不已，对彼得高声嚷着："为了沙皇您的声誉，您应该娶一名高贵的贵族姑娘为皇后，而不是一个下贱的女奴！"

枢密院元老们的坚决抗议显然并未动摇彼得的决心。1712 年 2 月，在缅希科夫的私人小教堂里，彼得一世正式迎娶了叶卡捷琳娜。他身着海军制服，与叶卡捷琳娜在上帝面前举行了庄重的结婚仪式。这场婚礼非常温馨且安静，没有任何一位大臣出席。3 月，彼得正式向所有莫斯科人民发出了通告："叶卡捷琳娜·阿列克谢耶夫娜皇后已经成为彼得一世名副其实的合法妻子。"

为了纪念普鲁特河战役叶卡捷琳娜为他所做的一切，婚后不久，彼得专门下令设立了圣叶卡捷琳娜勋章，并将这枚勋章亲自授予妻子。

结婚之后，在彼得与叶卡捷琳娜的信件中，彼得对她的称呼也由最初带有几分调笑的"你好，娘们儿！"变成了温柔而深情的"叶卡捷琳努什卡（爱称），我的朋友，你好！"彼得与叶卡捷琳娜经常通信，如今得以保存下来的信件就多达 170 余封，而在这些信件中，真正探讨公事的并不多，基本都是彼得向叶卡捷琳娜倾诉爱恋之情。很多时候，只一天的时间，彼得就能给叶卡捷琳娜写好几封信，信中的绵绵情意让人读了脸红心跳。其中一封热情洋溢的信里是这么写的："叶卡捷琳努什卡，我的朋友，你好！听说你感到非常寂寞，我又何尝不是呢？但我们要知道，绝不能因为寂寞便将事业丢弃了呀！"

虽然已经成为金碧辉煌的俄国皇宫的女主人，但叶卡捷琳娜却始终没有忘记过自己的出身，事事都小心谨慎。每次与沙皇出门旅行时，叶卡捷琳娜都坚持乘坐与沙皇不同的车队，而叶卡捷琳娜的车队永远都是如此简朴庄严，与沙皇铺张豪华的车队形成了鲜明对比。在任何一场欢庆活动的公开场合，叶卡捷琳娜从不露面，她永远不会忘记自己低微的出身，更不愿意这低微的出身对沙皇造成任何影响。但在彼得面前，叶卡捷琳娜从未因此感到自卑，她常常在与彼得的通信中戏谑地说道："我想你大概有新的洗衣妇了吧，但即便如此，也千万不要把老洗衣妇给忘记了呀！"

虽然彼得与叶卡捷琳娜的关系非常亲密，但很多时候，沙皇也会背着叶卡捷琳娜做些拈花惹草的事情，叶卡捷琳娜对此却一直抱持非常宽容的态度，她甚至亲自出马为彼得挑选合适的情妇，以满足彼得在各方面的需求，以免他一不小心在外染上肮脏可怕的疾病。叶卡捷琳娜的宽容让彼得非常感动，同时也对她更加珍爱和尊重。

1718 年，皇太子阿列克谢因谋反而被彼得正式剥夺了皇位继承权。此后，彼得沙皇不得不开始重新考虑自己的继任者人选。

1723 年，彼得亲自发布了一道诏令，他在诏令中对妻子叶卡捷琳娜极尽赞誉，称她为"忠贞不渝的妻子"，并着重表彰了叶卡捷琳娜追随他南征北战的卓越功绩。此时彼得的身体已经非常不好了，但他依旧坚持参加了授予叶卡捷琳娜女皇称号的大会。在这场庄重的仪式中，彼得亲手将皇冠戴到了他钟爱的妻子叶卡捷琳娜头上，将这个国家最高的荣光赋予了这个出身低贱的立陶宛姑娘。

1724 年，彼得已经病入膏肓，他的脾气也越发暴躁多疑，在这一年，彼得对叶卡捷琳娜产生了嫌隙，一度怀疑她与别人私通，这种怀疑让彼得受尽折磨，他甚至下令从此再也不愿与叶卡捷琳娜相见。

与叶卡捷琳娜的这段争端使得彼得迟迟不曾确立自己百年之后的继任者。在加封叶卡捷琳娜为女皇的时候，或许彼得沙皇已经决定，要将自己的帝国交给他最信任也最钟爱的妻子。但对妻子被判行为的怀疑，最终致使他一度搁置了这一最终决定。

在彼得逝世前不久，他终于在女儿伊丽莎白的劝说之下再次召见了叶卡捷琳娜，并与她一同共进晚餐。曾经相伴相依的记忆浮现在脑海中，彼得不由得潸然泪下，终于再次握紧了叶卡捷琳娜的手。之后，彼得的病越来越重，不得不一直躺在床榻之上，叶卡捷琳娜也一直守护在他的身边。1725 年 1 月 28 日，一生叱咤风云的彼得大帝终于在爱妻叶卡捷琳娜怀中永远地闭上了眼睛。

彼得死后，由于他始终没有明确指定继承人，俄国统治集团内部展开了一场激烈的皇位争夺战。多尔戈鲁基家族的成员以及旧贵族的大部分代表人物，都坚持主张拥立皇太子阿列克谢的儿子为新沙皇，他们认为，在皇太子死后，他的儿子便是唯一的皇位合法继承人。但缅希科夫元帅、阿普拉克辛以及其他一直支持彼得改革的新贵族代表人物却不同意这一主张，他们决定拥立彼得大帝的第二任皇后，他亲自为其加冕女皇称号的叶卡捷琳娜为新的沙皇。最终，缅希科夫等人争取到了禁卫军的支持，在禁卫军的威慑之下，叶卡捷琳娜正式登上皇位，成为了俄国至高无上的女沙皇，称叶卡捷琳娜一世。这个卑微的立陶宛女孩，低贱的小女奴，竟一飞冲天，在漫长的人生中，赢得了俄国最为尊贵的地位，实在令人无比惊叹!

1727 年，在彼得大帝与世长辞两年后，彼得最深爱的妻子、情人、名副其实的俄国皇后、女沙皇叶卡捷琳娜一世在彼得堡病逝，结束了她颇为传奇的一生。

风流人生

彼得大帝的一生中，除了以上所述的三个与他有着特殊关系的女人之外，还有着不少风流韵事。彼得是个敢爱敢恨的人，同时也是一个在情感和性方面都比较开放的人，无论在俄国国内还是在国外，总是免不了要生出一些拈花惹草的风流韵事来。

长公主娜塔莉亚是彼得大帝的妹妹，她所居住的伊兹洛夫宫在私下里被众人称为“沙皇的妓院”，而她则在很长一段时间里扮演了“老鸨”的角色。因为沙皇的每一任情妇，几乎都曾在娜塔莉亚家中住过，安娜·蒙斯和叶卡捷琳娜也都曾是其中一员。

除了收留到妹妹家中的情妇之外，沙皇彼得在外也总是忘不了寻欢作乐。但在寻欢作乐的过程中，彼得同时也保持着清醒的头脑，他对每一个为他提供“服务”的女人都有着一个准确的“估价”。

曾经有一次，彼得在英国的时候，心血来潮地勾搭上了一个名叫莱蒂西亚·克劳斯的英国女演员，这个女演员陪同彼得游历了整个伦敦城，对他极尽讨好，并盘算着到时候从这个俄国沙皇手中得到丰厚的报酬。但没想到，当这个女演员向彼得索要报酬的时候，彼得竟非常小气地丢给她充满侮辱的一笔小钱。莱蒂西亚当场翻脸，对彼得破口大骂，但彼得却不以为然，轻蔑地说道：“我只要花上500个金币，就能得到一个美丽并且有才智的姑娘为我提供更好的服务。至于你，伺候的实在太不周到了，你给予我的，也就只值这个价钱而已。”

彼得在拈花惹草的过程中也免不了暴露出男人的劣根性。彼得第二次出使法国的时候去了凡尔赛，在这里，他遇到了一个巴黎妓女，在和这个妓女进行一番鬼混之后，彼得给了她两法郎，并在之后向周围的人大吹大擂，说这个妓女无比崇拜地赞扬他是“男人中的男人”。而事实上，这个妓女不止一次地抱怨过彼得，说他是“君王中的吝啬鬼”。

彼得的一生离不开女人，也离不开爱情。但彼得却从来不曾在这方面迷失过自己，他曾对众人说过一句名言：“为了女人忘记公务是不可饶恕的。当情妇的俘虏比在战争中当敌人的俘虏更坏。当敌人的俘虏你或许可能很快得到自由，但当女人的俘虏可就长期被钉住了。”亨利·特罗亚对此评价道：“他（彼得一世）对女人从来没有尊重，也不存在敬佩，更谈不上任何真实的感情。他需要女人，但同时又对她们感到无比厌恶。”

彼得确实风流成性，而这一点也被他的第二任妻子叶卡捷琳娜所接受了。彼得与叶卡捷琳娜之所以能够建立起长期而亲密稳定的关系，在很大程度上有赖于叶卡捷琳娜的宽容与大度，她曾不止一次地为自己的丈夫物色合适的女人，以满足他的风流本性。而彼得也毫不吝啬地对叶卡捷琳娜付出自己的爱情，并始终将她放在心中最为重要的位置。

纵观彼得人生中的三个重要女人，以及其爱情的发展和走向，不难发现，彼得的爱情与他的改革事业实际上在某种层面有着极为相似的共同点。

彼得第一个爱上的女人是一个异国侨民的女儿安娜·蒙斯，对于彼得而言，安娜就如同一个新的世界，一道与俄国完全不同的神秘风景，她带给了彼得新的视野，新的感知，但同时又总是站在一个极其遥远的地方，让彼得始终难以触碰。因此，他们的关系最终以悲剧作为结尾。

至于彼得的第一任妻子叶芙朵基娅，她是俄国守旧贵族的女儿，她所代表的是这个主流的时代。但在彼得眼中，这个时代却急需改革，彼得相信，它已经过时了，俄国想要跟上世界的步伐就必须要进行改革，摒弃这个陈旧的时代。因此，彼得一直厌恶叶芙朵基娅，厌恶这个浑身上下都显示出他所要消灭的旧时代特点的女人。而这也注定了叶芙朵基娅的婚姻悲剧。

叶卡捷琳娜则与她们都不一样，她忠实、诚恳、温柔，对彼得总是抱以理解和宽容。从某种程度上说，叶卡捷琳娜如同彼得的作品一般，她从一个小小的奴隶一步步成为高高在上的皇后，这其中不乏彼得的功劳。叶卡捷琳娜蜕变的过程，实际上就如同彼得改革俄罗斯的过程一般，这是两个有着惊人相似度的历程。可以说，彼得大帝造就了这个时代，而这个时代则造就了叶卡捷琳娜，同时也造就了彼得与叶卡捷琳娜之间的传奇爱情。

第九章　平庸的太子

阿列克谢

阿列克谢是彼得与第一任妻子叶芙朵基娅的儿子，也是彼得唯一的儿子，他出生于1690年2月18日。彼得十分厌恶他唯唯诺诺、智力低下的皇后，但是这个儿子让他转变了些许态度，他与叶芙朵基娅的关系也一度因此而得到了缓和。彼得对自己唯一的儿子给予厚望，甚至为了让儿子顺利当上沙皇制定了许多的计划。

虽然很疼爱这个儿子，但是彼得却并不是个称职的父亲。彼得一年里待在莫斯科的时间寥寥无几，慢慢的与儿子、妻子的感情越来越疏远，就更不用说亲自教导儿子为人为君之道了。

太子6岁时候有了他的启蒙导师，这位导师名叫尼基福尔•维亚泽姆斯基。维亚泽姆斯基是个意志薄弱、知识贫乏、不懂教学方法的人，他在教授太子方面显得十分无能，既不能教会他知识，又不能让他喜欢上知识，甚至连好好管教年幼的太子都不做到。阿列克谢对他的老师毫无敬意，稍稍长大后他就经常挥舞棍棒殴打老师，甚至揪他的头发。为了不让老师像苍蝇一样烦他，他经常将这位可怜的老师指使到莫斯科城外的乡下去办事。

彼得出使欧洲回来后，很快宣布了断绝与叶芙朵基娅的夫妻关系，强迫叶芙朵基娅去修道院居住。至于9岁的阿列克谢，彼得则打算将他送到萨克森的德累斯顿求学。北方战争的爆发让这个计划搁浅了，勇猛的查理十二世带着瑞典军队先是打败了丹麦，然后又在纳尔瓦打败俄国，挥师南下直奔波兰，而且随时都可能拿下萨克森的首都。游学之行不顺利，阿列克谢的生活又恢复了原样，就这么蹉跎了几年的岁月。

一直到了1709年，游学之旅终于成行了，彼得派阿列克谢太子去德累斯顿学习炮术。在这其间，彼得还为他物色了一位妻子，那就是奥地利皇后的妹妹沃尔劳比特公主夏绿蒂。双方先是订婚，说好等阿列克谢游学结束后就可以完婚。彼得为太子筹备这个婚姻有两个目的，一是想看看自己这个顽劣的儿子结婚后会不会转性，开始承担起责任来。二是为了加强外交，促进与汉诺威选帝侯和奥地利宫廷之间的关系。

阿列克谢太子的知识匮乏得可怕，一直到18岁的时候他才学到四则运算，但是我们却很难判定说他的智力低下或者一般。他对感兴趣的东西一向学得很快，比如德语他就说得非常流利，法语也会一些。他自我评价说：“我的脑袋生来并不笨，只是我不愿意动脑筋。”彼得也曾在信中对他说：“上帝没有剥夺你的才智。”由此看来，这位太子的智力应该还算不错，只是讨厌学习而已。

1712 年阿列克谢游学归来，彼得问他学过的东西是否忘掉了，吩咐随从拿来纸笔。阿列克谢害怕父亲当面考他制图，就试图逃避这次考试。最开始他的想法是朝自己的手掌来一枪，这样就不用考试了。但是事到临头他又没有朝自己开枪的勇气，只敢把自己手放在柴火上烧伤，就这样逃过了彼得的考试。

回国后的阿列克谢马上就履行了婚约，与夏绿蒂公主结婚了。他们在萨克森做了短暂的停留，然后马上返回了俄国。

公主的婚后生活可以用悲惨和不幸来形容，痛苦统统来自于阿列克谢太子。

刚刚回到俄国，阿列克谢就与妻子分居了，他为妻子在宫殿的角落安排了一套单独的房间，而自己则住在宫殿的另一边，为所欲为。他买了一个名叫叶夫罗西尼亚的女奴，与那个女奴像夫妻一样同居在一起，但是又像嫖客和妓女一般过着荒淫无度的生活。被冷落的夏绿蒂公主独自生活在俄国，远离朋友，终日与孤独为伴。

阿列克谢不仅不关心他的妻子，甚至还虐待她。公主的生活处于一种无人过问的状态，她的屋顶漏雨没有人来修理，她的门窗漏风也没有人更换。

可怜的夏绿蒂公主为阿列克谢太子生了一儿一女，但是孩子并不能唤起太子对她的一点点怜悯，甚至没有叫人照顾一下他刚刚生产过的妻子。后来，夏绿蒂公主患上了热病，身体越来越衰弱。

夏绿蒂在觉得自己快要死了的时候派人请求沙皇来看她一眼。彼得当时也正在生病，已经到了几乎卧床不起的地步，但是面对这样一个可怜的女人，彼得不忍心拒绝她的请求。彼得躺在马车里，来到了夏绿蒂公主的床前。公主对沙皇能够来看望他表示了感谢，然后将她的两个孩子和那些远道从家乡而来忠心耿耿的仆人托付给了彼得。她以亲吻作为告别，挥手送走了沙皇。

之后的几天她拒绝服用医生开的药，很明显，她再也忍受不了生的折磨，安静地死对她来说反而是一种解脱。

几天后，夏绿蒂公主在祈祷中死去了，这一年她刚刚 22 岁。

在葬礼上，彼得沙皇以非常严厉的态度谴责了阿列克谢所犯下的罪行，向他宣告，如果他还是如此恶习难改，那么将会剥夺他的王位继承权。阿列克谢太子终于开始意识到，虽然是唯一的皇子，但自己的地位也许并不像想象中那样稳固。

“彼得帮”与“太子帮”

彼得大帝有一个著名的小圈子——“彼得帮”，由他的朋友阿普拉克辛、缅希科夫、哥洛温、格罗夫京、基京、沙非罗夫等人组成，这些人后来都成为了在军事方面或内政方面独当一面的人才。阿列克谢太子也将他周围的小圈子也称作“帮”，这就是阿列克谢的“太子帮”。

“太子帮”最开始只有4名成员，都是皇太后纳塔利娅家族来到克里姆林宫帮忙的亲戚，后面慢慢加入了太子乳母的丈夫、太子的老师、办事的书吏和一些宗教人员。其中最受太子信任的是太子的忏悔神甫雅科夫·伊格纳季耶维奇。他是太子帮的首脑，是个非常有权势、非常了解阿列克谢精神世界的人。太子曾向他宣誓要事事听从他，他知道太子所有的秘密，在太子心中有巨大的威信。

相对于沙皇的“彼得帮”，阿列克谢的“太子帮”简直就是一群乌合之众。彼得帮的成员拥有相当的才智和眼光，并且毫无怨言地将自己的力量奉献了给沙皇改造俄国的事业。而“太子帮”的成员则反对改革，对沙皇满怀敌意，但是在事业方面却又都是些懒散混日子的家伙。

1713年后，阿列克谢搬到了彼得堡，在新首都他依然生活在“太子帮”那些老伙伴中间。阿列克谢说好要永远尊敬的忏悔神甫与自己闹翻了，脱离了“太子帮”，“太子帮”的实际首领变成了亚历山大·瓦西里耶维奇·基京。基京原本是“彼得帮”的成员，作为沙皇的御前侍从很受沙皇的宠爱。沙皇把他当做至交好友，后来还让他担任了海军军需处处长。

1714年，基京贪污军需，案发受审。基京深知彼得对于盗窃国家财产是非常痛恨的，一时之间居然吓得中风了。最后还是叶卡捷琳娜求情，才只剥夺了他的官位，没有被判处死刑。基京将对彼得的仇恨埋在心底，盘算着想要官复原职。在彼得这里是不可能了，于是他将希望寄托在阿列克谢太子身上。

在安葬太子妃后，彼得已经给了阿列克谢一些严厉的警告，手足无措的阿列克谢马上找到基京商量对策。基京告诉他不如以退为进，以身体衰弱为由，自愿放弃皇位的继承权。

知子莫若父，接到阿列克谢说要自愿放弃皇位继承权的信被彼得一眼就看出他并不是出于真心。于是回信中他要求太子做出明确的回答，到底是愿意痛改前非成为一个有资格做俄国皇帝的人，还是想要就这样浑浑噩噩地混日子。如果太子不想当沙皇，那就去修道院出家，做一名修道士好了。基京告诉阿列克谢："僧帽并不是钉在头上的。"于是阿列克谢给彼得回信，说愿意削发为僧。

几天后，彼得要去哥本哈根，出国之前告诉阿列克谢给他半年的时间好好考虑一下，并且对他说了一番大好青春如何能浪费在死气沉沉的修道院里的话，让他 6 个月后把消息送到哥本哈根去。

阿列克谢根本不是真心想要削发为僧放弃皇位。他贪恋着尘世间的娱乐，渴望享受生活中的乐趣，更舍不得他美貌的女奴叶夫罗西尼亚。父亲彼得给他的两条路，无论是哪一条都会让他远离那些奢华的享受，远离放荡快乐的生活。他的心中反复挣扎，不知道要怎么做，几乎快崩溃了。这个时候，远在哥本哈根的彼得送来了压垮骆驼的最后一根稻草。彼得催促阿列克谢要么在一个星期内赶到哥本哈根，够快的话你还可以上战场参加战斗，要么就确定一下去修道院的日期吧。

阿列克谢到这个时候才幡然醒悟，他已经无路可退了。他找来"太子帮"的顾问，同他们商量究竟该何去何从。基京指点他说："到维也纳去找奥地利皇帝吧，那里不会有人出卖你。"就这样，阿列克谢太子决定逃出俄国，他悄悄地带上少量的仆人和心爱的女奴，告诉别人他要去哥本哈根与彼得汇合，然后离开了彼得堡。

一路之上阿列克谢都非常小心，他经常叫仆人假扮他，自己化装成别人的样子，他的新身份是波兰中校，而女奴叶夫罗西尼亚则穿上男装，扮成了中校卫兵的样子。阿列克谢并没有告诉叶夫罗西尼亚这次的目的地是哪里，他答应叶夫罗西尼亚会将她送回彼得堡去，但最后他食言了。

叶夫罗西尼亚其实并不想和阿列克谢在一起，她也不希望成为阿列克谢的情人。她是个在战争中被俘虏的波兰姑娘，因为容貌秀美被作为奴隶出售。后来落入了阿列克谢的手中，阿列克谢强行侮辱了她。她只是个奴隶，任何反抗都是徒劳的，何况只要她对阿列克谢稍有不从，阿列克谢就会掏出刀子威胁她。

一路上心惊胆战的阿列克谢太子最终于1716年11月10日抵达了维也纳，他不知道这次出行的意义是什么，也不知道这将会给俄国带来怎样的危害，他被反对改革的反对派利用，给彼得带来了麻烦。

未及施展的阴谋

俄国太子来到了维也纳，奥地利政府感到左右为难。当时俄国已经有着非常强大的武力，如果他们给阿列克谢提供庇护，那么彼得大帝一怒之下挥师维也纳也不是不可能的。如果将阿列克谢送回俄国的话，奥地利人又觉得不甘心，彼得大帝此时身体已经大不如前，重病缠身，如果能等到彼得大帝百年，那么阿列克谢必然会带给奥地利大量的好处。

人为财死，鸟为食亡。奥地利政府一咬牙，决定支持阿列克谢，只不过不能公开的支持。他们秘密地将阿列克谢藏在蒂罗尔省的一个小山城里。

远在哥本哈根的彼得大帝早就接到了太子启程前往哥本哈根的消息，他深感安慰，儿子终于要承担起国家的责任了。然而他苦苦地等了两个月，太子却没有任何消息。彼得开始觉得坐立不安起来，出现了这种情况，不是太子在路上遇到了敌人将其杀害，就是太子脚底抹油，溜了。彼得马上派人寻找阿列克谢，命令属下打听出阿列克谢行进的路线，一步一步地查明他究竟到哪里去了。经过分析，彼得很快猜到了阿列克谢去了奥地利，他给奥地利皇帝写了封信，说他的儿子“下落不明”，奥地利皇帝查理六世则矢口否认阿列克谢曾经来过奥地利。

1717 年初，彼得精明能干的属下维谢洛夫斯基一路按着线索，来到了维也纳，并且找到了太子。这样一来奥地利政府再也无力抵赖，他们给彼得沙皇写信，含糊其辞地向彼得保证他们会好好照顾阿列克谢，绝对不会让他落入敌人的手中。然后，表面一套背后一套的奥地利人便立刻将阿列克谢转移到了那不勒斯的一座要塞里去。

奥地利政府做梦也没有想到维谢洛夫斯基早就派了人盯着阿列克谢太子了，他们的转移行动根本没能瞒过维谢洛夫斯基的眼线。

彼得派出外交使臣托尔斯泰，让他去说服阿列克谢回国。

1717 年 9 月 26 日，托尔斯泰与阿列克谢第一次会面。托尔斯泰交给太子一封彼得的信，信中写道:“你太不听我的话了，不按我的教导办事，但是我并没有惩罚过你。在我离开你的时候你表现得那么顺从，难道都是假装的吗? 你看看你都干了什么，你逃走了，像个叛徒一样出卖了自己人，将自己置于外人的保护之下。你想想，你给你的父亲带来了多么大的羞辱和悲伤，给你的国家带来了多么大的耻辱。现在，我给你写了这最后一封信，希望你这次能听我的话。如果你有什么疑问，托尔斯泰先生会帮助你，为你安排一切。如果你怕我，那么请你打破疑虑，我对上帝发誓，如果你听话回来，我绝对不会惩罚你，而且还会像一个父亲那样诚心诚意地爱你。如果这次你还是不听我的话，那么作为父亲，我要用上帝给我的权力永远诅咒你，而作为你的君主，我要宣布你是个叛徒，用对付叛徒和不孝子的方法对付你，道理站在我这边，上帝会保佑我的。”

太子看完信，让托尔斯泰给他两天时间想想。两天后，他告诉托尔斯泰他不回去。他是这么想的:“回去见父皇很危险，看他怒火冲天的脸是很可怕的；我现在的保护人是奥地利皇帝，如果我告诉他我不敢回去，那么即使兵戎相见，他也一定会保护我的。”阿列克谢对奥地利政府抱有不切实际的幻想，而托尔斯泰知道如果俄国真的出兵，奥地利皇帝不可能保护太子。为了一个不争气的皇子跟一个伟大的皇帝刀兵相见? 查理六世还没那么蠢。

为了说服太子回国，托尔斯泰想了个主意，他谎称自己收到了彼得沙皇给他的信，说俄国军队已经在波兰边境集结完毕，准备进攻奥地利，逼奥地利政府交出太子。威胁动摇了阿列克谢的心志，但是还不足以让他下定决心，最后还是托尔斯泰收买了当地官员，以将叶夫罗西尼亚夺走为威胁，阿列克谢才终于松了口。这次的威胁让他彻底明奥地利政府的态度跟他想的完全不同，他们不愿意得罪他的父亲。

在只剩下回国一条路的时候，阿列克谢太子提出了最后的要求，他希望可以与叶夫罗西尼亚一起住在乡下，彼得大方的同意了他的要求，就这样在外流浪一年半的太子回国了。

阿列克谢太子这一年半过的生活很令人疑惑不解，为了保密行踪，他几乎不见任何人，处在一个与世隔绝的环境里。终日酗酒，晕晕乎乎的太子最大的爱好就是发挥他的想象去制定一些不着边际的计划。他幻想着彼得大帝的死亡，衷心盼望彼得大帝早死，然后大臣们就会来找他，劝他登上沙皇的宝座。幻想着他一回到俄国，那些靠彼得提拔的大人物会立刻倒戈到他这边。

阿列克谢还根据这些人曾经对他的态度虚拟了这些人对他的远近亲疏：外务院院长戈洛夫金、副院长沙非罗夫、海军元帅阿普拉克辛等人一定都会站在太子的旗下，因为他们讨厌缅希科夫。舍列麦捷夫元帅肯定会是他最坚定的拥护者之一，因为军官们都是太子陛下最亲密的朋友。

1718 年 1 月 31 日，太子抵达了莫斯科，2 月 3 日举行了盛大的太子入城仪式，许多将军、僧侣和大臣们都参加了仪式。回宫后，彼得先是让阿列克谢在放弃皇位继承权的文书上签了字，然后开始质问太子，究竟是谁教他逃走的。没用多久阿列克谢就供出了是基京出的主意，基京的仆人伊凡·阿方纳西耶夫帮助他逃走的。

彼得当时觉得唆使太子出逃这件事情非常严重，性质恶劣，所以绝不能含糊地审问。所以彼得下令抓捕这两个人的时候强调只能用一次吊刑，不许鞭打，以免他们在路上生病。此案牵连的人很多，“太子帮”的大部分人都没能逃脱，彼得命令士兵将他们一一抓获，送到普列奥布拉任斯基皇村去。

2 月 4 日，彼得给太子拟定了一份所谓的问题清单。太子的同谋者们引起了彼得的注意，这些人曾经左右意志薄弱的太子，唆使他放弃皇位，叛逃出国。彼得要求太子彻底坦白，要求他把所有一切都老老实实地讲出来:“凡是与本案有关的人和事，即使这张清单上没有列出，你都要讲出来，像在法庭上坦白一样，这样你才能开脱自己的罪过。如果你隐瞒了什么，那就别怪我了，这个案子我非要查个水落石出不可。”

太子那些骇人听闻的计划，荒唐的构想，彼得并不知道，所以他表现得十分宽宏大量，决定只要太子不隐瞒什么，他就只惩戒那些同谋。

3 月 18 日，彼得带着太子去彼得堡参加审讯。阿列克谢单独坐在一辆没有窗子的马车里，脑海中不停地回放着基京被处死的场景：基京遭到了车裂，为了延长他的痛苦，先后砍去了他的双手双脚，最后刽子手砍下了他的头颅挂在木桩上示众。他也回想起父亲曾经警告过他:“如果还有什么隐藏的，以后查出来，那就别怪我了。”

太子被恐惧吓破了胆，到了彼得堡参加审判的时候，他胡乱诬陷别人，满口谎言，试图借此减轻自己的罪名。彼得之前也答应过要宽恕太子的过错，并且同意让太子和叶夫罗西尼亚生活在一起，但是叶夫罗西尼亚对太子的揭发扭转了这一切。原本所有人都以为叶夫罗西尼亚是太子的同伴，后来经过审问才发现这个可怜的姑娘完全是被迫参与这些行动的。因此，彼得非但没有追究她的责任，甚至还送给她一部分财物。阿列克谢太子盼望父亲早死，拉拢元老重臣们投入到他旗下的疯狂计划被一件件地审问了出来。彼得觉得很痛心，原来阿列克谢弃国潜逃并不是一个没有恶意的举动，他的亲生骨肉竟然是个随时都在想着出卖他的叛徒。

最终阿列克谢以叛国罪被判处死刑，但是还没来得及执行，他就因为精神崩溃死去了。

这一场家庭惨剧，不仅仅是单纯的父子之间的冲突。父子两人对于皇帝在国家中的作用持截然不同的两种看法。彼得认为自己是国家的主人，因此在为国家服务的过程中，他可以付出一切，甚至自己的生命。而儿子却认为他是个君王，是上帝指派的，他不需要为国家操心劳力，只要自己过得开心就好。

彼得父子的冲突也代表了俄国未来道路的选择，父亲想要选择的是一条经过改革让俄国变得富强的道路，而阿列克谢想要的是一朝登上皇位，便把俄国带回过去的样子。幸好彼得最终获胜了，俄国才能朝着跻身欧洲和世界强国之林的道路一直走下去。

第十章　百年之后

临终之前

已经几个小时了，彼得依然一动不动地坐在椅子上，眼睛直勾勾地盯着前方，但仔细一看，会发现他的目光黯然失神，全然没有焦距。

他已经度过了一段离群索居的生活，显然他对一切都感到心力交瘁。他的身体越来越差，已经不再像从前那般健壮而敏捷，但他似乎对这种索然无味的生活依然很不习惯。他常常像这样几个小时都凝然不动地呆坐着，或许他不知道在这种生活下他应该做什么，也可能他感受到了一些关于命运之类玄妙力量的感召，以至于他必须开始思索一些更长远的事情。比如，自己用整个生命所奋斗的事业应该交由谁来继承。

早在 1722 年的时候，彼得就已经在为这个问题做准备了，他颁布了一道皇位继承诏，一改过去的传统，将选择继承人的权力完全收归到当朝统治者的手中，更为重要的是，彼得还亲笔题写了一点非常重要的补充，即：君主在选定自己的继承人之后，若是发现他不能承担这一重任，或作出令人感到失望的事情，那么君主能够随时改变自己曾经的决定，更换继承人。这一条补充条例是非常重要的，它完全尊重了统治者的意愿，并将这一大权完完全全地放在了统治者的手中。

可供彼得选择的继承人实际上并不多。彼得的长孙，也就是阿列克谢皇太子的儿子，现在已经九岁了，他天资聪颖，才能出众，是个极其讨人喜欢的孩子。彼得对他非常慈爱，但同时又埋藏着一种极其复杂的情感，他始终担心这个讨人喜欢的孙子或许会从他的父亲那里继承一些让彼得感到厌恶和痛心的东西，他不能确定这个尚且年幼的孩子究竟是否真的具备足以继承祖父事业的天赋和能力。

彼得的两个女儿，安娜和伊丽莎白，她们美丽聪明，深受彼得的喜爱。彼得从不吝啬对这两个女儿表现自己的慈爱，但在他的心目中，这两个女儿只是什么都不懂，也都不需要懂的女孩子，她们并非他所需要的那种具有丰富经验和强硬手腕的继承者。而更重要的是，大女儿安娜早已经和霍施丁公爵订婚，作为未来公爵夫人的她实际上已经失去了成为皇位继承人的资格。至于小女儿伊丽莎白，她还没有满十五岁，依然是个天真的孩子。

在这些思考和纠结中，彼得在心里选定的人十有八九应该是他的妻子叶卡捷琳娜。叶卡捷琳娜不一定有治国的才能，但彼得却在她的身上发现了一个极其重要的优点——他身边的人往往也都是她身边的人。这意味着，叶卡捷琳娜是个非常懂得拉拢人心的人，作为一个统治者，比优秀的个人能力更为重要的是你要懂得聚拢并驾驭那些优秀的人，让他们成为你的船员，忠实地按照你所指定的航道，操控着国家这艘巨大的航船向前行驶。显然，叶卡捷琳娜具备成为一个优秀船长的潜质。

当然，这些思虑彼得并没有说出口，我们也只能根据他的行动去进行分析和猜测。但无论如何，至少他对他的妻子叶卡捷琳娜绝对是另眼相看的，否则他又何必特意将她晋升为女皇，并打算为她举行一个庄严而隆重的加冕典礼呢？更为重要的是，彼得为她举行加冕典礼的行为显然不想被众人误解为是一种由婚姻关系所赋予的荣誉，他迫切而坚决地向世人证明，叶卡捷琳娜之所以能够以皇后的身份加冕女皇的尊号，完全是出自于她的能力和功绩。

因此，在 1723 年的时候，彼得为此事专门颁布了一份公告，公告中他用大量充满着尊重与赞美的词汇来描述叶卡捷琳娜，他称叶卡捷琳娜是他矢志不渝的助手以及朋友，不辞辛劳地跟随他南征北战，他每一次的功勋都少不了叶卡捷琳娜的功劳。但有趣的是，在彼得大帝统治时期，能够证明叶卡捷琳娜积极参与国事活动的资料实际上非常少，彼得所说的关于叶卡捷琳娜的这些功绩，其概念也都十分模糊，人们根本无从得知她究竟做了什么，为国家贡献出了什么。唯一能够证实的，就是叶卡捷琳娜曾参与普鲁特河远征这一事件。

彼得做出的这些事情，很难不让人觉得，他已经将叶卡捷琳娜选为继承者，并一再地为她肃清皇位继承道路上的那些障碍。

1724 年 2 月，彼得终于又开始了忙碌的日子，他同叶卡捷琳娜一起为即将到来的女皇加冕仪式做准备。

3月，俄罗斯下了一场大雪，但为了参加这个隆重的加冕仪式，所有的宫廷人员以及彼得的元老大臣、将军、各个院长以及众多外国使节都冒着风雪赶往莫斯科，他们不愿当然也不敢错过这个典礼。

这确实是一个极其盛大的典礼，豪华的轿式马车穿行在道路上，乐队一刻不停地演奏着令人精神抖擞的音乐，许多长久不曾使用的精致食器都从储藏室里拿了出来，灿烂夺目的焰火照亮了整个黑夜。为了这场典礼，彼得还特别命人为女皇定制了一个价值150万卢布的宝座，上面镶嵌着精致名贵的宝石，华美而高贵。女皇的礼袍也是经过严格程序选择定做的，重达150斤，4位高级文官用双手恭恭敬敬地托着，当叶卡捷琳娜走过红毯的时候，她所穿着的长袍后襟则由5位最高宫廷女官负责拖曳。

对于这个典礼，彼得非常重视，虽然他的医生曾一再叮嘱他要休息，但他依旧坚持参加了这个费时甚久、令人感到精疲力竭的仪式，并对此表现出了由衷的喜悦。为了更加贴合这个盛大的典礼，彼得甚至一反常态，穿上了极其华美的服饰：一条装饰着银饰的浅蓝色长袍，搭配着红丝袜和插着白色羽毛的帽子。彼得看上去精神抖擞，从内心涌动的激动情绪让他的脸色十分红润。

在加冕仪式上，彼得庄重地亲手将皇冠戴到了叶卡捷琳娜头上，这一刻，举国欢腾。翌日，彼得又以将军的身份，和众多大臣以及使节共同前去祝贺女皇叶卡捷琳娜，他看着高贵美丽的妻子，脸上流露出自豪的光彩。在众人面前，叶卡捷琳娜还受命颁发了诏书，封赏彼得·安德列维奇·托尔斯泰为伯爵。

在这场庆祝活动之后，彼得的健康状况愈发令人担忧了，但他却似乎并没有停下来休息的意思，或许比起死亡，他更加惧怕无聊而漫长的日子。6月初，彼得接到消息，梅勒的乌果德工厂区发现了矿泉水，他立刻动身前往。要知道，彼得大帝一直对矿泉水非常着迷，他坚定不移地认为，矿泉水对他的身体非常有好处，能够缓解甚至可能治愈他身体上的病痛。

这一路上，彼得看到了大群困乏饥饿的贫民，去年的歉收已经令他们苦不堪言，据此境况，今年的收成似乎也没有多少指望了。这些贫民漫无目的地游走，只为了寻找能够填饱肚子的少许食物。

6月7日，彼得抵达目的地并进行了第一次的矿泉水疗程之后，便立即向他的妻子叶卡捷琳娜报道："感谢上帝，这些水起了很大作用。尤其是现在，我的排尿量完全不比奥洛涅茨人少，只是胃口依旧不太好。"

彼得到此虽然是进行矿泉水治疗的，但他依旧改不了闲不住的毛病。在工厂里，他突然来了兴致，想要试试自己打铁的本领。他像工人们一样，亲力亲为地开始忙碌起来，一连工作了几天，打出了几件一普特重（约为16.38千克）的铁器，并在这些"作品"上烙了烙印。

随后，他兴致勃勃地找来厂主，向厂主询问愿意出多少钱从他手中购买这些铁器。厂主犹豫许久之后，给出了一个中规中矩的价格，彼得听完非常高兴，立即就把铁器给了厂主，并大大方方地向厂主要"工钱"。拿到工钱之后，彼得为自己买了一双鞋子，对此，他一度非常自豪，并告诉众人，这件有用的东西是他用自己挣来的钱买的。一个星期后，矿泉水疗程结束，彼得又启程返回了彼得堡。

彼得的身体每况愈下，但他却始终不曾怜惜自己。8 月末的时候，他不顾众人反对，出席了一艘三桅巡洋舰的下水典礼，之后又不顾医生的反对，执意进行了一次长途旅行。这次旅行跨度非常大，他首先去了施利色堡，并参加了当地一年一度的传统纪念活动；然后他又到了奥洛涅茨冶金工厂，他曾在这里打过三普特铁器，显然对于那段时间的生活，彼得心中非常怀念；之后他又取道诺夫哥罗德，抵达了古代制盐业的中心旧鲁萨城。在这次旅行过程中，他没有忘记对拉多加运河工程进行视察。

拉多加运河的开凿工程动工于 1718 年，修建这条运河的意义非常重大。拉多加湖的水流非常汹涌，曾一度冲毁了许多为新都居民运送必需品和粮食的船只，因此这条运河的开凿，很大程度上能够保证水运的安全，同时也确保了新都的粮食及货品供给。为修建这条运河，全国上下一共调动了大约 2 万人，但即便如此，这项工程依旧是进度缓慢，整整 5 年的时间，只挖掘出 12 俄里。但这一次视察的结果却让彼得感到非常惊喜，这一年，运河的挖掘速度不知为何有了显著提高，竟在一年之内增加了 5 俄里，并且还节约了很大一部分的工程费用。

这次长途旅行之后，彼得大帝再一次犯病了，他拖着病痛的身体回到了彼得堡，被迫进行一段时间的休憩。但在这段时间里，却还是发生了一件让他备受打击的事情。

11 月 9 日，威廉·蒙斯被捕了。威廉·蒙斯是彼得曾经的初恋情人安娜·蒙斯的亲弟弟，一个远近闻名的花花公子。同时，威廉·蒙斯还是叶卡捷琳娜女皇的高级宫廷侍从，深得女皇信任。威廉·蒙斯的被捕是众人都始料未及的，大臣伯赫霍尔茨就曾在他的日记中写道："这次逮捕（逮捕威廉·蒙斯）……事出突然，大家都感到非常意外，头天晚上他还在宫里吃了晚餐，和沙皇进行了很久的谈话，没有任何可疑的预兆。”

威廉·蒙斯被捕之后不到一星期就被刽子手处死了，法庭对他进行了极其匆忙的审判，并以极其严厉的标准判处他死刑。当时对外宣称，威廉·蒙斯的罪行是滥用女皇的信任收受贿赂，以及贪污了一笔数量不算多的公款。对于这个官方对外的说法，很多人都表示了怀疑，甚至有传闻说，威廉·蒙斯的死实际上与滥用职权根本没有任何关系，而是因为他与叶卡捷琳娜女皇之间发展出了一段暧昧关系。

这件事的真相究竟如何已经很难给出定论，但彼得与叶卡捷琳娜的关系恰好正是在这一段时间里开始变得不和睦了。在此之前，彼得从不吝于表达对叶卡捷琳娜的支持，甚至一度表现出打算选择叶卡捷琳娜作为他继承人的倾向，但正是在这一段时期，彼得突然间对此事不再热衷，并一直没有再提及关于继承人的事情。很可能正是这件事情的打击让彼得退去了原本的热情，并对自己的妻子采取了一种极其审慎的态度。

遭遇这一打击后，彼得的病情更加严重，之后的大部分时间里，他几乎都是躺在床上度过的。虽然如此，但彼得闲不住的秉性依然没有收敛，只要病情一有好转，他就要坚持出门走走。

在生病的这段时间里，彼得依旧忙碌不已，他扑灭了瓦西里耶夫岛上的一场火灾，观看了一个德国面包师的异国婚礼，参加了大女儿安娜和霍施丁公爵的结婚典礼，小女儿伊丽莎白的生日宴会，以及他的勤务兵的婚礼、生孩子的庆贺会、洗礼宴……

他是一个病人，却几乎没有多少闲暇，甚至在没有外出活动的时候也依然处于忙碌之中。他强撑着身体的病痛，亲力亲为地进行各项敕令和指示的起草审定工作。他日以继夜地工作着，似乎打算将他百年之后的事情也都交代得清清楚楚。他实在太紧张、太焦虑，也太容易担忧了，他总是担心一件事情的进展，因此他必须亲力亲为，必须亲自看着这件事情得到圆满的解决，只有这样他才能稍稍放下悬着的心。

在生命的最后3个星期里，彼得急如星火地拟定了任命维图斯•白令为勘察以及考察队队长的命令，并召见了海军上将阿普拉克辛。彼得对阿普拉克辛说道:“我现在的身体已经非常差了，只得一直待在家里。这几天我突然想起了很多年之前曾想过的一件事情，那件事情早在我的脑海中徘徊，但可惜一直忙于其他事情，就将它撂下了，就是寻找经过冰海到达中国和印度去的道路那件事……”阿普拉克辛顿时明白了彼得的意思，在彼得逝世之后，白令便带领着考察队正式启程了。

1725年1月，彼得的病情开始恶化，据说是尿毒症。最初的时候，他的身体感到非常痛，在很远的地方就能听到他的叫喊声。几天后，他再也没有力气叫喊了，只能强忍着痛苦重重地呻吟。1月27日早晨，彼得强忍着剧痛起来，进行了一次虔诚的祈祷，他低声说道:“上帝啊，请宽恕我所有的罪恶，我一直在力图为我的国家和人民做好事!”祈祷完毕，彼得便沉沉地昏睡过去。1月28日早晨，晨光还未冲破黑暗，彼得就在痛苦之中永远地闭上了双眼。就在这一天，叶卡捷琳娜正式宣布成为女皇，接管了彼得大帝的一切权力。

彼得死后，叶卡捷琳娜将他遗体整整停放了40天，在这些天里，叶卡捷琳娜每天都要为他哭泣两次。当时的人们得知这件事情后都在背后议论:“连宫廷的侍从们都感到非常奇怪呢,女皇究竟从哪儿来的这么多眼泪呀!”

3月8日,众人在彼得保罗大教堂为彼得大帝举行了隆重的葬礼。在葬礼上,费奥凡·普罗科波维奇发表了一篇重要讲话,他说:“啊!俄罗斯的人们,这究竟是什么?我们已经到了什么地步?我们眼中看到了什么?我们的双手又正在做什么?我们正在埋葬彼得大帝啊!”在情真意切的开场白后,费奥凡·普罗科波维奇又以简练的语言对彼得大帝的功绩进行了表述,并接着说道:“我们因为他而有了无尽的力量与光荣。无论他将俄国改造成什么样子,我们都会尽最大的努力,让俄国永远维持这个样子!他将俄国改变成为了一个可爱的国家,俄国将永远是这么可爱;他让敌人对我们感到胆战心惊,敌人将永远胆战心惊下去;他在全世界赢得了荣光,这荣光也将一直闪耀光辉。他为我们留下了众多精神以及军事、民政上的变革!”

可疑的遗嘱

彼得大帝死得令人猝不及防,虽然他一直卧于病榻之上,但他病情恶化的速度实在是太快了,从身体发生严重不适到失去意识最后死亡,不过短短几个小时的时间。据说在彼得逝世前的那天下午，他在向上帝祈祷完之后，本想留下遗嘱，指定自己的继承人，但他仅仅提笔写到“将一切传位……”便失去了意识，第二天早晨就与世长辞了。因此，彼得大帝事实上根本没有明确地选定自己的继承人。但在他死后，女皇叶卡捷琳娜在禁卫军的支持下立即登基继承了彼得大帝的皇位，成为俄罗斯帝国女皇。

然而令人感到震惊的是，在彼得大帝逝世后一百多年，大约是 1836 年，一个法国人却在自己的回忆录出披露了一份所谓的“彼得大帝遗嘱”。

这个法国人名叫德奥，是一名法国间谍，曾经在俄罗斯宫廷中卧底，与沙皇伊丽莎白有着非常亲密的关系。他在自己的回忆录中称，他曾利用与沙皇伊丽莎白的关系得以进入沙皇夏宫，并在档案里发现了一份名为《彼得大帝统治欧洲计划》的文件。他十分震惊，并将这份文件一字不漏地抄写下来，偷偷送回国呈递给了法国国王路易十五，而这份文件正是所谓的“彼得大帝遗嘱”。

这份遗嘱的曝光引起了全世界的震动，而其真伪也一直被人们争论不休，以下是这份遗嘱的内容：

“朕，彼得一世，全体俄罗斯人的皇帝和君主，以最神圣和不可分割的三位一体的名义，向俄罗斯王位和政府的所有继承者宣告：赐予朕以生命的全能上帝使朕相信：俄罗斯人民负有在将来成为欧洲的统治民族的使命，永受神的光辉的指引，并得到神的支持。

朕生此信念，是由于考虑到欧洲大多数民族已达到衰朽的老年，或无论如何正在迅速接近这一状态。由此得出的结论是，一个年轻的民族，在达到它们强盛顶峰的时候，应该很容易和必须能征服他们。

朕认为，即将来临的北方对西方和东方各国的入侵是上帝命定和设计的一种周期运动，正如上帝曾以同样方式安排野蛮人的入侵以促使罗马民族获得新生一样。这种由北向南移民的运动如尼罗河水的回流，它定期用自己的泥土使埃及西部土地变得肥沃。

朕发现俄罗斯就是这样一条河，在朕离世时它仍是如此。朕的继承者将把俄罗斯建成使贫穷的欧洲肥沃起来的大海，如果朕的后裔懂得如何引导这股潮水，它的涛浪将冲破任何挡住去路的堤岸。为此，朕留遗言如下，并嘱朕的后裔加以注意和时刻遵守。

（1）使俄国长期保持战争状态，使士兵常备不懈，使它不断为增强国家财政和改进陆军做出努力。挑选最有利的时机发动进攻，以战继和，以和继战，求得俄国的利益、扩张和日益繁荣。

（2）用一切可能手段，从欧洲最聪明的人中网罗名人，在战时诱致军官，在平时诱致奴仆，以便助益俄国人，损害别国而不自损。

（3）利用一切机会参与欧洲的事务和讨论，不论为何种事务和讨论，而特别参与有关日耳曼的事务和讨论，因为日耳曼为我们最近的邻邦，与我们有最直接的利害关系。

（4）分割波兰，使波兰王国保持经常的动乱和不断的猜疑，用黄金拉拢其他大国，影响波兰的宫廷会议，收买他们以便在推选国王中取得利益，培植亲俄派并保护他们，以此为借口把莫斯科军队开进那里，一直待到永远占领的日子到来。如果几个邻国共同责难，可分割波兰以暂时安抚它们，直到我们可以从它们那里收回我们所让与的一切部分。

（5）尽量多地占领瑞典国土，并诱其进攻我们，以便我们有借口征服瑞典。为此我们必须把丹麦和瑞典隔离，并助长它们之间的争斗。

（6）始终为我们的王子挑选日耳曼公主为妻，以增进家族联系，使我们的利益重新结合，争取日耳曼支持我们扩大势力的事业。

（7）优先与英国结盟通商，英国的船队极其需要我们。同时，为发展我们的自己船队，英国对我们将十分有用。用我们的木材和其他产品交换英国的黄金，并建立我们之间商品和海员的持续交流，这将有利于我们的航海和贸易。

（8）使我国沿波罗的海不断向北扩张，并沿黑海向南扩张。

（9）尽可能迫近君士坦丁堡和印度，谁统治那里，谁就将是世界真正的主宰。因此要挑起边疆的战争，不仅在土耳其，还在波斯。在黑海边上建立船坞，在黑海附近和波罗的海沿岸攫取小块土地，这对实现我们的计划是加倍必要的。在波斯衰败之际，突进到波斯湾，如可能应重振古代与黎凡特的贸易，推进到印度，它是世界的仓库。达到这一点，我们就不再需要英格兰的黄金了。

（10）精心努力维持同奥地利王室的同盟，假装支持奥地利企图将来统治日耳曼的政策，在暗中促进各亲王间的嫉妒。用各种方法诱使奥地利要求俄国给予援助，并对该国行使某种保护，以便将来加以控制。

（11）使奥地利王室对把土耳其赶出欧洲发生兴趣，在征服君士坦丁堡时消除奥地利的嫉妒，其方法或为挑动它与欧洲各大国作战，或为舍给一部份战利品，日后我们将予以收回。

（12）努力将散处匈牙利、土耳其和波兰中部的、在政治和宗教上陷于分裂的希腊人全部重新团结在我们周围，成为他们的中心和支柱，冒充敌人之友取得某种优势，以建立在全世界的优势。

（13）在肢解瑞典，灭亡波斯，粉碎波兰，征服土耳其，我军业已会师，黑海和波罗的海由我们的舰只护卫之后，我们必须分别地并极为秘密地首先向凡尔赛宫，然后向维也纳朝廷提出建议，与它们分享全球帝国。如果其中之一接受，而且只要煽动其野心和民族虚荣心，几乎可以肯定它会接受，就可以利用它来制服另一个。最后，再消灭那个仅存者。由于俄国已经占有整个东欧或者大部分欧洲，发动一场冲突是没有危险的。

（14）假如两个强国都拒绝俄国的建议(此点并非不可能)，我们应当懂得如何煽动它们互相争吵，使他们互相削弱。然后，俄国必须抓住决定性的时机，把已经会师的部队开向日耳曼，同时派出两支相当大的舰队，携带亚洲人的部队，一支从亚速海出发，另一支从阿尔汉格尔斯克出发。在武装舰队的协助下，通过地中海和大西洋同时挺进，在一侧入侵法国，在另一侧入侵日耳曼。这两个国家被征服后，欧洲其余部分就将不堪一击而加以制服。这样，我们就能够征服欧洲，也应当能征服欧洲。”

这是一份野心极大并且锋芒毕露的计划，它为俄国规划了一个长远的征服欧洲乃至征服世界的战争蓝图。

但对于这一“遗嘱”，许多历史学家并不承认，俄罗斯历届沙皇政府以及官方历史学家们也都断然否定了这一“遗嘱”的真实性。就历史记载来说，当时彼得大帝的病恶化速度是非常快的，他甚至没来得急明确选定自己的继承人，又怎么可能留下这么一份逻辑严密、有条不紊的计划作为遗嘱呢？况且，俄国有关历史记载中也没有任何地方提及彼得大帝留下遗嘱的事情，而沙皇的档案中也始终没有找到这份所谓“遗嘱”的原件。

而从“遗嘱”本身的内容来说，其表述的方式过于大胆而露骨，毫不掩饰其侵略野心。虽然彼得大帝一生都在致力于征服俄罗斯周边各国，但他绝不可能以如此直接的方式表述出自己的目标和欲望。

也有很大一部分人认为，这份遗嘱或许并非真的出自彼得大帝之手，但很可能来自于他的谋臣们，其内容也很可能符合彼得大帝的期望。因为事实上在彼得大帝去世之后，其继位的沙皇们一直在忠实地执行这份所谓“遗嘱”中拟定的扩张计划，可见这份“遗嘱”必然不会是空穴来风。

非常有趣的是，就在德奥将这份“遗嘱”呈递给法国国王路易十五的 40 年后，一个名叫索科尔斯基的流亡法国的波兰将军也向法国政府提交了一份文件，这份文件名为《俄罗斯扩张计划概要》，据说也是从俄国沙皇档案中发现的。这份文件的内容几乎与德奥所发现的沙皇“遗嘱”如出一辙。这究竟是巧合还是别有内情？

这事件似乎隐隐印证了彼得大帝“遗嘱”的真实性，许多支持者认为，以彼得大帝的谋略和智慧，他绝对有可能在奠定强大的俄罗斯帝国之后，将其目光放到整个欧洲乃至整个世界，而随着他生命的即将终结，他也绝对有可能提笔将自己的雄心壮志编写成文字，让后任的继承者们承袭这一伟大志向，并把这份遗嘱作为俄罗斯帝国的长期国策。

彼得大帝的“遗嘱”究竟是否真的存在，我们或许永远都不得而知。但关于这位伟大帝王的研究和探讨，相信将会一直继续下去。

真实与伟大

在帝王的荣光之下，彼得是一个时代伟大的改革者、先驱者。他与17世纪的俄国甚至有些格格不入，他的父辈们都是那种慢条斯理、优柔寡断的帝王，但他却完全不同，甚至那些与他同时代的俄国人，也都与他有着泾渭分明的区别。

彼得的特殊不仅仅体现于内在，他的外表甚至要更特别一些。彼得大约有3俄尺高，比大多数俄国人都要高得多，在人群中常常有鹤立鸡群的感觉。彼得长了一张非常漂亮的脸，但很可惜，在一场可怕的射击军叛乱中，他的脸受了伤，从此以后面颊神经常常因为难以控制的抽搐而耸起。

彼得是个性子非常急的人，无论是工作还是生活，甚至走路。彼得走路的速度非常快，他常常一边大步向前，一边挥动双手，由于个子又比较高，因此一般人想要赶上他的步伐，基本都需要一路小跑。无论何时，彼得看上去总是那么匆匆忙忙，似乎赶着要去某个地方的错觉。

彼得的急性子也让他成为了一个行动派，不管想要做什么，他总是想到之后便会立即付诸行动。因此，在他的人生中，他有过多次说走就走的旅行，甚至连最远的一次旅途，他也不曾做任何旅行前的准备。

彼得非常热爱旅行，或者说他十分热爱那种“在路上”的感觉。他喜欢坐车、骑马，总之任何一种能够带着他四处奔驰的交通工具都是他的最爱。他尤其喜欢那种急速奔驰的感觉，每逢黑夜，彼得总是不点灯便策马奔驰，常常吓得侍从面无血色。

对于彼得来说，他的大半生几乎都是在路上度过的，机动行军、旅行、远征……他几乎踏遍了世界每一个角落，他出使过众多国家，总是希望能够到任何一个不曾涉足的地方去看一看，并从中得到自己想要的东西。

这一切都要求彼得有一副强健的身躯，当然，他也确实有。彼得的体力是非常惊人的，他能够轻易地折断马蹄铁或是将银盘弯曲成一个小筒。

彼得同时也是一个极其勤劳的人，这一点让他在 18 世纪的俄国显得十分特别。作为沙皇，一国之主，彼得从来没有让自己休息过，他总是很忙碌，他的急性子以及对诸多事情的莫名担忧都让他事必躬亲，而他超凡的智力则又为他增添了更多的工作量。所谓能者多劳，彼得既是能者，又极其勤奋，所付出的劳动自然也就更多了。

彼得几乎一直在工作，他每天大约 5 点便会起床，然后在 11 点至 12 点之间用午餐，通常会进行一段时间的午睡，然后夜里很晚才会上床，除此之外，他其余所有的时间几乎都在进行无休止的工作。

彼得一天的生活大约是这样的：他细心地涂改着新法律的草稿，逐字逐句地看着难以辨认的文字。然后他将这些稿子放在一边，随手拿起放在一旁的《北方战争史》进行审定。之后他终于丢下了笔，接见等候许久的信使，并听他开始报告从遥远的乌拉尔、杰米多夫等处送来的情报。他边听边露出了满意的微笑。随后他抽出了一张信笺，准备写一封戏谑的信给“玛特卡”。之后他检查了新海船的图纸，确保一切都没有问题。再然后他接见了一位外国大使，这位外国大使非常注重礼节，并慢吞吞地一丝不苟地完成着一整套的礼仪规范，这一度让他感到非常上火。大使离开后，他开始埋头读书，就在读书的过程中，他突然间涌上一股冲动，于是他风风火火地离开了书房，奔向了造船厂，听着悦耳的斧头敲击声，彼得带着喜悦的心情开始干活儿，这是他乐此不疲的事儿。

这大约就是彼得的日常生活，紧凑忙碌，有时又充满了突发奇想。

对于彼得来说，体力劳动是一件非常愉悦的事情，他一直深深爱着这项活动，并一直以此为荣，他不止一次地对聂普柳耶夫说：“我的老弟，快看我的手，虽然我是沙皇，但我的手上可是有茧子的，这足以向你们证明，我一直是祖国当之无愧的帮手以及仆人！”

彼得对体力劳动的喜爱不仅仅停留在表面上，他对此进行了非常刻苦的深入研究。彼得至少掌握了 14 门手艺活，斧子、锯子、凿子等工具他用起来总是得心应手。打铁是彼得的拿手好戏，他甚至能亲自制作风帆战船，并且还能操作机床为枝型烛台雕刻最精致的装饰花纹。

对于彼得而言，劳动是一件非常幸福的事情，他曾如此写道：“我一直遵循着上帝告知始祖亚当的话：劳动吧！不是因为贫穷，而是为了得到更美好的东西！”彼得曾在奥洛涅茨地区的各个工厂待过不短的时间，当地的工人和农民每当回忆起那些日子，都会高呼：“沙皇就是这样的人！他从来没有白吃面包，他干的活儿可是比纤夫还要多！”

除了劳动之外，彼得同样也非常喜欢娱乐。但彼得的娱乐却是非常粗野的，他常常使伙伴们喝得酩酊大醉，并且毫无顾忌地胡闹。据说彼得曾有一个特别喜欢的酒友，绰号叫“拉走”，一次，彼得带着“拉走”去喝酒，“拉走”喝醉之后从楼梯上滚了下去，当场死亡。之后，彼得还参加并观看了对“拉走”尸体的解剖。

据记载，彼得曾举办过持续数天的宴会让酒友们进行狂饮，有许多酒友因为狂饮过度而年纪轻轻就去见了上帝。但事实上，彼得本人却并非一个酒鬼，他对于刺激性饮料的需求并不像人们所想象的那样强烈。

作为热情好客且豁达大度的俄罗斯人，彼得非常喜欢宴请别人，按照 18 世纪的传统，所谓“宴请”实际上就是把人灌醉到半死。彼得在宴请中是非常热情的，他常常不遗余力地劝客人们饮酒狂欢，然后不动声色地回到自己的住处，安静地开始睡觉，等到睡醒后，又再一次回到宴会厅，重新劝客人们开怀畅饮。因此在很多时候，彼得事实上根本就没有喝多少酒，只是一直在热情地劝别人喝酒。

虽然彼得喜欢宴请，他却一直崇尚简朴的生活。他对繁文缛节和形式主义向来没有好感，尽管他是欧洲最强大并且也是最富有的君主，但他在个人生活方面却节俭得近乎苛刻。他总是穿着旧的皮鞋、织补过的长袜、普通甚至有些破旧的土布所制成的长衫，以及国产粗呢料子缝制的极其平常的长衣外套，有时会配上狭窄的钩花织物。

彼得的宫廷也是整个欧洲最简朴的，负责服侍他的侍从总共只有10—12个，而宫廷每年所花费的费用也仅仅只需大约1000卢布。彼得甚至难以在拥有高高的天花板和宽敞的大厅过夜，如果情况所迫他必须在这样的环境中过夜，那么他的床上一定要架起帐子，否则他是绝对无法入眠的。彼得曾在彼得堡建造了两座宫殿，即夏宫和冬宫。但这两座宫殿依旧非常狭小，甚至无法提供出一个足够宽敞的地方来举办官方的招待舞会。

在饮食方面，彼得同样不讲究，他最喜欢的食物是萝卜和咸黄瓜，似乎只要有这两样菜，他便能吃得津津有味。更重要的是，他非常不喜欢甜食，这个习惯对于他保持自己的健康非常有益。

从生活习惯上就能看出，彼得确实是一个非常随便的人，他从不注重宫廷派头，也不喜欢引人注意。而这种随便注定了他是个全无架子的人。虽然身为帝王，但彼得似乎从来不认为自己与普通的工人们有什么不同，他喜欢和工人们坐在一起，和这些人交往让彼得由衷地感到开心，甚至远远胜于那些贵族。

彼得对于教育和艺术总是非常重视，虽然他本人依旧在各个方面体现出不文明时代的特征。比如在饭桌上，彼得常常直接用手来抓取食物，显然这比使用叉子更加方便快捷。而在宴会上，一旦某个人的某句话触怒了彼得，他总是直接表现出过激的情绪，甚至可能破口大骂，以致让宴会的气氛变得十分微妙且尴尬。

非常奇妙的事情是，彼得一方面十分乐于参加严刑拷问，并热衷于观看刑讯以及执行死刑，但同时他又从各个方面体现出他的善良和同情心，这两种截然不同的特质同时糅合在他的身上。彼得是快活的，这种快活中有时总是隐隐透出一丝残忍冷酷的意味。1718 年 6 月 26 日，彼得唯一的儿子在囚室之中痛苦地死去，这对于任何一个父亲来说，必定是深入骨髓的痛苦与打击。但令人感到震惊的是，第二天，彼得就表现出一副快活的样子，参加了庆祝波尔塔瓦胜利的周年纪念，据说他还一直玩乐到了深夜。

彼得的同情心似乎主要针对于自己的臣属或弱小的动物。他曾亲自跳入水中解救落水的士兵。有一次，他在观看阿列斯金博士的实验时，看到作为实验品的一只燕子被放入了有空气泵的玻璃罩里，随着空气的流失，燕子开始痛苦地抽搐，彼得毫不犹豫地制止了这个实验，他对阿列斯金博士说道:“够了，停下来！它不是强盗，不应该被夺走生命！”

而对于强盗小偷等这样的犯罪者，彼得却又是极其冷酷的。有一次，彼得在失火意外中看到一个士兵竟趁乱偷窃了一小块被火熔成合金的铜，彼得非常愤怒，当场就把这个年轻的士兵杀死了。

彼得是个脾气十分暴躁的人，他自己也深知这一点，他曾对身边的人们说道:“我知道我性子很急，经常发脾气，但每当这个时候，身边的人劝阻我不要因此而酿成大祸，在我慌忙行事时要三思而行的时候，我并不会因此而生气。”

但事实上，彼得在发怒的时候确实是相当可怕的，只有叶卡捷琳娜一人能够平息他的怒火。每次彼得大发雷霆时，只要听到叶卡捷琳娜温柔的声音，就会安静许多。每次叶卡捷琳娜安抚他的时候，都会抱着他的头，温柔地抚摸他的头发，让他安然入睡。等彼得睡饱醒来后，他总是能重新恢复往日的温和的微笑，与之前让他大发雷霆的人冰释前嫌，甚至友好碰杯。

彼得是一个缺点很多但优点显然更加闪亮的人，他将他的一生无私地奉献给了他的国家和人民。

彼得热爱学习，他曾在荷兰、英国、米塔瓦和柯尼斯堡等多地谦虚地向外国人学习。他尤其热衷于实用技能的学习，并获得了精密科学领域的许多知识。他将众多国外的东西运回俄国，希望俄国能够拥有一切欧洲各国所拥有的东西。同时，他也希望能将俄国的好东西推广到欧洲的每一个地方。

彼得的身边有着许许多多给予了他巨大帮助的外国人，比如布兰德、勒夫尔特、蒂默曼等等，在很长一段时间内，许多文献都认为，这些外国人如同彼得的导师一般，影响着他的抉择，引导着他人生道路的方向。但实际上，这些人更像他的伙伴、顾问以及仆人，他们或许一直在帮助着彼得，但显然还不足以影响到他人生的抉择。

此外，彼得的国外助力虽然不容小觑，但他身边同样围绕着众多本国的得力助手，这些人的作用丝毫不亚于那些外国帮手。比如鲍里斯·哥里津、彼得·托尔斯泰、沙非罗夫、阿普拉克辛、缅希科夫、沃伦斯基、涅普柳耶夫、库尔巴托夫等等，他们同样是构成彼得大帝统治框架不可或缺的重要支柱。

彼得是一个改革者，他对俄国的改革具有深刻的进步性。他采取极其严厉且强硬的手段扫除了一切改革路上的障碍，他无情地打击着那些牵绊他前进的落后弊端，他大刀阔斧地开辟了俄罗斯帝国的未来，他坚定不移地将那些他认为能够造福国家的措施和计划付诸实施。A.H.赫尔岑曾如此写道:“在他（彼得）如同野兽般的巨掌中，我们看到了俄罗斯的未来!”

彼得是一个真正的伟人，一个真正伟大且改变了一个时代的帝王!正是因为有彼得大帝的存在，俄罗斯民族才体现出了让人印象深刻的伟大。正如B.R.别林斯基所写的:“如果一个民族的精神是渺小而可怜的，那么它永远不可能孕育出一个像彼得大帝这般伟大的人。只有在俄罗斯这样的民族中，彼得这样的帝王才可能产生。也只有这样的帝王，才拥有足以改造这个民族的力量……彼得大帝不仅仅是俄国历史，同样也是整个人类历史中最伟大的帝王!”

史学界的评价

俄罗斯历史上，只有两位皇帝被冠以“大帝”的称号，一位是彼得一世，另一位是叶卡捷琳娜二世。彼得一世的改革功绩在俄罗斯历史乃至世界历史上都找不出第二个相同或相似的例子，他对俄罗斯的功绩以及对那个时代所造成的影响是不容忽视的。

彼得一世在造就伟大功绩的同时，也一直伴随着极大的争议，无论是与他同时代的人，还是在他之后的人，对他的评价极为两极分化。有人认为他是暴虐的反基督者，但同样也有人赞誉他是人间的“上帝”。或许伟大与争议正是一对如影随形的好伙伴。

作为一个改革的先驱者，彼得注定披荆斩棘，惹人非议。与他同时代的许多人都在用极其难听的字眼辱骂他。与他同时代的分裂派老教徒曾不止一次地公然叫嚷过：“那是个反基督者！那个可恶的反基督者居然坐在了皇位之上！”那些修道士以及守旧的大贵族，还有那些坚决拥护着陈腐的传统习俗的俄国商人也同样对彼得深恶痛绝，反复念叨着大不敬的词汇辱骂这位高高在上的沙皇。因此，为了镇压这些反对者，普列奥布拉任斯基皇村的衙门里常常人满为患，拷刑架上从不缺少混合着咒骂声的哀嚎声。

彼得的“敌人”几乎遍布于每一个阶层，有在教堂门前大声叫骂的疯子，有在街上狂喊乱叫的老太婆，有守旧固执的射击军士兵，有狡猾老派的大贵族，甚至还有彼得的儿子，皇太子阿列克谢。

当然，在贵族阶层之下，还有一部分普通的平民百姓，但他们敌视彼得的缘由和这些上等人却是不一样的。对于贵族以及军队来说，他们反对彼得，更多的是为了维护老祖宗所订下的规矩和传统文化，而普通的老百姓则比较务实，他们真正所反对的，是彼得加诸在他们身上的苛捐杂税，以及农奴制所带来的沉重负担。

在反对彼得的声音中，有许多无所畏惧的狂热分子。曾经有一次，一位默默无闻的老人径直走入了普列奥布拉任斯基衙门的一个房间，对衙门里头的众人高声宣布:“沙皇所做的一切事业对于我来说都是充满罪恶的，他正在肆无忌惮地破坏基督教!”他的年纪已经很大了，但深深塌陷的眼窝中，却依然熊熊燃烧着疯狂的信仰之火，他正是其中一个旧习俗的坚定捍卫者。很显然，这个老人已经完全做好准备为他所信奉的神圣事业而献身了，他不断地祈祷着，为了他坚信不疑的基督教，他不畏惧一切的痛苦甚至死亡。

这些反对彼得的人似乎都认为，当沙皇推行他强硬的改革政策时，旧习俗也将一步步走向消亡。他们对彼得将带领他们走向的未知感到恐惧和迷茫，他们死死抓住所有旧的传统，将这些东西当成救命稻草一般攥在手心里，以逃避那些恐惧和迷茫。

但时代总是在进步的，任何一个国家如果一直在原地停滞不前，必然会被历史所抛弃。许多彼得大帝的支持者和战友们正是清晰地认识到了这一点，因此他们给予了彼得全力的支持和高度的评价，这些评价有时甚至还高过了彼得为俄罗斯帝国所作出的贡献。

农民波索什科夫就是彼得大帝的支持者之一，他曾不止一次地极力赞扬过彼得大帝，并对彼得所做的事业表现出了狂热的支持与推崇。纳尔托夫出身于市镇，他同样非常崇敬彼得，他多次在公开场合称彼得为“人间的上帝”。彼得手下的一等文官戈洛夫金同样非常尊敬彼得，当他向彼得献上皇帝的尊号时，曾声称:“正是沙皇的操劳，才使得俄罗斯人能够‘从无到有’。”涅普柳耶夫听到这句话后表现出极其赞同的态度，并附和道:“俄国原本并没有什么东西值得入眼，但正是从沙皇开始，俄国开始有了。”费奥凡·普罗科波维奇同样是彼得的支持者，他认为，是彼得“创造”了俄国。

可以说，对彼得的反对有多么强烈，对他的赞扬就有多么热烈，而这种赞扬甚至更甚于谴责。

最早为彼得书写传记的作家以及历史学家之一的克列克什曾热情洋溢地赞扬了彼得，他甚至公开表示，彼得的伟大，使得自己连为他提靴子都感到惭愧。

有“俄国科学史上的彼得大帝”之称的科学家、语言学家、哲学家和诗人的米哈伊尔·罗蒙诺索夫曾在谈到彼得大帝时说道:“如果想要找到一位符合我们的观念和想象的上帝，那么彼得大帝无疑正是最合适的!”而他在所作的一首颂诗中热情洋溢地写道:“他是你的上帝，是你的上帝，俄罗斯!”显然这里所指的，正是彼得大帝。

到了18世纪末期，批评和指责彼得的言论开始出现了，甚至一些曾经对彼得大加赞赏的人也迫于压力，转而对他进行了抨击。例如俄国历史学家卡拉姆津。卡拉姆津曾在著作《俄国旅行家书信集》中对彼得大帝大加赞颂，但随着法国资产阶级革命以及农奴制危机的出现，卡拉姆津被吓坏了，他急切地否定了曾经对彼得大帝的赞扬，试图将一切都撇得干干净净，他甚至迫不及待地在另一著作《古代和近代俄国札记》中这样写道:“我们已经成为了世界公民，而不再只是某些场合下的俄罗斯公民。我归咎于彼得。”

叶卡捷琳娜二世时代的艺术院长伊万·伊万诺维奇·别茨基也批评了彼得在改革方面的片面性。俄国历史学家伊万·尼古拉耶维奇·博尔京也公开抱怨道:“彼得迫使俄国在几年内做完了需要几百年才能完成的事情，因而致使俄国败坏习俗，并使习俗完全反转，朝着坏的方向发展。”

此外，公爵夫人达什科娃也曾以贵族阶层的立场对彼得进行强烈批评，并指责彼得是暴君、无耻之徒，她甚至将这种指责扩大到了彼得的支持者身上。让达什科娃最为感到愤怒的，是彼得强迫贵族进行劳动，并让那些平民有机会得以进入贵族行列。我们知道，彼得本身就是一个极其热爱劳动的人，这一点尤其让这位“高贵”的公爵夫人感到愤怒和不齿。

与这位公爵夫人有着同样感受的谢尔巴托夫公爵也一直随声附和，对彼得进行了大肆的批判。他反对沙皇的独裁统治，并反对彼得废除门第制度的举措。作为贵族阶层的捍卫者，谢尔巴托夫公爵无论如何也不会容许那些在他眼中的下等人跻身于贵族行列，甚至拥有与自己相等的地位。谢尔巴托夫公爵认为，如果彼得取消了贵族的任何一项特权，那么就意味着彼得将要破坏贵族们的高贵自豪意识，而彼得与迷信作斗争的行为则是触犯了宗教，并最终导致俄罗斯人陷于淫荡与堕落。

这些贵族十分担忧革命将会使得自己的贵族特权遭到削弱和破坏，他们试图再次恢复传统的观念，让贵族继续成为特别的、高高在上的一个群体，以血统而非能力进行等级划分。他们恐惧改革，生怕那些曾被自己踩在脚下的平民总有一天会跃然而上，成为与自己站在同一高度，甚至比自己站得更高的人。

与这些陈腐的贵族阶级所不同的是俄国先进社会思想的代表们，他们对彼得的改革抱持着赞许的态度，但同时也看到了彼得身上所存在的局限性。

第一个俄国革命军拉季谢夫就曾在《致居住在托博尔斯克的一位友人的信》中赞扬彼得非凡且名副其实堪称为大帝的男子汉。拉季谢夫认为，彼得所推行的一系列有效改革正是推动俄国大步向前的重要力量。

虽然拉季谢夫非常赞赏彼得，但他并未将他过分神化。在拉季谢夫看来，改革家彼得首要的身份是个农奴主，而正是这样的一个身份，使得彼得的改革事业永远无法跳脱出身为农奴主的局限性。拉季谢夫强调，如果彼得能够自愿放弃专制权力，使得自己的百万臣民彻底摆脱农奴制的桎梏，拥有人身自由，那么他的改革事业将会更加辉煌而伟大。但生于那样的时代与背景之下，彼得的思想认知注定跳脱不出农奴制的圈子，而这也是拉季谢夫抨击他压迫民众的根本原因。

伟大的俄国革命启蒙运动者别林斯基对彼得有着非常高的评价，他曾这样写道："人从身体到思想的最深处，都需要完全根本的改革。为了进行这样深刻而全面的改革，我们需要一个如同巨人般强大且英明的人，而彼得一世正是这样的人。""彼得大帝不仅仅是俄国历史上，同时也是世界历史上最伟大的人。他召唤着我们前进，并将生气勃勃的精神气注入这个强大却陷入了沉睡中的俄罗斯，他就如同上帝那样！"

俄国著名的革命民主主义者及文艺批评家杜勃罗留波夫指出，彼得的改革形式虽然呈现出西欧式，但对于俄国来说却大有裨益，它并非是一场暴行。同时杜勃罗留波夫还充分肯定了彼得身边那些常常被忽视的俄国伙伴们的作用。杜勃罗留波夫还强调，虽然彼得身穿水兵服，但他骨子里依然还是真正的独裁统治者。在杜勃罗留波夫看来，彼得首先是一个治理国家的皇帝，其次才是一个父亲，一个丈夫。因此，为了国家和人民的利益，彼得将父子间的温情完全埋藏了起来。

俄国历史科学非常注重对彼得大帝的研究，并于 18 世纪出版过一部关于彼得事业的资料汇编，负责这份出版物的作者是一个叫做戈利科夫的人，由于他对彼得存在着无限的敬仰之情，使得他在进行这本资料汇编的时候，很难站在一个公平公正的立场之上。

19 世纪中叶时也曾有过一本关于彼得大帝的出版物，在这一本出版物中，作者乌斯特利亚洛夫将叙述和描写恰到好处地进行了融合，更加完整地表现出彼得大帝的一生，尤其对彼得的生平经历以及对外政策两方面极为重视，但可惜的是，本书并未对此进行科学详尽的解释。

直到 C.M.索洛维约夫的著作问世，我们从中看到了极其深刻的思想。索洛维约夫指出，彼得的改革并非是靠他一己之力所实现的，而是由俄国的大环境以及发展历程所决定的。关于改革前夜的情形，索洛维约夫是这样描述的:“人民行动起来了，他们将要踏上那条道路，但是他们需要等待一个人，一个全民的领袖。于是，领袖出现了！”索洛维约夫显然认为，彼得正是那个领袖，他并非是一个推动时代进行改革的人，而是一个领导人民顺从历史走向，最终实现改革的领导者。

米留可夫则是 19 世纪末 20 世纪初对彼得的改革持强烈反对态度的俄国帝国主义资产阶级历史学教授。他认为彼得的改革是一场盲目的自发创造的结果，这场改革不会为俄国带来更多的好处。

在当代苏联历史编纂学中，学者们在马克思列宁主义理论的基础上重新对彼得大帝的改革以及对外政策进行了科学的分析和总结，并出版了一系列关于对彼得大帝不同时期研究的著作。苏联学者们以大胆创新的观点对彼得大帝的活动进行了新的思考与提问，指出了彼得大帝改革过程中存在的局限性，同时也给予了他更为中肯的评价。

从以上我们大致可以了解俄国社会思想以及历史学中的代表人物眼中的彼得大帝究竟是什么样子。那么除去这些人以外，俄罗斯人民眼中的彼得又是怎样的呢?

彼得的地位虽然高高在上，但他从来不曾脱离过他的人民，他倾听士兵和农民的谈话，他从不曾蔑视任何一个人，而这正是百姓所看重他的原因。彼得热爱劳动，“沙皇木匠”的形象深入人心。他的坚强、刚毅和对劳动的热爱甚至获得了那些坚定不移的教徒们的喜欢和尊重。

虽然彼得身上有许多让人民所喜爱的特点，但这并不意味着俄罗斯人民会忘记，沙皇真正所维护的究竟是谁的利益。人民永远不会忘记沙皇加诸在他们身上的强大负担，更不会忘记沙皇对他们的压榨和奴役。建造彼得堡，开凿拉多加运河，这一切伟大的工程使得多少士兵和民众历尽磨难，九死一生，这些可怕的记忆无论何时都深深印在人民的脑海里。

在人民的心中，“沙皇木匠”的背后是残酷冷漠的“沙皇彼得”。沙皇彼得不容许人民得到自由，他将流浪者强制迁徙到伏尔加河，让他们苦不堪言。沙皇彼得捍卫的是贵族们的利益，他压榨农奴，迫使他们破产，无视他们痛苦的泪水。

在俄罗斯的民间创作中，彼得被称为是“人间的第一个皇帝”，而在北方地区的传说中，沙皇彼得则成为了自然能力的操纵者，可见人民对他是多么的尊敬与惧怕。在人民心中，彼得是全能的，是强大的，同时也是残酷无情的。